『信虎』制作日誌（続）

山梨県庁での記者会見（20
左より、剛、金子、柏

ッフ打ち上げ(2019/12/20)

岡島百貨店小道具展でのミニトークショー（2021/10/22）
左より、宮下、左伴、寺田、保坂、青山

信玄公宝物館での映画の公開と連動した展覧会
（2021/10/22〜）

TOHOシネマズ甲府での舞台挨拶（2021/10/22）
左より、青山、保坂、左伴、寺田、柏原、平山、宮下

劇場に設置されたサインポスター

TOHOシネマズ日本橋での舞台挨拶（2021/11/12）
左より、宮下、金子、左伴、寺田、永島、荒井

58

上野国 沼田城（桜）情景

四月 （茨城県）逆井城「桜」

字幕『上野国 沼田城』

59

上野国 沼田城 大廊下

四月 妙覚寺 祖師堂 外陣（内廊下）

燕尾頭巾《つばめおずきん》・甲冑姿の謙信が、信虎から届いた書状を立ったまま読んでいる。脇に長尾顕景（甲冑姿）がいる。

謙　信「信玄が倅《せがれ》・勝頼に、このわしに頼れと遺言したと書いておるぞ！」

謙信は喜ぶ。

T『長尾喜平次顕景 後の上杉景勝』

顕　景「真《まこと》にござりまするか！」

謙信はうなずき、

謙　信「よし、西上野《にしこうずけ》の武田攻めは中止し、東上野《こうずけ》の北条領へ向かう。嘘ばかつりつく北条に、天誅《てんちゅう》を下そうぞ」

日月星辰《じつげつせいしん》一双《いっそう》の眼《がん》、霊光《れいこう》 直《じか》に射る十虚空《じっこくう》・・・」

字幕『横に団扇を拈じて威雄を振るう。八極清風、握中に掌る。日月星辰一双の眼、霊光 直に射る十虚空』（新助の解説が終わるまで出続ける）

少し離れた所にいる新助と源右衛門尉。

源衛門「ん？ 新助殿、殿のこんを言ってるでごいすな？ どうゆうような意味でごいすか？」

新助は、葬儀前に控えた賛文の紙を見ながら、

新　助「思うままに、団扇《うちわ》を持って威風《いふう》を振るい、悟りきった世界を掌《てのひら》に収める。日や月、星などの天の星たちは、その両眼《め》に映り、霊光《れいこう》が宿って、はるか虚空《こくう》世界を見ている・・・」

源衛門「『霊光が宿る』で、ごいすか・・・新助殿、都で学問を学んだしは ちごうじゃんねー」

65

江戸城 西の丸 柳澤邸〈夕刻〉（勝頼の失政①）

十月　篠山城

【M19「長篠の敗北」スタート】

保　明『この翌年六月、長篠の戦《いくさ》にて、勝頼様は信長殿、大権現《だいごんげん》・

信虎がしたためた二通の手紙

信虎が北条国王と上杉謙信に手紙をしたためるシーンで、この二通の手紙を撮影用に作成した。前項の高札と同様、文案を平山優氏、筆耕を鈴木暁昇氏に依頼した。完成した手紙の写真と読み下し文を掲載する。

北条国王（氏直）宛の手紙

先年甲斐国主之砌　其方曾祖父氏綱殿
より当方若鷹奪取候　今度、為其償鷹
送申候故、氏政殿にも御披見可被遂候
若武田家滅亡之時節到来候者、其方我
等骨肉故、致甲斐治国可致御家再興候
也、恐々謹言
天正二甲戌年二月十五日
武田無人斎道有（花押）
北條国王殿

（訓読）
先年甲斐国主の砌　其方曾祖父氏綱殿
より当方若鷹を奪い取り候　今度其の
償として鷹を送り申候故　氏政殿にも
御披見遂げらるべく候　若し武田家滅
亡の時節到来候はば　其方我等骨肉故
甲斐を治国致し御家再興致すべく候也
恐々謹言
天正二甲戌年二月十五日
武田無人斎道有（花押）
北條国王殿

上杉謙信（輝虎）宛の手紙

於先年光源院殿御所掛御目候、其方信
玄義之御仁認申候処　為信玄遺言其方
被頼候と見候此度武田家中佞人居候故
難使者遣候故、此度上野出陣之砌、不可
有武田領内へ濫妨様頼入候、自上様も
其方相共可織田責申事被仰付候　其方
守護神毘沙門天　当家虎者懇意ニ候
間、因寅参　寅日寅刻ニ認候、恐々謹言
天正二甲戌年二月十五日
武田無人斎道有（花押）
不識庵
参

（訓読）
先年光源院殿御所において御目に掛け
候　其方信玄義の御仁と認め申し候処
信玄遺言として其方に頼られ候と見え
候　此度武田家中に佞人が居り候故
使者遣わし難く候故　此度の上野出陣
の砌　武田領内へ濫妨有るべからざる様
頼入り候　自ずと上様も其方相共に織
田を責め申すべき事仰せ付けられ候
其方守護神毘沙門天　当家虎は懇意に
候間　寅参りに因み　寅の日寅の刻に
認め候　恐々謹言
天正二甲戌年二月十五日
武田無人斎道有（花押）
不識庵殿参る

（S#38）紅葉のピークに撮影を行った（京都・妙覚寺）

(S#57) 躑躅ヶ崎館《つつじがさきやかた》…

(S#57)禰津城の信虎居室の桜(4月の場面を11月に撮影したので冬に咲く桜を使用)と文房具

(S#41)上杉謙信のものとして使用された本格甲冑

（S#43）ほとんど映らなかったが このような本物（上州住 憲国作の兜ほか）の小道具を使用

（S#42）日本の在来馬・木曽馬を使用

(S#2)篠山城の床の下部はVFXで足した

(S#19)本格的な膳具を使用

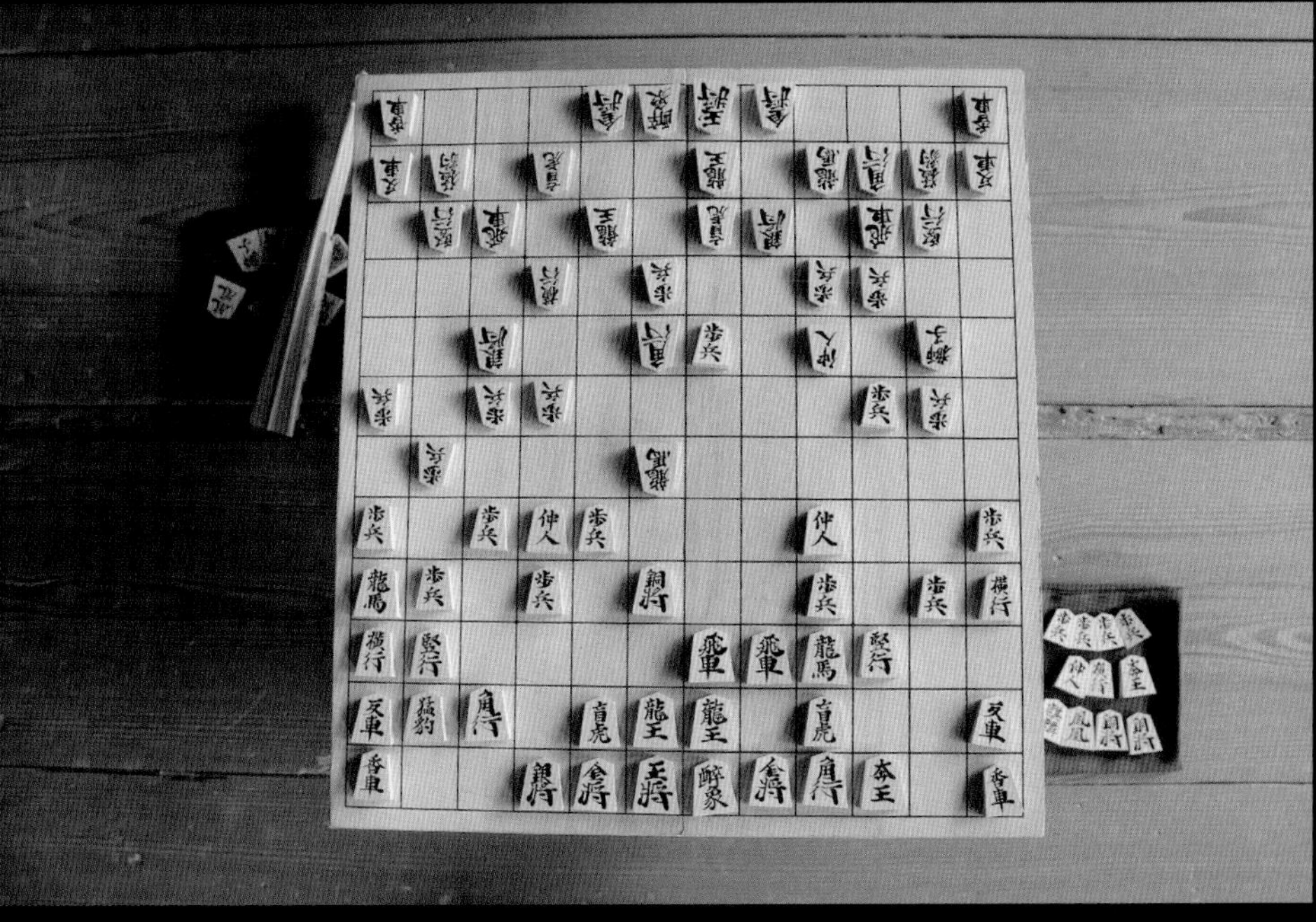

（S#25）中世に行われていた中将棋を再現

（S#35A）桃山時代の建物で撮影

（S#71）本物の甲冑を使用しての逍遥軒の子・麟岳の最期のシーン

（S#11）京を出立する信虎一行

（S#71）勝頼の最期のシーン

（S#5）オープニングシーンのセッティング

（S#14）森の中で迎撃シーン

（S#14）出演までした宮下共同監督に演技アドバイスをする寺田

（S#49B）熊の襲撃シーン

（S#29A）猿（勿来）の演出の打合せを熱心にする

（S#45）透破（忍者）成敗シーンでの迫真の演技

(S#31)壁画を活用するために高さ調整をする

(S#27)約三百年前の本堂での撮影に臨む

（S#43）信虎の抜刀時の撮影風景

（S#43）長く難しいシーンでの緊迫した状況

(S#33)寺田に熱心にイメージを伝える金子監督

(S#39)天目(茶碗)の古い飲み方を指導する時代考証も担当した宮下共同監督

（S#52）志摩で九鬼氏の居城を落とした信虎

（S#55）夕方 暗くなってから行なわれた撮影

（S#23A）信虎、抜刀（真剣を使用）する

（S#52）夢の中での信虎

（S#71）武田家滅亡の際のお直

（S#6）武田信玄が八幡大菩薩に献歌

(S#61)荒井に演出をする金子監督

(S#43)武田勝頼を好演する荒井

（S#71）宮下共同監督が、かつらをつぶして荒井に兜をかぶらせる

（S#71）金子監督、宮下共同監督、荒井 勝頼らとの集合写真

(S#83)クレーンを使って撮影する上野カメラマン

(S#76)矢野の誕生日、とらやの羊羹とケーキをプレゼント

（S#11）クランクアップ　寺田と宮下共同監督

（S#11）クランクアップ　キャスト・スタッフの集合写真

映画『信虎』の世界

映画『信虎』の世界

CONTENTS

映画『信虎』を語る

スペシャルトーク

寺田 農×池辺 晋一郎

Special Talk

――お二人の交流は大変長いと伺っています。

池辺 長いですよね。

寺田 非常に長いです！ 最初は何だったか忘れちゃったけど『澪つくし』からでも三九年ですかね。僕と池辺さんはほぼ同年代なんですよ。いろいろな仕事でご一緒しましたが、映画やドラマのほかにも、池辺さんの音楽イベントで、金沢のオーケストラに呼ばれたり。

池辺 神戸の合唱団のコンサートでは、合唱の合間に寺田さんに朗読をお願いしたり、金沢ではオーケストラのほかにも、ゲストを招いて僕がトークをするのをシリーズでやっていて、そのゲストにお呼びしました。彼はゲストで僕はゴーストですけど（笑）。

寺田　たしか、そのトークショーでは、音楽にまつわる話などをしたんですが、いきなりウエディングマーチがかかって。何だろうと思ったら「この度はご結婚おめでとう」って、ちょうど僕の再婚が新聞に出た時だったから、サプライズでね。まあ、池辺さんとお話しするのは楽しいんですよ、ダジャレさえ我慢できれば（笑）。

池辺　寺田農さんと言えば、お父様が寺田政明さんという素晴らしい洋画家で、僕はあのあたりの美術の潮流、シュールレアリスティックなものが好きなんです。どうしてもそのご子息であるという意識でいるものですから、そんな話題もトークショーではお話ししました。

寺田　『澪つくし』や大河ドラマの『独眼竜政宗』でご一緒することもありましたが、通常、テレビの場合だと音楽家と役者は接点がないんですよ。だから上がったものを見て、あ、池辺さんだったのかとわかることが多い。映画では実相寺昭雄監督の『D坂の殺人事件』や『姑獲鳥《うぶめ》の夏』などが池辺さんの作品だったと思います。特に『D坂』は、池辺さんの音楽あってこその作品だったと思います。あの映画ではオンド・マルトノという見たこともない楽器と、あとヴィオラだけを使って、それで実相寺の光と闇の世界を再現する。それは素晴らしい音楽でした。

池辺　映画の仕事って役者の体調や天候不良などで、どうしても撮影が延びることが多く、あと予算配分でも、そのしわ寄せは全部音楽に来るんです。音楽は最後に入れるから。『D坂』の時も、もう予算を使い切っちゃってお金がないから演奏家を二人しか使えない。でもそれが功を奏してああいう音になった。

寺田　名作と呼ばれる映画は必ず音楽が印象に残りますね。その意味でも『D坂』は、たった二つの楽器ですべてを表現している、池辺さんの作品の中でも大好きなものです。

池辺　実相寺さんはほかの監督と音楽の注文が違うんです。このシーンは何分何秒で、というのではなく、「コンサートでも演奏できる組曲を作ってくれ」と。その組曲の中から監督が音楽を選ぶんですが、聴けばほとんど万遍なく使われている。

寺田　僕は実相寺と親しいから、彼の気持ちもわかるんだけど、映画音楽をそうやって依頼することで、かりそめの貴族のような気分になれるからじゃないかな（笑）。あとは、依頼が抽象的なんだよね。

池辺　『姑獲鳥の夏』の時は「開かない遮断機」のイメージで書いてくれと言われました。何のことかわからないから、僕の勝手な解釈で書いたり……。

でもそうすることで、映画を離れても曲として一本立ちして、作品になっていくんです。

寺田　僕は映画って、ひとつの船みたいに考えている。船のサイズも丸木舟からクルーズ船、軍艦などいろいろで、脚本は船の設計図、乗組員は役者であったりスタッフであったり、船長は監督ですよ。そして、たゆとう船の錨《いかり》を下ろし、バチッと止めるのが音楽なんです。いわばアンカーで、錨を下ろして、船にお客さんを入れるというわけです。

池辺　なるほど。ある舞台演出家が僕に言った言葉ですが、「音楽を録音すると、最終的な演出が決まる」と。それは音楽に大いなる責任がかかってきてしまうわけですが（笑）、とにかくその間演出家は迷っている。その正反対の演出家が黒澤明さんで、あの人は全部自分が仕切らないと納得しない。僕は黒澤さんとは四本ご一緒しましたが、すべて最初は既成のクラシック音楽が当てられているんです。『影武者』の時はグリークの「ペールギュント」が入っていた。黒澤さんは「気にしなくていいよ、参考だから」って言うんだけど、でも気になりますよ。それで、僕は、この人は何を欲しがっているのかを雑談しながら探りました。これは金管楽器のイメージなんだ、とかね。黒澤監督は美術でも自分で最初に絵を描いちゃって、美術部はそのファイルを見ながら作るんです。それと同じことなんです。

寺田　なるほどね。

池辺　『夢』という映画の時、ゴッホの絵の中に寺尾聰さんが入っていくシーンに、ショパンの「雨だれ」があてられていて、どうも黒澤さんは若いころ観た何かの映画のシーンでその「雨だれ」が使われていて、そこにこだわっていたので、「監督、ここは『雨だれ』で行きましょう」と提案したことがありました。

――今回の『信虎』でも『影武者』の音楽のモチーフを使われていますが。

池辺　そこは共同監督の宮下玄覇さんのこだわりで、どうしても『影武者』の音楽を使いたいというので、頭の部分だけは同じにして後ろが違うように変えて何とか作りました。

寺田　そこは『影武者』リスペクトなのだろうけれど、そうやってきちんとしたリスペクトがないと、音楽でのオマージュは難しいですよね。

池辺　それでも僕がお引き受けしたのは、僕の原点に『影武者』があるから。『影武者』の音楽をやった人間として、武田信玄の父親である信虎を主人公にした映画の仕事が、四〇年後に回っていたことが大きいです。僕は明治座の舞台でも武田信玄をやっているし、それだけ信玄に関わった人間に、宮下監督が頼みたいという気持ちもわかりますから。

寺田　先ほどのオンド・マルトノじゃないけれど、今回は琵琶と能管が印象深いですね。

池辺　あらゆる仕事でそうなんですが、僕は最初に音色が浮かぶんです。この音色で行こう、と。『瀬戸内少年野球団』の時は、子どもたちが使う楽器で行こうとか。今回はラッシュを観る前、相当所期の段階で琵琶が浮かびました。

寺田　出来上がった音楽を聴くと、琵琶以外には考えられないと思えてしまう。池辺さんの音楽はそこが凄いんです。

池辺　琵琶に到達したのは『影武者』の時にも琵琶を考えたんですが、黒澤さんから邦楽器は使うなと言われたので、その鬱憤が四〇年間たまっていたのかもしれません（笑）。能管は『影武者』でも1か所だけ使いました。信玄が京に向かう道で、瀬田の橋を越えれば京だ、というところでピーっと鳴らしている、その一か所だけ。『天国と地獄』で、モノクロ映画の中に一か所だけ煙が赤くなる、あのエフェクティヴな感じで使っています。

寺田　お話を聞いていると、音楽家にとって監督はそうやって戦わなきゃいけない相手だったり、実相寺みたいに「さあどうぞ」っていう人もいるわけだ。

池辺　そういういろいろなタイプがいるのが映画人の面白いところですね。

寺田　映画における音楽の素晴らしさは、タイトルが始まる時のワクワク感。音楽が鳴るともうその世界に引きずり込まれるところが最大の魅力ですね、どれだけ役者がいろいろなことをやっても、いきなりその世界に引きずり込むのは容易なことではないんです。でも、『信虎』でもあのオープニングを聴くだけで、観客もすっかりその雰囲気を共有できる。音楽の力は凄い。

池辺　『信虎』のオープニングも、実はタイトルが出る一秒前に、黒味があるんです。そこは予兆音をいれたいと申し出た。これがあるかないかで、見る側を引き込めるかどうかにかかわる貴重な一秒。どうしてもここから音を入れたかった。だけど、俳優の仕事だって、そこに存在することで、目に見えて凄い役割を持つと思います。寺田さんの最後の、死ぬシーンの芝居なんてすごいですよ。普通の俳優ではあれはできない。寺田さんは抜群に身体の大きな人ではないですが、すごく信虎という人物の大きさがでていた。あとは刀を抜くシーンに凝縮する力の凄さ。その大きさこそが存在理由＝レーゾンデートルだと思う。

寺田　役者って脚本に書かれていることをただやればいいだけ。主役は特に、何もしなくてもそこにいればいいんです。周囲がシチュエーションをセットアップしてくれれば、そこに乗っかるというのかな。最後の最後に池辺さんの音楽がアンカーのようにあれば、これは見事なシーンになるわけですから。

池辺　でも、誰にでもできることではないですよ。

寺田　脚本に書かれていないから、そこは何でもできる、という解釈もあるよね。今回の『信虎』は当初、脚本のト書きが凄く多かったんだけど、その辺は役者に任せてもらいました。

池辺　脚本がちょっとペダンティックだったじゃないですか？　敢えて不遜な言い方をさせていただくと映像になった時、その部分を音楽で薄められればいいなとは思っていました。

寺田　実際、音楽が入ってそこが薄まりましたね。音楽ってそういう意味では凄い力をもっていると感じました。今の映画は、それに加えて説明過多で、スーパーをつけなければわからないから、もはや僕の映画に対しての感覚って古いのかな……とも思うけれど。

池辺　そういう点は、テレビに近づいてきているかもしれないですね。

寺田　でもね、映画ってよくわからなくていいんですよ。観た人が後で考えればいい。相米慎二の映画だって、よくわからないけど、でも僕はそういう映画が好きですね。わかりやすい映画は腑に落ちるけれど、むしろわからないと「これは何？」と興味がわく。映画って何でもできることが前提にあるから、それをどう使うかは監督の腕次第ですね。映画は最終的には監督のものだと思っているので。

――池辺さんは大河ドラマの音楽も数多く手がけていますが、独特の作り方をするそうですね。

池辺　大河ドラマは5本やりました。今は違うらしいけれど、僕がやっていた頃は、毎週、四五分のVTRを観ながら、ディレクターと打ち合わせして、その都度、毎週音楽を入れていたんです。一作品やると一年間ですからだいたい五〇週近く。一回に一五曲ぐらい作るので、一年で六五〇曲は書きました。大河ドラマの音楽だけで何千曲と書いたことになる。今は溜め録りだそうですが、それでもすごい数を書くみたいですね。

寺田　大河では、僕も『炎立つ』の時にナレーションをやったけれど、あれも毎週、仮ナレーションを録るんです。だから毎日、ＮＨＫの社員のように通っていた。そうしないと尺が計算できないから、演出家が画を撮れないんですよ。例えば先にナレーションを1分30秒入れて、それに合せて画を撮る。だから「仮ナレーション」が必要なんです。

池辺　大河ドラマはその辺が大変ですよね。何本もやるうち僕は、録音と打ち合わせで週2回行くところを、打ち合わせの後、夜に次の週の録音をやるっていう形にしてもらった。週1回ですむように。

寺田　今回の『信虎』もスコアの数は多いですよね。

池辺　二四曲です。曲数よりも尺が長くて、映画本編の一三五分に対して、五四分か五五分ぐらい音楽が入っている。今の映画音楽ってふんだんに音を入れるのが普通で、作品によってはずっと鳴りっぱなしなんてこともあるから。

寺田　画が持たないのか、ベッタベタに音楽をつけるのが多いよね。でも、今回の「信虎」の池辺さんがお作りになったものは、極めて正統的な映画音楽ですね。

池辺　あと、僕は効果音の人が凄くいい音を入れているなと思った。黒澤監督や今村昌平監督は効果音も音楽監督の仕事だと考えている方だったので、僕も常に効果音は気になるんです。今回、効果音がうまくいったことは、良かったと思います。

――池辺さんは現代音楽の作曲者でもありますが、映画音楽を手掛けるときの違いは。

池辺　それはまったく違うものです。映画音楽とはコラボレーションですから。僕、映画って一本の樹に例えるんですが、大きな樹に枝がいっぱい出ていて、その枝はそれぞれ俳優、音楽、美術、衣装いろいろで、どの枝も最終的には本の木の幹に収斂していく。木の幹は監督。つまり、やはり映画は監督のものだということです。その立場で言うと、現代音楽でオーケストラを一曲書いてもそれは僕の世界だから、おのずと違ってきますね。

寺田　舞台との違いもありますよね。

池辺　舞台は役者が音楽を聴いているんです。バックでスピーカーから流れる音を聴きながら演じている。一度、ある舞台で、役者が自害する直前にモノローグをしゃべる、そこに音楽が欲しいというので、演出家と一緒に何度も尺を測って、重々しい音楽を入れたら、実際やってみたら音楽が足りない、っていわれた。音楽が終わってもセリフがまだ残ってしまうと。でもそれは音楽が短かったのではなく、セリフが遅くなってるんですよ。音楽が入ると、役者がその影響を受けて芝居が長くなったんです。映画ではそういうことはあり得ないので、舞台特有のケースですね。

寺田　それって確かにいい面と悪い面と両方ありますね。情緒的な音楽が多いから、役者が音楽に酔うんだよね。なおかつ自分の芝居にも酔う（笑）。でもそういうときの芝居って、冗漫で良くないんですよ。

池辺　これも黒澤監督から雑談のなかで聴いた話なんですが、『酔いどれ天使』の時、三船敏郎さんが傷心で街を歩いている。そこにみすぼらしい電柱があって、電球が三船さんを照らす。その時「かっこうワルツ」が流れるんだけど、明るい音楽を入れたことで余計に三船さんのみじめさが際立ったと。これを対位法というんだ、と仰ってましたが、演劇でこれはできないですよね。舞台でそんなシーンでいきなり「かっこうワルツ」が流れたら笑いになちゃう。

寺田　商業演劇の場合は、音楽が多大な助けになりますが、新劇というか小劇場系の芝居だと、逆に邪魔になることもあるだろうし、その辺の違いはありますね。

――最後に、今回の映画の音楽について、お二人が今思われることをお話しいただけますか。

寺田　僕は、初号試写で音楽を聴いて、もうこれは完璧、素晴らしい。こんなことを言っては問題があるかもしれませんが、『影武者』の音楽よりすごいと僕は思った。池辺さんの今までの映画音楽の集大成という感じがしました。

池辺　効果音を含め、映画全体のなかで音が大きな意味を示せた、という自負はあります。仕上がりもよく、とても充実した作品になったと思います。

インタビュー

Interview

武田信虎(無人斎道有)役

寺田 農

TERADA Minori

一番大事なことは、いかに多くの方に楽しんでいただけるか

——まず、演じられた信虎について

戦乱の時代に、甲斐国を統一したということは、すごいこと。強力な武将でありながら、有能な政治家、プロデューサーでもあったと感じますね。これまで信虎は悪い印象を持たれがちだったのですが、映画を通じて違った側面に気付いてもらえるのではないでしょうか。

——撮影はいかがでしたか

実は喜寿を迎えた一昨年、このお話をいただきました。舞台は私が大好きな戦国時代ですし、こんな風なお祝いもあるのだなあと思いました。主演は毎日出番があるので大変ですけど、充実した毎日でした。役作りについては、脚本を読み込んだ上で、信虎に関連する書籍もずいぶん読みました。おぼろげにできた信虎像が撮影を通して少しずつ固まり、脂が乗り切ったタイミングで重要なシーンを撮影できました。非常にいい流れで作品を作れたと思います。

——初号試写をご覧になった感想をお願いします。

これまで編集ラッシュは拝見していましたが、こうやって完成したものを改めて見ますと、やはり池辺さんの荘厳な音楽も素晴らしいし、プロデューサーの宮下さんがご苦労なさった所縁のお寺などでのロケで重厚感が出ていますし、太刀、甲冑、茶器などすべて本物であるという美術装飾が非常に重みを持って効いていると思います。あとは皆さんがいかにご覧になるか、楽しんでもらえるか、それが一番だと思います。全体的にとても分かりやすくてよろしいんじゃないでしょうか。

——編集でいろいろ変えたところもありますが…

それは難しいところですね。よりわかりやすくはなったけれども、逆にすべてがわかりやすくなり過ぎてしまったかも知れない、という感がないでもない。だから、本来なら見ている方がいろんなことを想像すべき部分でも、想像する余地がないくらいに画《え》で全部解説してしまったというところがあって、それは映画としてはどうなのかなと、僕個人の感じではあります。だけど、それは金子監督と、宮下さんがお作りになったものだから、僕がとやかく言うことではありませんが。でも、今の、特に若い人などにとってみれば、わかりやすいという事が一番大事かもしれないし、そのあたりの匙加減が難しいのでしょうね。ともかく、今回二時間十五分拝見しますと、撮影の時の苦労といいますか、疲れがまたどっと出てきたような感がありますね（笑）。でも、面白かったですよ。

——観客のみなさんの方に一言お願いします。

それはやっぱり映画というのは、どの作品もそうですが、初めに観客がいて、それからフィルムとか映写するものがあるわけで、どちらが欠けても映画にはならないわけです。観客と一緒になってはじめて映画という一つのジャンルの作品になるわけですから、いかに多くの方に見ていただけるか、楽しんでいただけるか、ということが、これからの一番大事なことじゃないでしょうか。

監督

金子 修介

KANEKO Shusuke

すべてにこだわって演出できたリアルな戦国時代の空気感

――やっと完成しました。初号試写をご覧になった感想をお願いします。

戦国時代、つまり死が間近にあった時代の人たちの生き様を描いてはいますが、実は本質はホームドラマだったと思っていました。ホームドラマ、あるいは政治ドラマだったと。今日はそういうことが再確認できたという感じですね。

――監督のオファーがあったとき、どうお感じになりましたか。

当初すでに、共同監督の宮下さんが書かれた膨大な脚本がありました。宮下さんは相当な戦国マニアで、知識にしてもこちらはまったく太刀打ちできない。彼が書いた脚本は今の三倍くらいあって

（笑）、それを現実的な映画にするためのサジェスチョンをしながら、お互い納得できる点を探っていきました。とにかくものすごい熱量でしたので、宮下さんが共同監督ということも契約の段階で承諾しました。

非常に長いシナリオを限られた予算でいかに撮っていくかという点で、いろいろな意味で苦労しました。武田家が滅んだ後、江戸時代に再興するわけですが、そこに至るまでのシーンとか、そういった部分をスリムにしていったということです。

――短期間、低予算での撮影だったのですが、手ごたえとしてはいかがでしたか？

俳優さんには当然本気で演技してもらっているわけで、その本気によって、戦国時代の日常、それを過ぎると死の世界があるという緊張感、その中に理不尽な死が常にあるという、現在とは違う日常の中での生活といったものをお演技に反映してもらえたのではないかと思います。

――もう少し具体的にいいますと。

寺田さんが演じた信虎は、おそらく史上最強の信虎だと思います。「俳優としてはこんなふうに言いたい」みたいな寺田さんからの意見も採り入れながら、脚本を直していきました。だから〝脚本協力〟として僕と寺田さんの名前がクレジットされているんです。その時点ですでに寺田さんには信虎が乗り移っていて（笑）、「信虎はこう考えていたんじゃないか」といった意見がどんどん出てきました。

そして、荒井敦史さんが演じた勝頼も史上最強の勝頼でした。二人が相対するシーンは見どころですね。祖父と孫という肉親のやり取りですが、一歩間違えば殺し合いに発展しそうな戦乱の雰囲気が出ていると思います。

――小道具なり衣装なりは本物志向で数多く集めたようですが。

それはもちろん、そういった本物が映ると画面が違ってくるというのはよくわかりますね。宮下さんのコネクションで、本物のお寺や庭園などで撮影することができました。信長の登場シーンは、実際に彼がお茶会を開いた場所で撮影しましたし、シーンによっては刀も真剣を使ったので、緊張感もありました。そんな場所だから、血糊は一切使えなかったのですが、ＣＧチームがすごく丁寧に頑張ってくれました。

すべてにこだわったことで、従来の時代劇にない五百年前の空気が醸し出せたと思います。監督としてエクスタシーな経験でした。

——これまでの日本映画の流れと少し違うなと感じられたような点がありましたらお願いします。

信虎が、といいますか、信虎が代表する当時の戦国武将が宗教、この場合は仏教に救いを求めていたわけですが、この救い、つまり魂の平穏を求めることで、実は逆に煩悩を助長していたのではないかと思いました。仏教に帰依しているといっても、その仏教では神様がみんな戦いの神であるというのが、撮っていて面白いなと思いました。

信虎をはじめ多くの者が戦国の世でお家の存続を願い、殉じていくわけですが，お直はそれを嫌がり続けている。家のしばりから抜け出したいという、ある意味人間らしい人物なんです。要するにこの映画は、信虎の「自分が武田家に必要とされている」という勘違いから始まって、そのせいで部下がどんどん命を落としていくわけです。でも信虎は彼らに対して「大儀じゃ！」の一言（笑）。当時はそれが当たり前でもあり、だからこそ僕は、死んでいく人の画《え》をきちんと撮ることで鎮魂したかった。そんな時代に逆らう象徴としてお直がいるんです。

戦いの世界とは違うところに行って、心が救われるといいますか、多少の気持ちの救いがあったのかなと思って、その点はよかったと思います。

——最後に観客のみなさんにメッセージを。

歴史のことに、特に武田家に興味がある人にとっては、非常にマニアックな部分がある映画ですけど、そのマニアックな部分を通して本当にこういう人たちがいたんだ、こういうことを信じて生きていた人たちがいたんだということを、感じてもらえれば面白いかなと思います。

共同監督・脚本・美術・装飾・編集・キャスティング

宮下 玄覇

MIYASHITA Harumasa

黒澤映画のような本格的な時代劇を目指して こだわりにこだわり抜いた執念の作品です。

――信虎を題材とされたのはなぜですか。

私が手掛ける作品は、何が何でも信玄や信長が登場する戦国時代物と決めており、生誕や遠忌、没後の周年にぶつけることを考えていました。脚本執筆時はまさに、信虎によって甲府が開かれた「こうふ開府五〇〇年」（二〇一九年）のまっただ中でした。そこで、「信玄公生誕五〇〇年」（二〇二一年）「信玄公四五〇回忌」（二〇二二年）の三つの記念の年を掛け合わせ、テーマを信玄の父・信虎の晩年としました。

あまりに有名な人物だと他の作品と比較され、かなわないという気持ちもありましたし、すごい人なのにあまり知られていない人物として、信玄の父・信虎しかいないと思い至りました。私が長らく京都在住で、実は信虎も長く京にいたことに親近感を覚えていたこともあります。

――脚本制作についてお聞かせください。

信虎肖像画の賛や『甲陽軍鑑』の記述、偶然と思えない因縁など、歴史的事実と一致させるため、苦心もしましたし、そこが腕の見せ所でもあり、楽しくもありました。予算のことも考え、また歴史に詳しくない人の理解を助けるため、登場する武将の数を減らしました。それでも登場人物は一〇〇人を超えています。

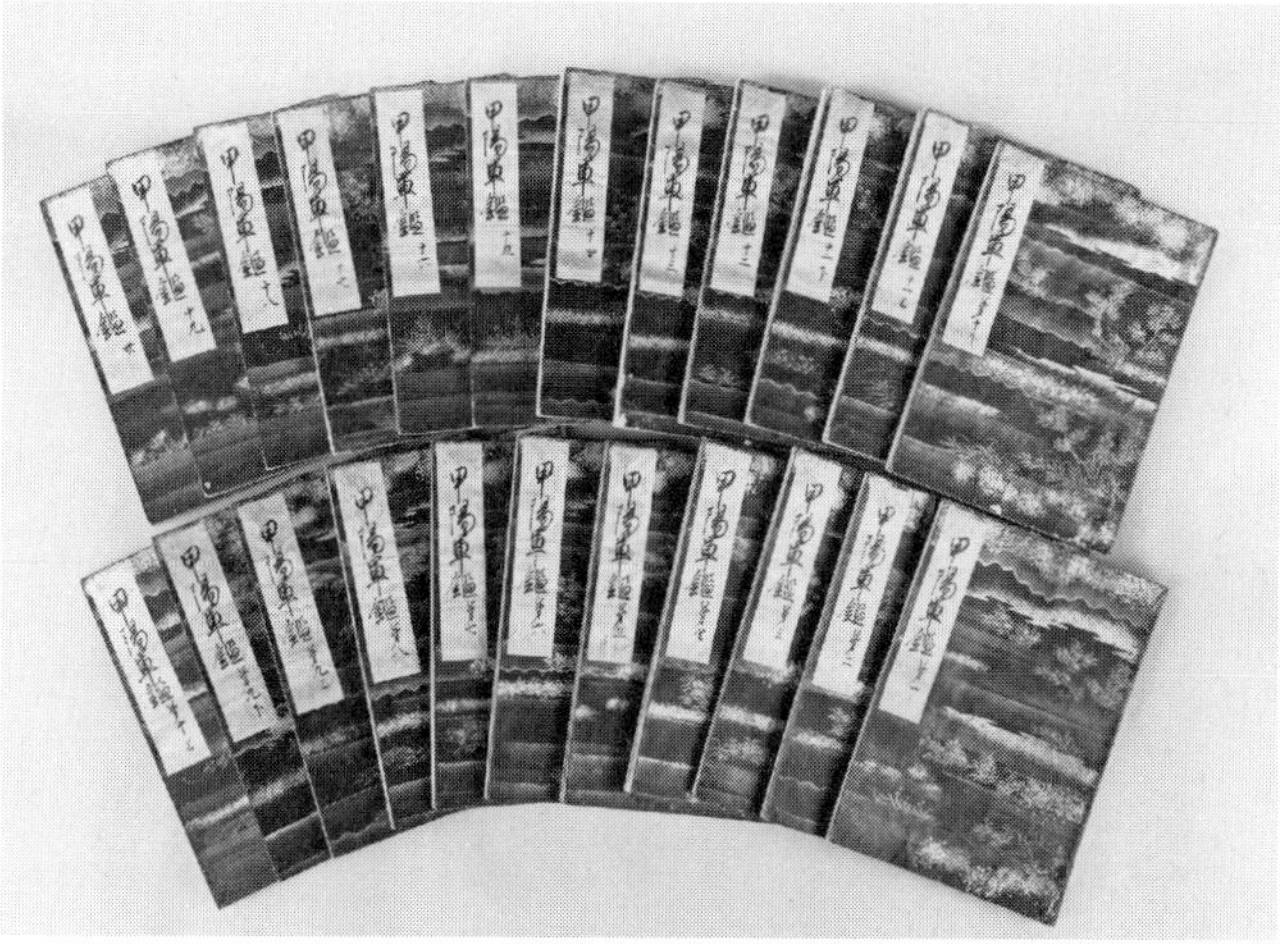

――美術・装飾についてお聞かせください。

今回、撮影所でのセットは組まず、オールロケで撮影しました。主に四〇〇年前の建物と完全再現された建物を選びました。古美術品と相まって、とてつもない重厚感が出ました。また、私は甲冑と茶道具が専門ですので、それには特にこだわりました。

――編集で字幕を多用された意図はどのようなものでしょうか。

今回の視聴対象者は歴史ファン以外にも置いており、一般の人が耳で聞いて分かりづらい人名や歴史用語を中心に字幕を付けました。画面の美観よりもストーリーの理解を助けることを優先させました。

――キャスティングへのこだわりを教えてください。

本作では、現存する肖像画に似せたり、俳優が他作品で演じたキャスティングを参考にしています。亡くなった隆大介さんは、黒澤明監督『影武者』で織田信長を演じていたので、当初、同じ役でオファーしましたが、ご本人が信虎の家老の土屋伝助を希望されました。一人二役も勧めましたが固辞されました。

振り返ってみると、キャストではやはり主演・寺田さんの好演が大きかったと思います。スタッフでは、やはり金子監督の演出、池辺先生の音楽、上野カメラマン・VFXオダさんの技術をはじめ、籠尾美術装飾、平山先生、榎協力P、宮本まさ江さん、芳川《かおりかわ》プロダクション統括には特に助けられました。心より御礼申し上げます。

――印象的なロケ地があれば教えてください。

ロケは紅葉の中の京都で行いました。信長の登場シーンで妙覚寺の紅葉を収めることができました。ロケ終了後、実景撮影を度々行いました。どうしても『影武者』のイメージがあり、雪の春日山城を撮りたかったのですが、暖冬でなかなか撮れませんでした。しかし、三月末に突然雪が降り、急遽京都を出て、東京のカメラマンと合流し撮影しました。ロケ中天候には恵まれ、特殊メイクの江川悦子さんから、こんなに順調にいくロケは稀で運が良いと絶賛されました。

――観客のみなさんにメッセージをお願いします。

本作はもちろんフィクションもあるのですが、基本的に史実に忠実に作っています。私は歴史研究と時代考証を趣味としており、そうしたベースを元に武田家の歴史を描いたつもりです。また、信虎や信玄（四五〇回忌）を追善する映画でもあるので、知られていないエピソードなどもふんだんに盛り込みました。

初めてのチャレンジではありましたが、目標は大きく、黒澤映画のような本格的な時代劇を目指しました。それはいわば戦国時代を再現する、ということだったと思います。そのために、武将の髷《まげ》や衣裳、甲冑、馬など、当時のものを再現することにこだわりました。刀も真剣を使ったり、刀と刀がぶつかる音も、刀を何本も潰して音取りしました。とにかく、こだわりにこだわりぬいた執念の作品です。本作のポスターやチラシのキャッチフレーズを「虎はあきらめない」としたのですが、主演の寺田さんからも言われました。「宮下はあきらめない」と（笑）。

音楽

池辺 晋一郎

IKEBE Shinichiro

戦国時代の独特な空気感を表現するために〝琵琶〟という楽器を核にしました。

——まず今回の作品を引き受けられた理由や経緯は？

僕は武田信玄とはかなり深い関わりがあって、黒澤監督の『影武者』（八〇年）だけでなく、明治座で上演した舞台『武田信玄』（八〇年）の音楽も書いているし、今回のオファーが信玄の父親の話と聞いて、これはもう何かの縁だと思わざるを得なかったのですね。しかも、監督の宮下さんが『影武者』の大ファンだというから、僕が担当することになったのも、ある意味で宿命だったかもしれません。

それと主演の寺田農さんも昔からよく知ってい

て、僕が金沢でやっていた小規模なトークコンサートにお願いして来てもらったこともある。だから、題材が信玄の父・信虎で、宮下さんが監督で、しかも寺田さんが演じる。こうなると、このオファーをお断りすることは考えられませんでした。

――最初の時点で、作曲家の立場から脚本を読まれて、どう思われましたか?

正直に申し上げて、歴史の専門用語やマニアしか知らないような武将名がたくさん出てきますので、宮下さんに「ペダンティック（衒学的）だ」と伝えました。少し小難しくて地味すぎるんじゃないかと。これが果たして一般のお客さんを惹きつける内容に成り得るかなという印象を持ちました。だから、音楽の力で、そのような印象を少しでも緩和できれば、という気持ちがありましたね。

――本作の音楽に関する打ち合わせは、どのように進められたのでしょうか?

打ち合わせはすべて宮下さんとしました。そこに至るプロセスもやはりペダンティックでね。たぶん、撮影現場でもそうだったんでしょうが、道具とか、ちょっとした台本の直しとか、宮下さんは非常に凝り性なんですよ。それもあって、なかなか打ち合わせに入れなかった（笑）。映画の場合、決まった尺を出してくれないと作曲に入れない。それで「どうにかしてください」と延期してもらいましたが、最終的に宮下さんのこだわりは、完成した映画に良い結果として表れていると思いますね。

――メインテーマの構想はどのようにして練られたのですか?

まず、この映画にはある種の重厚感が必要だと思いました。軽薄な印象を与えてはいけない。あの時代を感じさせる雲や風を音に乗り移らせようと思いながら、書いたところがあります。これまでにも大河ドラマの『黄金の日日』（七八年）や『独

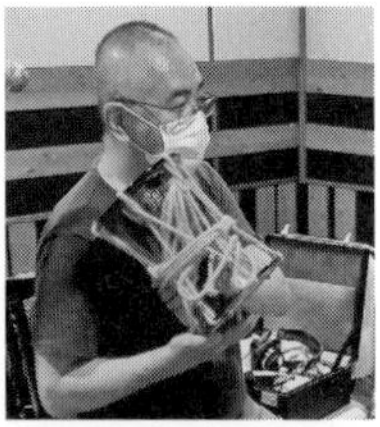

眼竜政宗』（八七年）など、戦国時代を扱った作品にはたくさん関わってきたので、その独特の空気感を表現したいと思いました。

――戦国の空気感を出すために、薩摩琵琶をはじめ、いくつかの邦楽器を使われたということでしょうか？

この映画の音楽は〝琵琶〟という楽器が核になっています。正確には薩摩琵琶という楽器で、とても表現力が強く、一音鳴ればそれがものすごくいろんなものを語る楽器だと思うのです。撥弦《はつげん》楽器は撥《ばち》で強くはじく楽器だから発言力も強い、と僕はよく言っています（笑）。

この映画の音楽を考えたときに、まっ先にこの琵琶を思い浮かべました。あとはそこから派生して、能管《のうかん》や篠笛《しのぶえ》を入れるとか、弦楽器を入れていくとかいうのは、すべて最初に発想した琵琶から波紋のように広がって、音楽の構想が膨らみ、楽器編成が決まっていきました。

――琵琶の中でも平家琵琶ではなく、あえて薩摩琵琶にされた理由は？

僕はラフカディオ・ハーン（小泉八雲）の『耳なし芳一』をオペラ（八二年）にしていて、小説にはたった1丁の琵琶で合戦の模様を見事に描写して、平家の幽霊が感動する場面があるけど、本来平家琵琶だと音が薄っぺらくて、現代人の耳には迫力がない。薩摩琵琶なら音も大きいし、弦を弾くだけでなく、楽器の本体をバチン！と打ったり、さまざまな奏法がある。それで、あえて薩摩琵琶で表現したんです。もちろん、オーケストラで平家琵琶を表現することもできたのですが、基点は動かさず、琵琶を薩摩琵琶でやった、ということですね。他にも薩摩琵琶とチェロの曲（八二年）も書いているし、僕がしばしば重用してきた楽器だったわけです。それもあって、僕の中で薩摩琵琶が存在を主張し始めた、ということだと思います。

――それでは薩摩琵琶の演奏者や奏法についてはどうでしょうか？

演奏は長年、僕が信頼していた半田淳子さんにお願いしていましたが、お年で引退されたので、弟子の石田さえさんにやってもらいました。思った通りのいい演奏になりましたね。薩摩琵琶には特殊な奏法が色々あって、バチを八の字を書くように回しながら弾く奏法なども今回使っています。それから信虎の「霊光」の画面、ここは絶対に薩摩琵琶だなと思いました。

――その「霊光」を音楽で表現するに当たって工夫されたことは？

映画に出てくる「霊光」の音楽も琵琶が中心なのですが、霊光はこの映画のテーマみたいなものですから、琵琶から始まって結局そこに収斂していく、ということだと思います。ただ、琵琶という楽器は少し生々しいところがあるので、それをやわらげることを意識しました。生々しさを変形させるためにフェイズシフターという装置を使って、その音楽の位相を変える、ということをしました。ただの琵琶のこすりじゃなくて、ちょっと変形することで琵琶の生々しさを抑え、霊光の感じというか、異次元のイメージに持っていきたいと思って処理しました。

――スコアは全二四曲、上映時間一三五分に対して約五四分といった分量ですが、こうした仕事には付き物のスケジュールについてはやはり厳しかったですか？

今回はとても有難いことにたっぷりと時間をもらえました。もちろん時間があるから必ずしも良い仕事ができるとは言わないけど、追われ追われて書くよりは、じっくりと考えて書くほうがいい仕事ができますよ。これまでの経験だと、天候で撮影が延びたとか、誰かが病気したとかトラブルが起きて遅れると、すべてのしわ寄せは音楽に来るけど、今回は恨み節は一切ないです（笑）。

――監督からの具体的なオーダーは何かありましたか？

本当のことを言うと、宮下監督から「どうしても『影武者』の音楽を使ってくれ」と言われて困りました。過去に自分が書いた音楽を再利用するのは、やはりものづくりをする人間としては、忸怩《じくじ》たるものがありますからね。『影武者』の最後、死屍累々の中、仲代達矢さんの影武者が彷徨《さまよ》う場面、あそこの音楽を使いたいと。ただ、完全に『影武者』をハメるのではなく、『影武者』を思わせるモチーフで勘弁してもらった。出だしは生かしましたが、ちょっと尾ひれを変えたというか……。

映画ほど監督の権限が絶対の世界はありませんからね。仲代さんとはよく黒澤さんの思い出を話すのですが、『乱』（八五年）の撮影で仲代さんは早朝から四時間三〇分かけてメイクして現場入りしたら、監督がハックション！とクシャミをして、「風邪をひいたかな……今日は中止しよう」って。周囲が「せめて1カットくらいは」と言っても監督が中止と言ったら中止になる。それが映画の世界で、監督の一言は絶対。皆さんにも知っておいてもらいたいですね（笑）。

――改めて完成した映画をご覧になって、どのように思われましたか？

最初に試写版を見た時は、合戦がちょっと少ないと感じましたが、見直してみると、いろんな場面で物を見る音や武器が摺りあう音などの効果音が使われています。手前味噌ですが、これに音楽の力が加わり、街道での戦いなどの合戦シーンの印象が強くなった気がしています。だから、合戦の多い少ないじゃなくて、質的な面ですごく迫力が増したので、とてもいい感じになったと思っています。

――効果音に音楽の力が加わって、映画の完成度が高まったということですね。

効果音の方に大拍手を送りたいですね。たとえば刀の切る音、ぶつかり合う音、あるいは鎧《よろい》がこすれる音……こういった音が実によくできている。その効果音を讃えるとともに、自分で言うのも不遜だけど、僕が書いた音楽が加わり、効果音と音楽、この二つで作品としての仕上がりが実にいい形で成就したんじゃないかなと思います。

――効果音や音楽のほかに、先生から見られて、この映画の見どころはありますか？

ひとつあげるとすると、この映画に出てくる美術品や茶道具など、絵柄として映るものが素晴しいのも、この映画の見せどころになっていると思います。この分野は宮下監督のご専門ですが、絵心や茶心や道具心がある人はすごく魅力を感じると思うし、そうでない人にとっても非常に吸引力があります。そういう道具や絵画の持っている力が見事に反映された映画になったという気がします。

――池辺先生は、現代音楽の作曲家として活躍されていますが、映画音楽と、コンサートなどでの音楽との決定的な違いはあるでしょうか？

映画をはじめ、テレビなどでの演技の場合、監督という絶対的な存在があるにせよ、何人かでものを作っていくコラボレーションの面白さ、これに尽きますね。それに対してコンサートの音楽は自分ひとりの世界です。もちろんオーケストラや合唱団などの意見もあるし、委嘱先が一五分の作品を期待しているところに、三時間の曲を書くわけにはいかない。すべて勝手にやるわけではないけれど、あくまで個人の世界。そこが決定的な違いとしてありますね。「純音楽」という言葉があるけれど、この言い方はあまり好きではないんですよ。言うとすれば、「付帯音楽」と「コンサート用の音楽」ということですね。この〝純〟とか〝不純〟とか言うのは、昔、純喫茶なんていうのがあったけど、何が違うかと言えば、アルコールは出さなかった。じゃあ、アルコールは〝不純〟なのかと。酒好きとしてはけしからん話だよね（笑）。

――最後に、この映画の音楽を担当されて思われることは？

今になって思えることなのかもしれませんが、黒澤映画がすごくお好きな宮下監督と、黒澤組の人間であり『影武者』を手掛けた僕が出会ったということですね。ご存じの通り『影武者』は武田信玄の影武者なわけで、その信玄の父親の映画を自分がやるというところに、結局ここに帰着したのかな、という印象をもっています。宮下監督との出会いも含めて、ぼくがこの映画の音楽を担当するというのは、もしかすると必然だったのかも知れません。

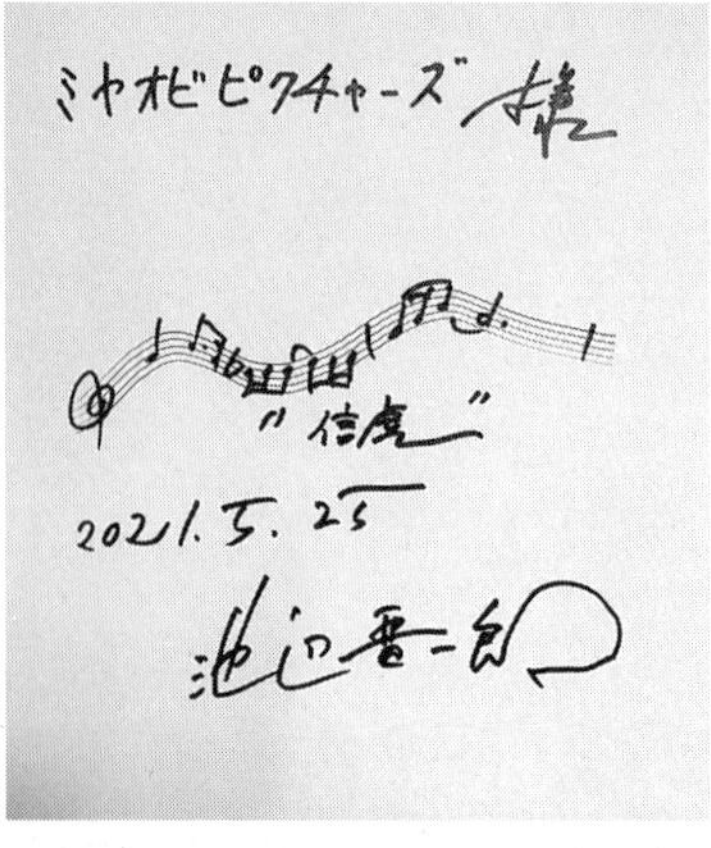

映画『信虎』を論じる

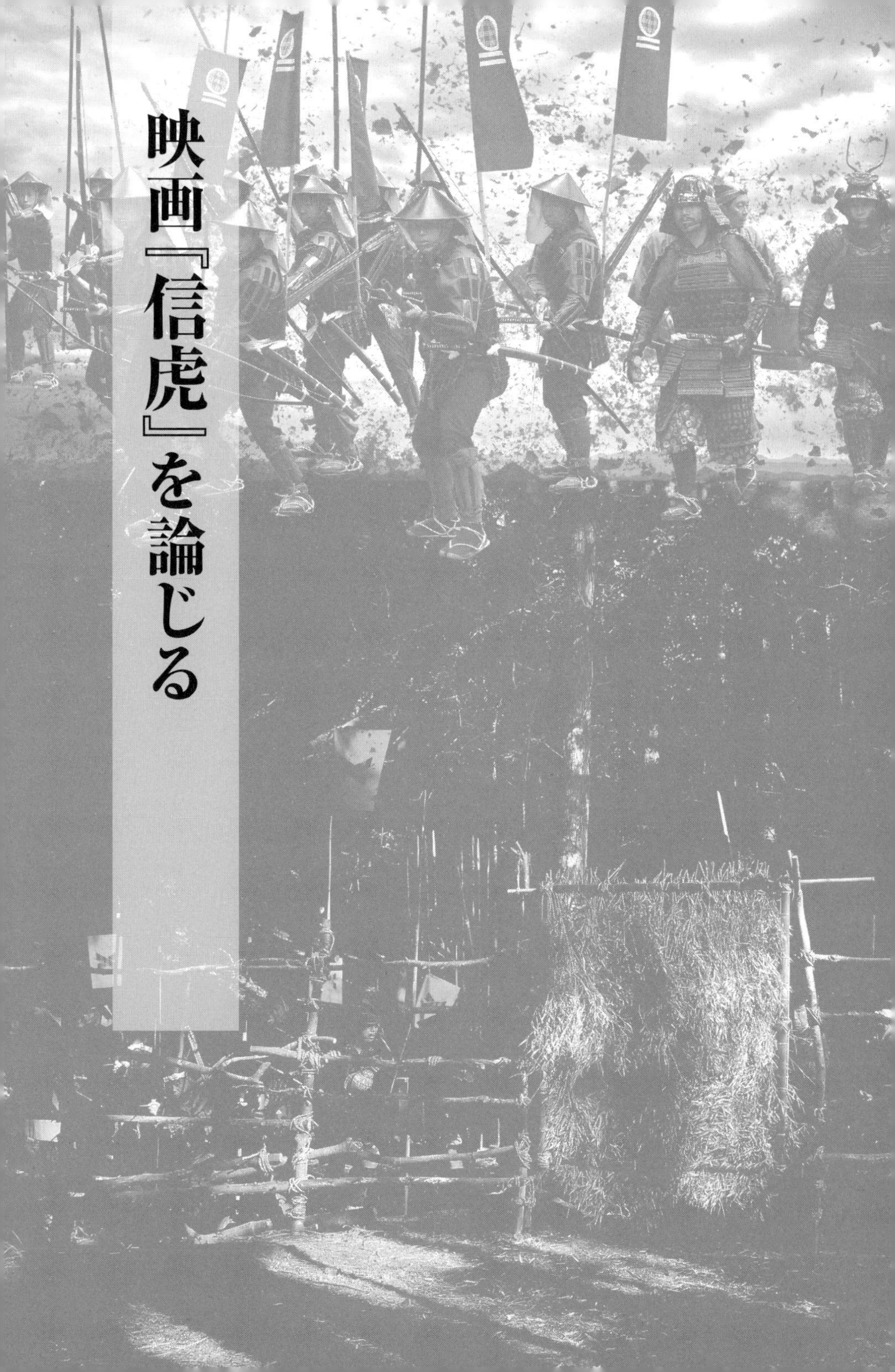

大河ドラマとは全く違う戦国

脚本家・演出家・映画監督　三谷幸喜

「大河ドラマとは、全く違う戦国がそこにあった！」

感想はこれに尽きます。

メイクも美術も衣装も、とても新鮮でした。

戦のシーンも、斬られる痛さや怖さが伝わって来て、ドキドキしました。

いちばんかわいそうなのは、あのよく食べる少年。調べてみたら、本当にあんな感じだったんですね。

信虎目線でみごとに描ききった武田盛衰記

歴史学者　小和田哲男

ふつう、武田信虎というと、悪逆無道の行為が行きすぎ、息子信玄によって駿河に追放されたみじめな武将といったイメージでとらえられている。しかも、身柄引き取り手だった今川義元が桶狭間で織田信長に討たれると、駿河にも居られず、上京し、高野山や西国を遍歴・流浪し、最後は、信濃高遠でひっそり生涯を閉じたとされている。甲斐から駿河へ追放された後は、その存在感は無きに等しい生涯だったというのが通説である。

ところが、今回の『信虎』はそうした通説を打破しようとする。その手がかりとなっているのが、永禄六年（一五六三）頃、信虎が京に上り、第十三代将軍足利義輝の相伴衆《しょうばんしゅう》になっていることである。相伴衆というのは、将軍が諸大名を饗応するときに相伴を許される人のことで、それ相応の身分の出でないと務まらない。信虎は、戦国大名武田家の当主だった経歴をもっているわけで、将軍からも一目置かれる存在であった。

ただ、その後の信虎についてはほとんど史料がなく、信長の台頭にどう対処しようとしていたのかもわからない。どこまでが史実で、どこからがフィクションなのかがわからない演出はみごとというしかない。

いずれにせよ、信虎の目線で、戦国大名武田家の盛衰が一本の筋となり、信玄死後の勝頼の葛藤、家臣たちの動向など、戦国大名武田家の物語というだけでなく、戦国時代の人間模様をみごとに描ききった作品である。

映画『信虎』と『甲陽軍鑑』

歴史学者　平山　優

映画『信虎』（以下、本作）は、息子信玄に甲斐を逐われた武田信虎が、元亀四年（一五七三）、織田信長に命を狙われ、京都から命からがら武田領国に帰還する顛末と、その死までの波乱に満ちた最晩年と、武田家の末路を描いた作品である。本作では、信虎が武田家存続に尽力しながらも、自らの寿命を悟り、その願いをある形で成し遂げるというストーリーになっている。もちろん、それらのほとんどはフィクションであるが、信虎と孫武田勝頼の対面をはじめ、いくつもの重要なシーンには、根拠となる史料が存在する。それが『甲陽軍鑑』である。

本作は冒頭で、『甲陽軍鑑』の研究に生涯をかけ、その史料的価値の再評価を世に問う『甲陽軍鑑大成』（汲古書院、一九九五年）を完成させた、国文学者酒井憲二氏に捧げられている。この映画は各所で、『甲陽軍鑑』に記されているエピソードを織り込んでおり、ストーリーづくりは同書に大きく負っているといっても過言ではない。まさに、酒井へのオマージュともいえる内容になっていると思われる。

本作に強い影響を与えた『甲陽軍鑑』（以下『軍鑑』）とは、江戸時代初期に成立、刊行された軍記物である。同書は、本編二十巻（全五十九品）、末書二巻で構成されたもので、原本の成立は、天正三年五月とされ、武田重臣春日弾正忠虎綱（いわゆる高坂弾正、信濃海津城代）である。春日は、長篠合戦で武田勝頼が大敗し、信玄依頼の宿将が戦死したことに危機感を覚え、甥春日惣二郎（惣次郎）と家来大蔵彦十郎の協力を得て作成し、勝頼と側近跡部大炊助勝資、長坂釣閑斎光堅らに贈ったものが原本とされる。虎綱は、先主信玄の言動や事績の数々を書き記し、勝頼や側近らに、偉大な信玄の足跡と教訓を思い起こさせることで、その政治姿勢を正そうと意図したと指摘されている。その切実な願いと叫びは、『軍鑑』の各所にみられ、あたかも親鸞死後の教え子たちが、彼の教義から逸脱し、異端の教えを公然と説く傾向を強めたことに毅然と反論した唯円の『歎異抄』にも似た、「歎異の書」であるとの位置づけも存在する。

『軍鑑』は、江戸時代のベストセラーとなり、これを公刊した小幡景憲（武田遺臣、信玄重臣小幡昌盛の子）は、甲州流軍学の創設者となった。ところが、明治維新以後、西欧から導入された近代歴史学（実証史学）の洗礼により、『軍鑑』は誤記が多く、到底、春日虎綱が記したものとは思えず、小幡景憲が創作した偽書の類いだと断じられ、近年まで歴史学ではほぼ無視される記録となった。

永年、不遇な処遇となっていた『軍鑑』を再評価した人物こそ、国文学者酒井憲二氏である。酒井は、『軍鑑』の最古写本を確定させ、それが元和七年（一六二一）には現在知られている形態が成立していることを突き止めた。

さらに、国語学者らしく、『軍鑑』には、①室町時代の古語が多用されていること、②甲斐・信濃の方言や庶民が使用する「げれつことば」（スラング）が多用されていること（春日虎綱と甥惣次郎は、百姓出身）、③これらは、小幡景憲が活動した江戸時代初期には使用されなくなっていること、④文法なども、古典語規範が崩れ、室町時代固有の用法が台頭する時期に符号する事例が頻出すること、などを指摘し、小幡景憲仮託説を否定した。そればかりか、文法や語彙などの分析から、『軍鑑』が口述筆記の体裁を取っていることを突き止め、原本は春日虎綱が、甥惣次郎や大蔵彦十郎に口述したものを筆記させたとの踏み込んだ学説を提起した。これ以後、『軍鑑』の評価は一変し、戦国期の語彙を豊富に含む記録として、研究の対象とされるに至ったのである。

もちろん、『軍鑑』には誤記や検証できぬ記述が多いのは事実である。また同書は、春日虎綱の遺記に、編者小幡景憲が書き加えた部分があることは間違いなく、それを念頭に置きつつ、注意しながら利用する必要があるだろう。しかしながら、酒井氏の研究により、『軍鑑』の再評価がなされ、戦国史研究に新たな沃野が出現したことは重要である。

本作は、こうした『軍鑑』再評価の動きを意識しつつ、物語が編まれたといえるだろう。同書では、武田信虎は暴君、勝頼は信濃諏方氏の血筋を引く故に、父信玄の正当な後継者とはみなされぬ人物として描かれ、信玄こそが武田氏の屋台骨を作り上げた偉人という位置づけがなされている。それは、同書の原本が、勝頼への諫言の書として作成され、武田氏滅亡という波乱を経て、編纂・公刊された経緯を持つ故に、どうしても信虎、勝頼に厳しい記述が頻出せざるを得なかったためと推察される。

映画にも登場するいくつもの場面は、まさに『軍鑑』の持つ、信玄礼賛、信虎・勝頼批判という通奏低音を、色濃く反映したものといえるだろう。たとえば、甲斐国都留郡の安左衛門という人物が、信玄没後、勝頼の武運長久を祈願すべく、諏方大社に百日籠をしたところ、七十一日目に夢想のなかで、次のような歌を聞いたという(『軍鑑』巻十九)。

諏方明神　たへる武田の子に生れ
世をつぎてこそ　家をうしなふ

この部分は、本作でも物語の展開で、武田氏滅亡に向けた重要な不吉な場面として描かれ、安左衛門は「武田は滅びる」と叫び、慄然とするシーンとなっている。

そして、天正二年(一五七四)二月中旬頃、信濃国高遠で、信虎と勝頼が対面したシーンは、『軍鑑』でも名場面として著名だ。この二人の対面や、信虎が武田領国に逃げ込んできたという逸話は、いずれも他の文書や記録では確認できず、すべては『軍鑑』に頼るほかない。しかし、同書に記された祖父と孫、そして重臣らとの息詰まるやりとりは、名場面の一つである。三十数年ぶりに帰国を果たした信虎は、旧知の人々と再会し、また代替わりこそすれ、かつて自らが統べていた家臣らの名字を耳にしたことで、それまで押さえ続けていた憤怒を爆発させてしまう。それが、孫勝頼の警戒と嫌悪を招き、重臣らからは老いたりとはいえ、変わらぬ暴君と認識され、故郷甲斐に帰国することすら許されぬ境遇を招き寄せてしまう。そしてまもなく、信虎の寿命は尽きるのである(天正二年三月五日歿)。

史実の武田信虎の晩年は、将軍足利義昭の命を奉じ、近江国甲賀で反信長のための挙兵を画策したことや、『軍鑑』が描いたわずかな部分が知られるのみであるが、本作は、その断片をつなぎ合わせ、多くのフィクションを交えることで、武田家の存続を、どのような形であれ成就させたいと執念を燃やす老武将の気魂を、陰影深く描いている。それらは、本作の俳優陣による、静謐のなかに押し込められつつも、表出せざるをえぬ人間の業と執念とを、強烈に印象づける演技によって、観客に伝染することとなるだろう。『軍鑑』と映画の融合という試みが、果たしてどれほど成功したか、それは江湖の批評に委ねたい。

風雲児の帰還

歴史小説家 伊東 潤

戦国時代最強を謳われた甲州武田軍団は、信玄没後も勝頼と信玄の遺臣たちを中心に鉄壁の強さを維持していた。

天正二年（一五七四）、そこに一人の男が帰還する（厳密には信濃国までやってくる）。かつて息子の信玄に甲斐国を追放された元国主の信虎だ。信虎は齢八十一ながら、いまだ天下制覇の野心を秘めていた。

かくして武田家中にもたらされた一つの波紋は、人々の運命をも変えていく。

この小さな事件に目を止めたのは、制作陣の慧眼の成せる業だろう。武田家滅亡という一大事件を描いていくには、劇場用映画の上映時間はあまりに短い。そうなると誰かの視点に絞らねばならない。その点、追放後も駿河国から畿内周辺諸国を股にかけて不穏な動きを続けた信虎の視点から武田家滅亡という一大叙事詩を描いたのは正解だった。

甲斐国の統一、関東や信濃国への侵攻と特定地域の制圧という実績を挙げた信虎は、戦国時代の東国に波乱を起こした風雲児だった。しかし足元をすくわれるように、実の息子である信玄に追放される。それでも野心を捨てなかった信虎は、信玄が没したという噂を聞いて帰還する（本作では高遠城で信玄の死を知る）。

この信虎の帰還という小さな波紋が、武田家の人々の心に何らかの影響をもたらしていく。劇中では、それを妙見信仰による魔力というメタファーで表現しているが、武田家中に落とした信虎の影は次第に大きなものになっていった。

やがてそれは、跡部勝資や長坂釣閑斎といった勝頼の側近たちと山県昌景や春日虎綱といった信玄股肱の重臣たちとの間の亀裂となり、それが長篠の戦いでの惨敗、そして武田家滅亡へと結びついていくことを暗示している。

信虎とは何者だったのか。その帰還によって起こった波紋とはどのようなものだったのか、ぜひ映画を見て考えてほしい。

時代の一場面を見ているような錯覚

歴史研究家 柏木輝久

上洛の途上、重病に倒れた息子信玄から届いた軍配を手に、信虎はこう叫んだ。

「相分かった！　わしが甲斐に戻り三万の兵を率いて上洛いたせばよいのじゃな」

世間からとうに忘れ去られた老将の余りに突飛な思い込みに、周囲は唖然とするが、それを尻目に信虎は、慌ただしくかつて追放された故国へと三十余年ぶりの帰還を目指す。かくてこの物語は、ラ・マンチャで風車に突撃したドン・キホーテのような滑稽味を帯びて急展開する。

もっとも、帰還の途は、決して平坦ではなく、多くの家臣が非命に倒れ、信虎自身も信濃で没してしまう。そして武田家は信長の抬頭により勝頼滅亡という最大の悲劇に見舞われる。しかし、信虎の強い信念と遺志は、そうした苦難や哀しみを乗り越えて、死して後も武田家に温もりある救いを余韻としてもたらす。

なお、この映画は、衣装、武具、結髪、膳部、そのほか調度にいたるまで、ディテールにもとことんこだわっている。名だたる俳優陣も、気負わない落ち着いた演技で、所作もよく適っている。そのためだろうか、時代劇を見ているというより、あたかも時代の一場面を目撃しているかのような錯覚さえ感じさせる。

二〇二一年は、信玄生誕五〇〇年の節目にあたり、映画『信虎』は誠に時宜を得た公開となった。目下、世界は新型コロナという近代史上最悪の災厄に見舞われているが、一日も早く人類がこれを克服して、映画館にも多くのシネマファンが「帰還」することを願ってやまない。そしてこの映画を見れば、強い信念こそが困難を乗り越える根本であると改めて感じ取っていただけることだろう。

黒澤映画『影武者』へのオマージュ

映画監督 藤原敏史

まず「なんとしても武田家存続」という信虎の執念がテーマの、武田家滅亡後のアンチ・クライマックスと思えた二十三回忌法要で大どんでん返し、という構成が非常に痛快で、「ああ、そういうことだったのか」と、ここまでどうしても説明要素が多かった映画で、ここに来て、ことさらセリフなどで説明したり声高に語ることなく、納得させられるところがさすがでした。

「家をつなぐ」というのが甲斐源氏・武田氏という「家名」の存続だと思わされていたのが、本当につながっていたのは〝命〟だったのです。父としての信虎のレガシーが「武家の娘が町人と結婚していいじゃないか」ということで、本当はお直を通して、〝血〟〝命〟そのものとしてつながるという、この「つながる作品」のメッセージは、桜の風景も含めてとても美しく、現代的なものとして伝わります。

一方で、信虎が妙見の秘術をかけた相手がことごとく死んでいることも含めて、武田家の滅亡の際のあまたの死者はもちろん、それまでも武田の重臣がとにかくどんどん死んで来た過去にたびたび言及されることと、最後にお直だけがああいう形で武家を捨てて生き残ることが鮮烈なコントラストになっていると思います。武田入道の姫であり、武家の名家であることを捨てた途端に、お直の人柄がガラリと変わるのも含めて。

美術については建物がまずしっかりしていて存在感があり、本法寺の書院と巴《ともえ》の庭とか実は江戸時代なわけですがうまく収まっていますし、仏像・仏画などはおそらく本物かよほど本物に似せて作ったのでしょうか、説得力がありますし、それはこの物語があえて、現代人にはとっつきにくい秘儀・秘法の霊力や祟りを重要な要素にしている上で、とても重要だったように思います。ただ日蓮宗寺院の外観のインサートで善水寺、長寿寺の、鎌倉時代の比叡山系の天台宗の国宝建築を使っているのは、どちらもそんなに有名なお寺ではないので気にする人も少ないとは思いますが、屋内に入ると建築の構造や様式がかなり違うので、なくてもいいかな、とは思わなくはありません。どちらもとても優れた、美しい建築物ではあるのですが。

その意味で実は気になってしまったのが、冒頭の二条城を使った江戸城で、唐物（重文）の紋所をちゃんと三葉葵に戻しているところだとか、丁寧でいいのですが（あれは菊紋を外してもらえたのでしょうか？）、あまりに有名な国宝の二条城二の丸御殿とすぐに分かってしまうのと、唐門はあくまで後水尾天皇の行幸のため、つまり天皇のために作られたもので江戸城にああいう門はないと歴史を知っている人は知っているので、必要だったのかな、とは思ってしまいました。まぁ僕が細かいところを気にしすぎなのかも知れませんが、なにしろファーストカットなので。

江戸城は現存しないので、どこかのお城に代役を演じてもらうしかないのですが、自分だったら名古屋城に復元された本丸御殿を使うか、二条城を使うなら二の丸御殿の庭側からにしただろうとは思います。一般公開では入れないのですが、庭の反対側から池ごしに二の丸御殿を見ると、御殿側から見た庭がゴツゴツとした荒々しい岩で構成されているのと印象が全く変わって、穏やかで平和な印象の石組になっているので、その全景がファーストカットになると「泰平の江戸時代・元禄期」と、とにかく凄惨で人がバタバタと殺されていた戦国時代との対比を象徴的に暗示できたような（しかも普通は滅多に見られない光景なので）。

その江戸城のシーンと、こういう題材なので出だしに説明字幕が集中しているのが、いささか作品世界に入り込むのを難しくしているところはあるかも知れません。例えばメイン・タイトル後の長い説明字幕はなくてもいいんじゃないか、とか思ってしまいつつ（ただこれがないと劇場や配給は嫌がると思います）、高遠城の無骨な土塁のインサート、特に高遠城に勝頼を迎えての評定から、ぐいぐいとこの世界に引き込まれていきます。武田家の内部の派閥争いや権力闘争は分かりにくいところもありますが、あんなのは分かりやすいわけがないわけで、観客がいまひとつ把握できていない複雑さを、寺田さんの信虎が即座に見抜いて権力ゲームを仕掛けるあたりとか、圧巻でした。

武田家研究の第一人者の平山優さんがついておいでなので、あの複雑怪奇な権力構想の構図はその知見を相当に踏まえたものなのだろうと推察しますが、パンフなどで解説があると面白いかも知れません。信玄の死から武田滅亡に至る大雑把な説明ではなく、武田家がどういう支配体制の権力構造になっていて家臣団の間でどういう対立があったのか、その複雑さが垣間見えるシーンで、映画としてはあえて過剰な説明に陥らず（だから「分からない」という人がいたら困りますが…）、寺田農のケレン味たっぷりの大芝居を中心軸に力関係のダイナミクスとして演出されているのが見事でした。

武田逍遥軒（信廉）が描いた信虎の肖像は以前に、なんの展覧会だったか忘れましたが、東京国立博物館で見ていて、信虎という人物に興味を持ったのもあの絵がきっかけでした。二十三回忌のシーンであの絵が重要になるのは、あれが逍遥軒の描いた父の肖像だと知っているだけに感慨深いものがありますし、逍遥軒が権力の中枢にあることを嫌って陣代を断った時の言い訳がいい伏線になっているとも思いました。信玄と逍遥軒を同じ永島さんが演じているのはやはり、黒澤の「影武者」へのオマージュなのでしょうか。信玄は一瞬しか出て来ませんが逍遥軒がとてもよかったです。

信虎の秘術は家を滅亡から守る手段ではない

骨董映画評論家　乙骨太郎左衛門

最初の数分間で映画の良否は決まる、という分析を私は信奉しています。最初の江戸城の豪壮な室礼から始まる冒頭は「この映画はホンモノを使ってリアルな戦国を描く」という高らかな宣言だと思います。かつ、始めにゴール地点を見せることで、そこに至る〝過程〟に観客の目がしっかり向けられる効果があるように感じます。

信虎は観進めていくうちに人物像がわかってくるのと反対に、お直は予想外に良いキャラでした。中盤で出番が少なくなるのが惜しいくらいです。お直が「現代的女性」に見えて、一種の共感を抱かせていることは、彼女の不遇さがもたらすところも大きい気がしました。わかりやすい〝惹《ひ》き〟の役目で、なんか変なメイクで頑張ってる！あれがリアルな戦国乱世なのか！と一番感情移入しやすいキャラですし、高遠城の夕餉《ゆうげ》で平太郎を見遣る表情は、（NHK大河ドラマ『武田信玄』での）紺野美沙子の三条夫人〝暗黒面〟が降臨してきたみたいで大好きな場面です。

本作品は、登場人物の内面には観る側によっての解釈の余地の可能性が担保されてますし、衣装や造形や小道具、史料に基づいたエピソードなど、また見返して再確認したくなる場面も多々あります。ビジュアルの再現性の高さは納得する歴史ファンが多いでしょう。それから、秋山伯耆守家臣片切昌為の出演シーンは往年の角川大作映画を想わせてニヤリとしてしまいますね。

信虎に扈従する郎党もはじめは屈強な武者たちだったのが、最後には田舎者丸出しのヨボついた隠居みたいな連中へと変わっていくことも効果的で、あの隆大介が序盤で退場するのは何て勿体ないんだと思いましたが、そこに一種の無常観が描かれていますね。

「諏方大明神」に「加護」されているけれど勝頼は滅んでしまうので、諏方大明神は「武田」が滅ぶことを望んでいる、と解釈するのは不合理ですが、「加護」の力がそこまで強大ではないのでしょうか。

そもそも秘術は戦国大名武田家を滅亡から守るために用いているのか？私の考えでは否です。早晩、滅亡は免れえない、けれどもせめて武田の血筋だけは後世に残したいからこそ、最後の手段として辿り着いたのが秘術なのだと思います。でないと穴山にかけた理由の整合性がなくなります。大名家としての滅亡を防ぐ手段ではないのです。

他人を意のままに操ることができることと、他人に成り代わることは似ているようでも違います。信虎は仮に勝頼を操れたとしても、自身が勝頼になって縦横無尽に無双することはできないのです。

私は最初、今井兵庫助との邂逅《かいこう》場面は単なるダレ場だと思っていたのですが、あれは合わせ鏡のように信虎が自分の姿を直視する場面で、自分ももう老いさらばえた過去の人間なのだ、と気づく瞬間なんだと思います。信虎に「時間」が残されていたなら、勝頼に秘術を用いて、取って代わることができたかもしれません。けれども、もう遅過ぎたのです。人が一生を生きてきたなかで後の世に何をのこせるのか？そのために何ができるのか？そのための手段が秘術であって、決して自分の意に沿わない勝頼を打ち負かすための方術ではないのだと思います。

長篠を語るシーンの音楽が強烈すぎて柳澤の台詞が全く入ってきません！素晴らしいオマージュだと思います。

余談ですが、江戸時代初期に京都の鹿苑寺（金閣）住持であった禅僧・鳳林承章の日記『隔蓂記《かくめいき》』に長二《ちょうじ》という京都の町人が登場します。彼は「唐物屋」と総称される古美術品の目利きで「絵見の長尓」と呼ばれ、狩野探幽が古画の鑑定の際に意見を徴したとされます。この長二（長尓／長爾／長次）の出自は、子孫がまとめたとされる系譜によると駿河葛山氏の養子となった武田信玄の子を父親としており、あるとき、私は宮下共同監督に信玄の孫にこんな人がいますよと話したところ「それは偽系図だね」と言下に一蹴されたことをよく憶えています。たしかに一次史料による裏付けはないので、宮下共同監督が歴史に対してどう向き合っているのか、あらためて思いをいたす次第です。

戦記物では分からない歴史の原動力を描く

名古屋工業大学名誉教授　高木勇夫

戦国武将として当時も現在も筆頭に挙げられる武田信玄の父親が、若くして追放されて息子よりも長生きしたことは知っていた。その信虎が何を思って行動したのかまで考えたことはなかった。信玄と武田二十四将の物語ならば、ちょうどアーサー王と円卓の騎士のように、華々しい戦闘場面と綾なす人間関係に基づくお話には事欠かない。

しかし、乱世の十六世紀を生き抜いた信虎を中心に物語を再構成すると、別の歴史の相が浮かび上がる。たとえば、古代末期に遡る武家の名門としての武田家の命運が尽きる過程、人間を操ることができるという中世的な呪文、そもそも戦国時代の武士たちが何を思って戦っていたかという情念など、これまでないがしろにされてきた歴史の基本問題が明るみに出される。結果だけ問題にする戦記物では分からない歴史の原動力である。

信虎の物語の語り部は、徳川五代将軍綱吉の側用人の柳沢吉保。その父親は甲州の出身で、武田家滅亡後に徳川家に出仕した少なからぬ数の御家人の一人だった。

そこではたと膝を打つのは、柳沢が武田家を再興したという史実である。室町時代の名門は徳川幕府で高家《こうけ》として、禄高は低いが諸大名の上に立ち、主に天皇家との交渉に当たらせた。いわずと知れた忠臣蔵の背景である。そう、柳沢は吉良家が断絶した代わりに武田家を蘇らせたのだ。

本来ならば無理筋で、自分本位という反論も出るところだが、今の相撲協会と同じで枠が空いたからそれを埋めたという形。原案となった『甲陽軍鑑』が流行した背景には、柳沢の思惑が込められていた。とはいえ、柳沢吉保を陰謀家とは思わない。東京の駒込近くにある六義園は和歌の庭で、作庭した柳沢の教養の深さが分かる。武田家の存続にこだわった信虎の思いは、たしかに形を成している。これが映画のもう一つの仕掛けである。

　そうした大仕掛けだけでなく、僧籍にありながら戦場に立つ中年過ぎの武将たち、若武者たちの広い月代《さかやき》、今より駒の数の多い将棋など、小さな工夫が行き届いている。さらにまた、最後の虎屋の羊羹はすぐに気づくとしても、その前の「武田屋では薬屋になってしまう」という台詞の意味は、すぐに気づかず、後から笑いがこみあげてきた。信玄生誕五百年という節目に、その信玄をこの世に送り出した信虎に焦点を当てた関係者に敬意を表したい。

信虎の「情熱」と勝頼の「血気」の対比

娯楽映画研究家　**佐藤利明**

池辺晋一郎さんの音楽、寺田農さんの芝居と存在感、流石でした。

　尺は、長いかなと感じました。状況説明が多く、歴史的な「知られざる物語」としては面白いのですが、映画的なダイナミズムが弱いかもしれません。

　前半の隆大介さん、後半に登場する剛たつひとさんのエピソードは良いですね。剛さんの甲斐ことば「ごいっす」が、緊張のドラマの緩和になってますね。

　歴史好きには、ニヤニヤして楽しめるところも多く、信虎の「情熱」と、勝頼の「血気」の対比がドラマの芯として面白かったです。谷村美月さんのお直の徹頭徹尾「京へ帰りたい」が、ラストの法要の鮮やかなオチ。「とらや」縁起になるのも、映画的に面白いです。

　やはり、池辺晋一郎さんの音楽が全体をまとめ上げていて「映画」のスケールになっていますね。

生死を超えた政治的策動のドラマ

立命館大学映像学部教授 川村健一郎

生死の境が茫洋としていながら、登場する人間たちの政治的な意志(何のために行動しているか)が抽象的でなく、彼らは今生への執着を隠そうともしない、にもかかわらず、情そのものは稀薄であり続けるという本作の空気が何よりも素晴らしい。その醸成を助けているのが、信虎を軸としたミニマルな会話劇だが、そこでの信虎のトリックスター的な振る舞いがこの生死を超えた政治的策動のドラマに悲喜劇的な生気を与え、大書されない歴史の一齣にリアリティをもたらしている。信虎のキャラクターと対になっているお直の飄々とした生き様を見事に体現した谷村美月、時代劇においてもみずみずしさを決して失うことのない撮影の上野彰吾の卓抜した仕事ぶりも特筆されるべきものだろう。

歴史を目撃する貴重な体験

ヴィジュアリスト 手塚 眞

わが先祖は信州諏訪家の出身。武田勢でしたので他人事とは思えず、信虎に親近感が沸きました。

歴史を目撃する貴重な体験。勉強になりました!

時代劇というより新しい史劇

映画評論家 宇田川幸洋

信虎とは何者か? 寺田農が風格でこたえ、歴史情報を濃密につみかさねる破格なかたりくちがそれをささえる。

時代劇というより新しい史劇。金子修介監督のたしかな技術による達成だ。

映画『信虎』を作った人々

キャストプロフィール

武田信虎（無人斎道有《どうう》）

寺田 農

TERADA Minori

一九四二年生まれ。東京都出身。一九六一年、文学座附属演劇研究所に第一期生として入所。同年の『十日の菊』で初舞台を踏む。五所平之助監督『恐山の女』（一九六五）、で映画デビューを飾り、日本テレビ『青春とはなんだ』（一九六五）、『これが青春だ』（一九六七）、に出演し注目を集める。岡本喜八監督『肉弾』（一九六八）、で毎日映画コンクール男優主演賞を受賞。以後、岡本作品では『赤毛』（一九六九）、『座頭市と用心棒』（一九七〇）、などに出演し常連となった。ほかにも常連となった監督には実相寺昭雄監督（『無常』〔一九七〇〕、『帝都物語』〔一九八八〕など）、相米慎二監督（『セーラー服と機関銃』〔一九八一〕、『ラブホテル』〔一九八五〕ヨコハマ映画祭主演男優賞受賞）、がいるが、その他にも多数の映画に出演している。ドラマ・映画のほか、ナレーター・声優としても活躍しており、特に宮崎駿監督『天空の城のラピュタ』（一九八六）、のムスカ大佐役を務めたことで知られている。近年の出演作に、武正晴監督『嘘八百』（二〇一八）、内藤瑛亮監督『ミスミソウ』（二〇一八）、清水崇監督『犬鳴村』（二〇二〇）、松村克弥監督『祈り—幻に長崎を想う刻《とき》—』（二〇二一）、などがある。また、NHK大河ドラマでも、『徳川家康』（一九八三）の明智光秀役、『独眼竜政宗』（一九八七）の大内定綱役、『信長 KING OF ZIPANGU』（一九九二）、と『江～姫たちの戦国～』（二〇一一）、では、浅井久政役で反骨の戦国武将を演じた。

キャストプロフィール

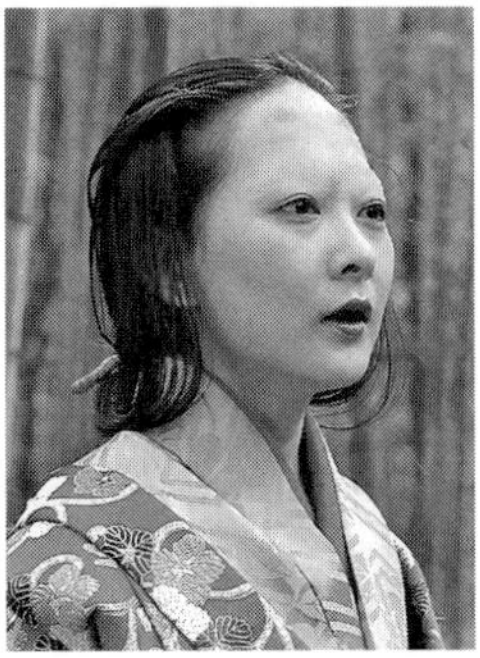

お直

谷村 美月

TANIMURA Mitsuki

撮影時を懐かしく思う気持ちで完成した作品を拝見しました。とても寒い中で皆さんと撮影していた作品が、ようやく沢山の方に観ていただける機会が訪れて嬉しく思っています。共演者の皆さまとご一緒できたこと、財産になりました。

一九九〇年生まれ。大阪府出身。二〇〇二年、ＮＨＫ連続テレビ小説『まんてん』でデビュー。塩田明彦監督『カナリア』（二〇〇五）、で、映画初出演ながらヒロインを演じ高崎映画祭新人女優賞を受賞、小林聖太郎監督『かぞくのひけつ』（二〇〇六）、でおおさかシネマフェスティバル女優新人賞を受賞した。細田守監督『時をかける少女』（二〇〇六）、『サマーウォーズ』（二〇〇九）、など多数のアニメ映画にも声優としても出演し活躍している。主な出演作に、岩田ユキ監督『檸檬のころ』（二〇〇七）、三池崇史監督『神様のパズル』（二〇〇八）、鶴田法男監督『おろち』（二〇〇八）、熊切和嘉監督『海炭市叙景』（二〇一〇）、国本雅広監督『おにいちゃんのハナビ』（二〇一〇）、藤井道人監督『幻肢』（二〇一四）、松岡錠司監督『続・深夜食堂』（二〇一六）、安達寛高監督『シライサン』（二〇二〇）、などがある。テレビ時代劇では、テレビ東京『影武者　徳川家康』（二〇一四）、ＮＨＫ　ＢＳプレミアム『螢草　菜々の剣』（二〇一九）、などに出演している。

キャストプロフィール

黒川新助
矢野 聖人
YANO Masato

当時時代劇の経験が全然なくて、しかも京都弁を使わなければならず、自分の中でプレッシャーを感じていましたが、監督やスタッフの皆さんのチームワークだったり雰囲気がとても良かったので、芝居がやりやすい環境で撮影することできて良かったです！

一九九一年生まれ。東京都出身。二〇一〇年に蜷川幸雄演出の舞台『身毒丸』オーディションでグランプリを獲得。俳優として活動を開始し、同年テレビドラマ『GOLD』（二〇一〇）でデビュー。以降、ドラマ『リーガル・ハイ』シリーズ（二〇一二〜二〇一四）、や『GTO』シリーズ（二〇一二・二〇一三）、などに出演。二〇一一年、田中誠監督の『もし高校野球のマネージャーがドラッカーの「マネジメント」を読んだら』で映画初出演。主な出演作に、石川淳一監督『エイプリルフールズ』（二〇一五）、主演作である藤原和之監督『ボクはボク、クジラはクジラで、泳いでいる。』（二〇一八）、久保茂昭監督『HiGH&LOW THE WORST』（二〇一九）、タカハタ秀太監督『鳩の撃退法』（二〇二一）、などがある。NHK大河ドラマ『麒麟がくる』（二〇二〇）では土岐頼純役を好演した。フジテレビ月9ドラマ『ラジエーションハウスⅡ〜放射線科の診断レポート〜』にレギュラー出演。

お弌《いち》
左伴 彩佳
HIDARITOMO Ayaka

最初お話を聞いたときはすごく驚きました。映画で演技ということも初めてだったのですごく不安で緊張しました。現場一日目から周りのスタッフさんや役者さんたちがいろいろ教えてくださったので、楽しんでその役になりきって演技ができました。
　この映画が武田家のお話ということで、山梨県出身の私としては、武田信玄は、小中学校の時に社会の勉強などで教わった名前だったので、すごく興味深かったですし、この映画に役者として携われてよかったです。

一九九八年生まれ。山梨県出身。二〇一四年、アイドルグループAKB48・チーム8（山

梨代表）、のメンバーとしてデビュー。公式ニックネームは「ひだあや」。二〇一七年、チーム再編成に伴い込山チームKの兼任が発表される。「RESET」（二〇一九）、「その雫は、未来へと繋がる虹になる」（二〇一九）、「マジムリ学園 蕾—RAI—」（二〇二一）、数々の劇場公演やイベントに出演。映画出演は本作『信虎』が初となったが、着物姿だけでなく、お歯黒、殿上眉など当時のメイクにも果敢に挑戦している。

清水式部丞

伊藤 洋三郎

ITO Yozaburo

サヨナラだけが人生だとは云うが、クランクアップして着替えたのに、後ろ髪を引かれる思いで一人グズグズしていた。外に出ると夜に紛れ隆大介氏が立っていた。グズグズしていた。合掌。

一九五五年生まれ。静岡県出身。自由劇場を経て一九八五年崔 洋一監督『友よ、静かに眠れ』でデビュー。代表作は日本テレビ『あぶない刑事』シリーズとその劇場版シリーズ（一九八六～二〇一六）、大島 渚監督『御法度』（一九九九）、崔洋一監督『刑務所の中』（二〇〇二）、石井 隆監督『花と蛇』（二〇〇三）、、森田芳光監督『武士の家計簿』（二〇一〇）、など。近年の主な出演作に、武 正晴監督『百円の恋』（二〇一四）、長澤雅彦監督『恋』（二〇一六）、福間健二監督『秋の理由』（二〇一六）、高橋 洋監督『霊的ボリシェヴィキ』（二〇一八）、などがあり、ほかにも舞台の作演出やナレーターとしても活動している。

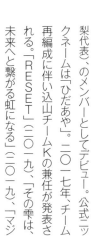

土屋伝助
隆 大介
RYU Daisuke

僕の若い頃は戦国時代物がとても多かったのですが、今回は戦国時代と言っても合戦とかなんとかという作品ではありませんが、久々に大好きな戦国時代に出演させていただいて、鎧も兜も久々に身に着けてあの時代にタイムスリップしたような気持ちを思い出しました。仕上がりをとても楽しみにしております。（隆大介さんは二〇二一年四月十一日に逝去されましたので、本作が遺作となります。ご冥福をお祈りいたします。）

一九五七年生まれ。無名塾に第一期生として入塾し、一九七七年に岡本喜八監督『姿三四郎』でデビュー。黒澤明監督『影武者』（一九八〇）、でブルーリボン賞、及び日本アカデミー賞の新人賞を獲得。NHK大河ドラマ『峠の群像』（一九八二）、ではエランドール新人賞を受賞した。その後、村野鐵太郎監督『遠野物語』（一九八二）、に出演し、同監督の『国東物語』（一九八五）、では主演を務めた。一九八五年には黒澤明監督『乱』や小林正樹監督『食卓のない家』など、日本映画界の巨匠の作品に携わった。主な出演作に、橋本忍監督『幻の湖』（一九八二）、五社英雄監督『北の螢』（一九八四）、同監督『226』（一九八九）、大森一樹監督『継承盃』（一九九二）、石井聰亙監督『五条霊戦記GOJOE』（二〇〇〇）、など。テレビ時代劇では、NHK大河ドラマ『峠の群像』（一九八二）、で浅野内匠頭役、NHK新大型時代劇『武蔵坊弁慶』（一九八六）、で平知盛役を演じ話題となった。二〇二一年四月十一日逝去。本作『信虎』が遺作となった。

武田信直（信虎 若年）
石垣 佑磨
ISHIGAKI Yuma

映画で、しかもロケでの本格的な時代劇をやるのは久しぶりだったので、非常に楽しみでした。大先輩の方々のお芝居を参考にさせていただきつつ、NHKの時代劇シリーズ『夏雲あがれ』という作品で初めて連ドラの主役をさせてもらった時のことを思い出し、大事なシーンでしたが、「きっと信虎も若い時はやんちゃだったんだろうな」という思いで、楽しくやれれば！と演じさせていただきました。

一九八二年生まれ。東京都出身。二〇〇〇年「二一世紀ムービースターオーディション」で準グランプリを受賞し、同年の小松隆志監督『仮面学園』（二〇〇〇）、でデビュー。テレビでは、『ごくせん』シリーズ（二〇〇二〜〇九）、や『ウォーターボーイズ2』（二〇〇四）、など数々の学園ドラマに出演し注目を集める。ほかにも『ジャンクSPORTS』や『痛快TVスカッとジャパン』など幅広く活躍。映画では深作健太監督『バトル・ロワイアルII 鎮魂歌』（二〇〇三）、や『あずみ』シリーズ（二〇〇三・二〇〇五）、など数多くの作品に出演。主な出演作に、三池崇史監督『十三人の刺客』（二〇一〇）、金田治監督『宇宙刑事ギャバン THE MOVIE』（二〇一二）、堤幸彦監督『真田十勇士』（二〇一六）、などがある。

日伝上人

螢 雪次朗

HOTARU Yukijiro

私はいろんな役をやってきましたけれど、そういえば、えらいお坊さんというのはやったことがなかったかもしれません。今回は難しいセリフをとうとうとしゃべっていますけれど、実は苦労しました。でも終わってホッとしています。

一九五一年生まれ。埼玉県出身。新東宝映画や日活ロマンポルノ作品に出演し注目を集める。一九八四年にはコントグループ「螢雪次朗一座」を結成。解散後の一九八九年から一般映画やテレビドラマへ数多く出演。平成ガメラシリーズ（一九九五〜一九九九）、『ゴジラ・モスラ・キングギドラ大怪獣総攻撃』（二〇〇一）、『ポールダンシングボーイ☆ず』（二〇一一）、など、金子修介監督の常連俳優でもある。ほかに、滝田洋二郎監督『陰陽師』（二〇〇一）、『陰陽師II』（二〇〇三）、『壬生義士伝』（二〇〇三）、『北の桜守』（二〇一八）、に出演。NHK大河ドラマ『風林火山』（二〇〇七）で大井貞隆役、『平清盛』（二〇一二）、で平康頼役を演じた。近年の出演では、香月秀之監督『お終活〜熟春！人生、百年時代の過し方〜』（二〇二一）、篠原哲雄監督『犬部！』（二〇二一）、などがある。

武田信玄・武田逍遥軒
永島 敏行
NAGASHIMA Toshiyuki

一言でいえば楽しかったです。特殊メイクもしてもらいました。それに久々に京都を満喫しました。信玄と逍遥軒の二役できるとは思いませんでしたけれども、読めば読むほど面白い人間関係だったので、またやってみたいなと思います。

信玄や信虎がどういうところで育って、どういう人だったのかというのは、本だけではなかなかわからないので、ロケ前に現地まで行ってみたらよくわかりました。大泉寺という信虎が祀られているお寺が、非常に立派で驚きました。ぜひ皆さんも行ってほしいと思います。ありがとうございました。

一九五六年生まれ。千葉県出身。一九七七年に鈴木則文監督の『ドカベン』でデビュー。翌七八年に、東陽一監督の『サード』に主演し、日本アカデミー賞をはじめ数多くの新人賞を受賞する。一九八一年には根岸吉太郎監督『遠雷』で第二四回ブルーリボン賞主演男優賞を受賞。その後も日本テレビドラマ『あきれた刑事』(一九八七)、や金子修介監督『ガメラ2 レギオン襲来』(一九九六)、などさまざまなジャンルの作品に出演。俳優以外の活動として「マルシェ青空市場」を主催。秋田県立大学客員教授も務める。近年の主な出演作に、角川春樹監督『みをつくし料理帖』(二〇二〇)、瀬々敬久監督『糸』(二〇二〇)、などがある。NHK大河ドラマでは『風林火山』(二〇〇七)、で村上義清役を演じた。

一条信龍
杉浦 太陽
SUGIURA Taiyo

私が演じた信龍は、信虎と通じて「龍虎あいまみえる」まさに龍は、信虎の「虎」に対する「龍」ですが、金屏風を背に緊迫感のある撮影でした。やはり時代劇映画には、独特の空気感がありますし、撮影には実際にお寺を使っていますので、非常にリアリティがあります。

今回の撮影は、「虎」と「龍」の屏風の前で、信龍と父である信虎との一対一の「虎対龍」のやりとりで、おもしろく楽しかったです。信虎と勝頼が初めて会うシーンも大勢の名前の羅列が連続で出てきます。空気感を楽

しんで演じましたので、皆様も楽しんで観て頂ければと思います。

一九八一年岡山県出身。一九九八年、テレビ朝日『おそるべしっっ!!! 音無可憐さん』でデビュー。二〇〇一年にはTBS系『ウルトラマンコスモス』で主演の春野ムサシ役を務め、脚光を浴びる。ウルトラマンシリーズには二〇二〇年現在も同役でゲスト出演している。その他に、矢口史靖監督『ウォーターボーイズ』（二〇〇一）、塩屋俊監督『ビートキッズ』（二〇〇五）、ギャヴィン・ヤングス監督『アカデミー』（二〇〇七）、北崎一教監督『トラ・コネ Triangle Connection』（二〇〇八）、テレビドラマでは、NHK『てるてる家族』（二〇〇三）、BSジャパン『最後の晩ごはん』（二〇一八）、などがある。

穴山信君（梅雪斎）

橋本 一郎

HASHIMOTO Ichiro

とてもあっという間だったんですけれども、もっといたかったです。ありがとうございました。

細部まで拘られた、歴史の息づく『本物』の魅力溢れる本作『信虎』。作品に携われて光栄でした。

一九八五年生まれ。東京都出身。二〇〇七年、新城卓監督『俺は、君のためにこそ死ににいく』でデビュー。以降、木村大作監督『劔岳 点の記』（二〇〇九）、園子温監督『冷たい熱帯魚』（二〇一〇）、森田芳光監督『武士の家計簿』（二〇一〇）、瀧本智行監督『はやぶさ 遥かなる期間』（二〇一二）、三池崇史監督『悪の教典』（二〇一二）、などさまざまな話題作に出演。近年の主な出演作に、中村義洋監督『残穢《ざんえ》―住んではいけない部屋―』（二〇一六）、『殿、利息でござる!』（二〇一六）、井筒和幸監督『無頼』（二〇二〇）、などがある。

孕石《はらみいし》源右衛門尉（道無）
剛 たつひと
GO Tatsuhito

安左衛門尉
嘉門 タツオ
KAMON Tatsuo

自分が生まれたところの英雄というか、そういう人たちのことについて、お仕事で関わるなんて最高です。親孝行です。いい役を作っていただいたという実感です。

一九四九年生まれ。山梨県出身。日本テレビ青春シリーズ『これが青春だ』（一九六七）でデビュー。続く青春学園シリーズ『飛び出せ！青春』（一九七二）や、日本テレビ『太陽にほえろ！』（一九七二〜八六）、『大都会』シリーズ（一九七六〜七九）、などテレビを中心に活躍。映画初出演作は、坂野義光監督『ゴジラ対ヘドラ』（一九七一）。以後、藤田敏八監督『八月の濡れた砂』（一九七一）、佐藤純彌監督『野性の証明』（一九七八）、森淳一監督『amoretto アマレット』（二〇〇四）、下村優監督『パートナーズ』（二〇一〇）、に出演している。

山伏の扮装でワンシーンだけですが、眼鏡を外して仕事をしたのは珍しい経験でした。ストーリーを左右する重要な役どころです。金子監督と三十年ぶりの現場。ご期待ください。

一九五九年生まれ。大阪府出身。シンガーソングライターとして一九八二年より活動を始める。『アホが見るブタのケツ』、『鼻から牛乳』、『替え唄メドレー』など、音楽に笑いを取り入れたコミックソングを多数発表。現在までに三三枚のアルバムをリリースしている。二〇〇七年には初の小説『た・か・く・ら』を発表し、二〇一一年に『余命三ヶ月を、生きる』のタイトルでドラマ化され、陣内孝則が主演を務めた。現在、読売テレビ「朝生ワイド す・またん！」、FMヨコハマ「Come On！カモン！モーニング！」に出演中。映画への出演は飯田譲治監督『バトルヒーター』（一九八九）、以来二度目となる。

山県昌景
葛山 信吾
KATSURAYAMA Shingo

武田家のロマン。最後には少しほっこりしました。この作品との出会いに感謝です。

一九七二年生まれ。三重県出身。一九九〇年ジュノン・スーパーボーイ・コンテストでグランプリを受賞。翌一九九一年、フジテレビ『ヴァンサンカン・結婚』でデビュー。テレビドラマを中心に活動を始め、二〇〇〇年よりテレビ朝日『仮面ライダー クウガ』に出演し注目を集めた。中田信一郎監督『横浜ばっくれ隊』(一九九四)、で映画初出演を果たす。金子修介監督『ゴジラ・モスラ・キングギドラ 大怪獣総攻撃』(二〇〇一)、清水崇監督『呪怨2』(二〇〇三)、市川崑監督『犬神家の一族』(二〇〇六)、五十嵐 匠監督『半次郎』(二〇一〇)、などに出演。近年の主な出演作に、NHK BS時代劇『薄桜鬼』(二〇一二)、テレビ朝日『西村京太郎トラベルミステリー』シリーズ(一九七九〜)、などがある。

馬場信春
永倉 大輔
NAGAKURA Daisuke

史実を元に常に本物にこだわった撮影現場でしたね。余念のない所作指導には学ぶことも多く役者として肥やしになりました。やはり映画の現場の空気は美味しかったなぁ！

一九六三年生まれ。東京都出身。一九八八年、和泉聖治監督『極道渡世の素敵な面々』でデビュー。一九九九年に主演した岡部暢哉監督『D』は東京ファンタスティック映画祭に出品された。佐藤純彌監督『男たちの大和／YAMATO』(二〇〇五)、のほか、多くのやくざ映画に出演。近年は野口照夫監督『演じ屋 reDESIGN』(二〇一九)、本広克行監督『ブレイブ〜群青戦記』(二〇二一)、永井 聡監督『キャラクター』(二〇二一)、などがある。NHK大河ドラマ『軍師官兵衛』(二〇一四)、では、明智光秀の重臣 溝尾庄兵衛役を演じた。

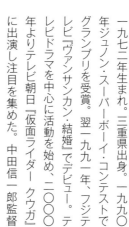

春日弾正忠

川野 太郎

KAWANO Taro

撮影は二年前で、待ちに待った公開を大変うれしく思います。物語の切り口が信玄ではなく父の信虎。激動の戦国時代を信虎のユニークな目線で見つめる面白い映画です。私演じる春日弾正と合わせてお楽しみ下さい。

一九六〇年生まれ。山口県出身。一九八五年、NHK連続テレビ小説『澪つくし』でデビュー。NHK新大型時代劇『武蔵坊弁慶』（一九八六）、で源義経、TBS『キッズ・ウォー』（一九九九〜二〇〇三）、で父親役を好演。映画初出演は朝間義隆監督『二十四の瞳』（一九八七）。その後も、熊井啓監督『千利休 本覺坊遺文』（一九八九）、須藤久監督『斬殺せよ 切なきもの、それは愛』（一九九〇）、鹿島勤監督『静かなるドン THE MOVIE』（二〇〇〇）、などに出演。近年の主な出演作に、佐藤純彌監督『桜田門外ノ変』（二〇一〇）、軽部進一監督『歌舞伎町はいすくーる』（二〇一三）、などがある。NHK大河ドラマでは、『功名が辻』（二〇〇六）、『天地人』（二〇〇九）、で榊原康政役、『軍師官兵衛』（二〇一四）、で滝川一益役を演じた。

内藤昌秀

井田 國彦

IDA Kunihiko

この作品を通じ、演技者としての自分の道も振り返ることができました。

一九六三年生まれ。埼玉県出身。一九七九年デビュー。北野武監督『その男、凶暴につき』（一九八九）、雨宮慶太監督『ゼイラム』シリーズ（一九九一・一九九四）、周防正行監督『Shall we ダンス?』（一九九六）、フジテレビ『GTO』（一九九八）、などに出演し、幅広い役柄を演じる。俳優活動と並行して映画や舞台の演出・脚本・プロデュースや楽曲制作も手掛ける。近年の主な出演作に、向井宗敏監督『風のたより』（二〇一五）、六車俊治監督『リトルパフォーマー 風の鼓動』（二〇一六）、佐藤克則監督『ライズ─ダルライザー THE MOVIE』（二〇一七）、などがある。

キャストプロフィール

武田勝頼
荒井 敦史
ARAI Atsushi

個人としては、若手の一役者として、時代劇などでレジェンドといわれる数多くの先輩たちが出演されている中で、その先輩方と絡めるのがうれしかったです。この武田勝頼という人物を演じられたということも、僕の中でひとつの自信に繋がると思います。

今後も頑張っていけたらなという意味で、寺田さんはじめ先輩方とお芝居ができて本当に楽しかったです。ありがとうございました。あと、ひげをつける役だったことがうれしかったです。

一九九三年生まれ。埼玉県出身。二〇〇八年、第二一回ＪＵＮＯＮスーパーボーイコンテストでのビデオジェニック賞受賞をきっかけに芸能界デビュー。金子修介監督の『ポールダンシングボーイ☆ず』（二〇一一）、で、映画デビューにして初主演を果たし、次作『メサイア』（二〇一一）、でも金子監督の指名を受け主演を務めた。近年ではドラマ『水戸黄門』（二〇一九）、や、『まだ結婚できない男』（二〇一九）、久保茂昭監督『HiGH&LOW THE WORST』（二〇一九）、など幅広い作品に出演している。他に、堤幸彦監督『真田十勇士』（二〇一六）、作道雄監督『神さまの轍―CHECKPOINT OF THE LIFE―』（二〇一八）、本木克英監督『居眠り磐音』（二〇一九）、などがある。テレビ時代劇では、ＮＨＫ ＢＳプレミアム『柳生一族の陰謀』（二〇二〇）、で徳川忠長役を演じた。

キャストプロフィール

跡部勝資
安藤 一夫
ANDO Kazuo

跡部勝資をやらせていただききました。武田家没落の原因となった奸臣。〝邪悪な心〟嫌いじゃないです。楽しく演じさせていただきました。

一九五九年生まれ。東京都出身。一九八一年に井上真介監督『夏の別れ』でデビュー、主演を飾る。その後も若松孝二監督『スクラップ・ストーリー ある愛の物語』（一九八四）、などに出演。昨年再放送されたＮＨＫ朝ドラマ「澪つくし」（一九八五）、では主人公の弟役で評判となった。『遠き落日』（一九九二）、『ひめゆりの塔』（一九九五）、『郡上一揆』（二〇〇〇）、など神山征二郎監督作品に数多く出演している。昨年再放送されたＮＨＫ朝ドラマ「澪つくし」（一九八五）、では主人公の弟役で評判となった。そのほか舞台やラジオドラマなど、幅広い分野で活躍している。近年の主な出演作に、小栗康平監督『FOUJITA』（二〇一五）、東海テレビ『新・牡丹と薔薇』（二〇一六）、などがある。

長坂釣閑斎
堀内 正美
HORIUCHI Masami

僕の父方の祖母の家系は、代々武田家の家臣だったとのこと。今回、武田信玄公生誕五〇〇年の記念映画『信虎』に長坂釣閑斎役で参加させていただき、ご縁を感じ大変感謝しています。

一九五〇年生まれ。東京都出身。父は山梨県出身。清水邦夫氏に劇作を、蜷川幸雄氏に師事し演出を学ぶ。一九七三年、ＴＢＳドラマ『わが愛』で俳優デビュー、翌一九七四年ＮＨＫ朝の連続テレビ小説『鳩子の海』でヒロインの憧れの人を好演。その後実相寺昭雄監督と出会い、個性的な役柄を次々と演じる。近年の主な出演作に、白石和彌監督『麻雀放浪記二〇二〇』（二〇一九）、河瀬直美監督『朝が来る』（二〇二〇）、土井裕泰監督『罪の声』（二〇二〇）、林海象監督『BOLT』（二〇二〇）、柴﨑貴行監督『死神遣いの事件簿』（二〇二〇）、などがある。ＮＨＫ大河ドラマでは、『徳川家康』

（一九八三）、で小早川秀秋役、『信長 KING OF ZIPANGU』（一九九二）、で勧修寺晴豊役、『元禄繚乱』（一九九九）、で徳川家綱役、『映画刀剣乱舞』（二〇一九）で、審神者《さにわ》役を演じた。

北の方

西川 可奈子

NISHIKAWA Kanako

忠実に描かれた信虎の生き様をしっかりとご堪能ください。

大阪府出身。二〇〇七年、舞台「ほっと。WATER GIRLS」で女優デビュー。舞台を中心に活動後、中田秀夫監督『ホワイトリリー』（二〇一七）、で映画初出演。翌二〇一八年、和田秀樹監督『私は絶対許さない』で初主演を飾る。主な出演作に、安里麻里監督『アンダー・ユア・ベッド』（二〇一九）、井筒和幸監督『無頼』（二〇二〇）、波多野貴文監督『サイレント・トーキョー』（二〇二〇）などがある。

キャストプロフィール

今井信元

外波山 文明

TOBAYAMA Bunmei

金子監督ありがとうございました。短い出演シーンでしたが作品のエッセンスになりましたでしょうか。。

一九四七年生まれ。長野県出身。一九六七年に演劇集団「変身」に入団。一九七一年に「はみだし劇場」を旗揚げし、全国を歩き街頭劇や野外劇を行った。一九九〇年に劇団「椿組」に改名。平山秀幸監督『しゃべれども、しゃべれども』（二〇〇七）、武内英樹監督『テルマエ・ロマエ』シリーズ（二〇一二～二〇一四）、アニメ『こちら葛飾区亀有公園前派出所』（一九九九～二〇〇四）など多くの作品に出演。平山秀幸監督『必死剣 鳥刺し』（二〇一〇）、『太平洋の奇跡－フォックスと呼ばれた男－』（二〇一一）に出演。近年作に、平山秀幸監督『閉鎖病棟』（二〇一九）、井筒和幸監督『無頼』（二〇二〇）、早川大介監督『凪の海』（二〇二〇）などがある。

上杉謙信

榎木 孝明

ENOKI Takaaki

上杉謙信役は、一九九〇年公開の映画『天と地と』以来で、楽しみにしていました。武田信玄があまりにも有名すぎて、これまで父親の信虎にはほとんどスポットが当たって来ませんでした。

しかし信虎の視点で切り取られた歴史もとても興味深いものがあります。視点が変わることで、またひと味違う歴史の側面を楽しんでいただきたいと思います。

一九五六年生まれ。鹿児島県出身。一九八四年ＮＨＫ連続テレビ小説『ロマンス』でデビュー。市川崑監督の『天河伝説殺人事件』（一九九一）、での浅見光彦役が好評を博し、フジテレビ系『浅見光彦シリーズ』（一九九五～二〇〇二）、でも浅見役を続投した。その後も行定勲監督『春の雪』（二〇〇五）、五十嵐匠監督『半次郎』（主演・二〇一〇）、など大作に数多く出演。上杉謙信役での出演は角川春樹監督の『天と地と』（一九九〇）、以来二度目となる。ドラマ・映画のみならず、水彩画や旅行記・エッセイなど幅広い分野で活躍している。近年の主な出演作に、角川春樹監督『みをつくし料理帖』（二〇二〇）、田中光敏監督『天外者』（二〇二〇）、などがある。NHK大河ドラマでは、『八代将軍吉宗』（一九九五）、で柳沢吉保役、『真田丸』（二〇一六）、で穴山梅雪役を演じている。

織田信長

渡辺 裕之

WATANABE Hiroyuki

信虎をフィーチャーして描く映画は初めてだと思いますが、出演するにあたり、いろいろ信長について研究しました。昨今はウィキペディアをはじめ、ネットでいろいろなことが調べられますが、信長の性格などを調べましたら、実は短気であるとか声が高いとか、また町民の中に入っていろいろなことを楽しんだという温厚な面もあったらしく、いろいろ興味深いことがわかりました。

そういったことを念頭に入れながら、僕が出る場面では、執念を果たした時の感情とか表情を工夫させていただきました。果たしてどうだったでしょうか。

一九五五年生まれ。茨城県出身。一九八〇年より芸能活動を開始し、一九八二年よりリポビタンＤのＣＭに出演し人気を博す。同年、和泉聖治監督『オン・ザ・ロード』で映画デビュー。代表作は、テレビドラマ『愛の嵐』、『華の嵐』、『夏の嵐』（一九八六～一九八九）、平成ガメラシリーズ（一九九五～一九九九）、など。ジョー・リンチ監督の『エヴァリー』（二〇一五）、ではサルマ・ハエックと共演した。俳優のほか、アスリート、ミュージシャンとしても活躍している。近年の主な出演作に、大林宣彦監督『海辺の映画館—キネマの玉手箱』（二〇二〇）、アレクサンドル・ドモガロフ・ジュニア監督『ハチとパルマの物語』（二〇二一）、などがある。テレビ時代劇ではTBS『武田信玄』（一九九一）、で織田信長役、NHK大河ドラマ『葵 徳川三代』（二〇〇〇）、で浅野幸長役、『利家とまつ～加賀百万石物語～』（二〇〇二）、で池田恒興役を演じた。

遠山友忠

北岡 龍貴

KITAOKA Ryuki

この『信虎』には遠山友信役をいただきました。父方の実家が岐阜でしたので何か縁のようなものも感じます。今作品が遺作となった隆大介さんとはアメリカ映画のロケに向かう飛行機が同じで、忘れられない思い出がありました。今回、信虎側、信長側という図式で再びご一緒したこと、やはり運命を感じました。監督の金子さんとやっとご一緒できて嬉しく思います、そして共同監督の宮下さんの熱い情熱には頭が下がります。当時本当に使われていた甲冑を着ての演技、刀キズが無数にあり、当時を感じながら演じている自分がいました。

『信虎』のご成功を！そしてまたご一緒できますよう！

一九七一年生まれ。栃木県出身。スーツアクターとして、TBS『ウルトラマンティガ』『ウルトラマンダイナ』等ウルトラシリーズに多数出演。アクション俳優として、イー・トンシン監督『新宿インシデント』(二〇〇九)でジャッキー・チェン、ダンテ・ラム監督『ツインズ・エフェクト』(二〇〇三)でドニー・イェンチームの一員として参加するなど世界的に活躍。近年の主な出演作に、マーティン・スコセッシ監督『沈黙 ―サイレンス―』(二〇一六)、佐藤信介監督『キングダム』(二〇一九)などがある。

柳澤保明(吉保)

柏原 収史

KASHIWABARA Shuji

山梨県出身の役者としてこの映画『信虎』に参加させていただいて本当に光栄です。甲府市の「こうふ開府五〇〇年記念」としてこの映画が製作されたわけで、それに参加できたことは本当にうれしく思います。この作品は、武田信玄公の父親の信虎公を主人公とした映画ですので、山梨県出身としては、武田家にまつわる役ができたというのは非常にうれしく思っています。

役的に、ストーリーテラーと言いますか、ナレーションが多い役で、その点でなかなか大変な撮影でしたけれども、是非そのあたりも楽しみに見ていただけたら、ほんとうれしく思います。ありがとうございました。

一九七八年生まれ。山梨県甲府市出身。一九九四年のTBSドラマ『人間失格～たとえばぼくが死んだら』でデビュー。大林宣彦監督『あした』（一九九五）で映画初出演を飾り、黒木和雄監督『スリ』（二〇〇〇）では日本映画批評家大賞新人賞を受賞。ミュージシャンとしての一面も持ち、バンド活動やアーティストへ楽曲提供も行っている。近年の主な出演作に、荻上直子監督『彼らが本気で編むときは』（二〇一七）、ANARCHY監督『WALKING MAN』（二〇一九）、などがある。

横手伊織

鳥越 壮真

TORIGOE Souma

本当のお城で撮影したのが楽しかったです。正座をしてのお芝居で足がしびれて大変でしたが面白かったです。

二〇一二年生まれ。映画出演に、塚本連平監督『今日も嫌がらせ弁当』（二〇一九）、犬童一心監督（『引っ越し大名！』（二〇一九）、『最高の人生の見つけ方』（二〇一九）、狩山俊輔監督『青くて痛くて脆い』（二〇二〇）、がある。テレビではNHKの『真田丸』（二〇一六）、『エール』（二〇二〇）、NHK Eテレの『すいエんサー』（二〇一九～）、NHK BSの『赤ひげ2』（二〇一九）、日本テレビの『生田家の朝』（二〇一八）、『ボイス一一〇緊急指令室』（二〇一九）、フジテレビの『民衆の敵～世の中、おかしくないですか!?～』（二〇一七）、『グッドドクター』（二〇一八）、『TWO WEEKS』（二〇一九）、『痛快TV スカッとジャパン』（二〇一四～）、テレビ朝日の『ホリデイラブ』（二〇一八）、など。CMでは『サントリー烏龍茶』、花王『キュキュット ユーカリの香り新発売』篇など数多く出演している。

スタッフプロフィール

監督：金子 修介

KANEKO Shusuke

一九五五年生まれ。東京都出身。大学卒業後、日活に入社。根岸吉太郎監督や森田芳光監督の作品で助監督を務める。『宇能鴻一郎の濡れて打つ』（一九八四）で監督デビュー。同年、ヨコハマ映画祭新人監督賞受賞。『一九九九年の夏休み』（一九八八）がニューヨーク美術館ニューディレクター・ニューフィルムに選出、横浜映画祭監督賞。『ガメラ・大怪獣空中決戦』（一九九五）で第三八回ブルーリボン監督賞、映画芸術誌邦画ベスト一〇第一位。『ガメラ2 レギオン襲来』（一九九六）で第一七回日本SF大賞。『ガメラ3 イリス覚醒』（一九九九）を含む平成『ガメラ』三部作が大ヒットし、怪獣映画に新風を吹き込む。『ゴジラ・モスラ・キングギドラ 大怪獣総攻撃』（二〇〇一）、『デスノート』と『デスノート the Last name』（二〇〇六）が国内のみならず香港、韓国でも大ヒットし、ブリュッセル映画祭では観客賞を受賞。他に『一九九九年の夏休み』（一九八八）、『咬みつきたい』（一九九一）、『クロスファイア』（二〇〇〇）、『プライド』（二〇〇九）、『ばかもの』（二〇一〇）、『リンキングラブ』（二〇一七）などでメガホンを取った。時代劇では、『あずみ2 Death or Love』（二〇〇五）、テレビドラマ『おそろし～三島屋変調百物語』（二〇一四）に次いで『信虎』が三作目となる。

共同監督・脚本・美術・装飾・編集・キャスティング：宮下 玄覇

MIYASHITA Harumasa

一九七三年生まれ。神奈川県出身。株式会社宮帯、株式会社宮帯出版社代表取締役。日本甲冑武具研究保存会評議員。宮帯文庫長。茶書研究会理事。歴史・甲冑・茶道書などを企画出版し、戦国武将追善茶会などのイベントを主宰。二〇一四年の古田織部四〇〇年遠忌を機に、一般財団法人古田織部美術館を創設。温知会・古田織部流茶湯研究会会長として織部流茶道の普及・啓発に努めている。二〇一五年、江戸時代前期に小堀遠州が造った日本一窓が多い茶室「擁翠亭《ようすいてい》（十三窓席）」を復原した。同年、東京・名古屋・

京都の巡回展「利休を超えた織部とは—？」を主催。映像関連では、二〇〇八年よりＮＨＫプラネット近畿での毎年の大河ドラマ特別展の映像製作協力から始まり、武正晴監督『嘘八百』（二〇一八）、続編『嘘八百 京町ロワイヤル』（二〇二〇）では、古美術監修および茶道指導を行った。『信虎』で初の共同監督・脚本・製作総指揮・プロデューサー等を務める。

音楽：池辺 晋一郎

IKEBE Shinichiro

一九四三年生まれ、水戸市出身。一九六七年東京藝術大学卒業。一九七一年同大学大学院修了。池内友次郎、矢代秋雄、三善晃、島岡 譲に師事。一九六六年日本音楽コンクール第一位。同年音楽之友社室内楽曲作曲コンクール第一位。六八年音楽之友社賞。以後ザルツブルクＴＶオペラ祭優秀賞、イタリア放送協会賞（三回）、国際エミー賞、芸術祭優秀賞（四回）、尾高賞（三回）、横浜文化賞、姫路市芸術文化大賞などを受賞。一九九七年ＮＨＫ交響楽団・有馬賞、二〇〇二年放送文化賞、二〇〇四年紫綬褒章、二〇一六年第二四回渡邉暁雄音楽基金特別賞を受賞。二〇一八年文化功労者に選出される。現在東京音楽大学名誉教授、東京オペラシティ・ミュージックディレクター、石川県立音楽堂・洋楽監督、せたがや文化財団音楽事業部音楽監督。ほか多くの文化団体の企画運営委員、顧問、評議員、音楽コンクール選考委員などを務める。

映画音楽では、黒澤明監督作品では、『影武者』（一九八〇）以降、『乱』（一九八五）を除くすべての作品の音楽を担当、今村昌平、篠田正浩の後期作品も数多く手がけている。日本アカデミー賞では、優秀音楽賞を九回受賞、うち三回は最優秀音楽賞である（一九八四年・篠田正浩監督『瀬戸内少年野球団』、一九九〇年・篠田正浩監督『少年時代』／黒澤 明監督『夢』／斎藤武市監督『流転の海』、二〇〇九年・木村大作監督『劔岳 点の記』）。また、毎日映画コンクールにおいても音楽賞を三回（一九八〇年・『影武者』、一九八四年・『瀬戸内少年野球団』、一九九〇年・『夢』、『少年時代』）受賞している。さらにカンヌ国際映画祭でパルムドール（最高賞）を受賞した日本映画についていえば、『影武者』、今村昌平監督『楢山節考』（一九八三）、同『うなぎ』（一九九七）の三作連続して池辺が音楽を担当した作品であることは特筆すべきである。テレビドラマ・アニメでは『黄金の日々』（一九七八）、『未来少年コナン』（一九七八）、『独眼竜政宗』（一九八七）、『八代将軍吉宗』（一九九五）、『元禄繚乱』（一九九九）などがあり、そのほかにも多数の映画・ドラマや演劇など約五〇〇本で音楽を担当した。

撮影：上野 彰吾

UENO Shogo

一九六〇年生まれ。前田米造カメラマンに師事、森田芳光監督『それから』（一九八五）、伊丹十三監督『マルサの女』（一九八七）、角川春樹監督『天と地と』

(一九九〇)等に携わる。二〇〇三年日活撮影所撮影部を退職後フリーとなり、映画、テレビの撮影を担当。現在、日本映画撮影監督協会(JSC)専務理事。主な担当作品に、崔洋一監督『東京デラックス』(一九九五)、篠原哲雄監督『草の上の仕事』(一九九三)、同『月とキャベツ』(一九九六)、同『天国の本屋~恋火~』(二〇〇四)、同『地下鉄(メトロ)に乗って』(二〇〇六)、同『スイート・ハート・チョコレート』(二〇一三)、荻野洋一監督『ウイリアム・テロル, タイ・ブレイク』(一九九四)、橋口亮輔監督『渚のシンドバッド』(一九九五)、同『ハッシュ!』(二〇〇一)、同『ぐるりのこと。』(二〇〇八)、『ゼンタイ』(二〇一三)、同『恋人たち』(二〇一五)、富樫森監督『ごめん』(二〇〇二)、荻上直子監督『バーバー吉野』(二〇〇四)、森義隆監督『ひゃくはち』(二〇〇八)、園子温監督『ちゃんと伝える』(二〇〇九)、谷口正晃監督『時をかける少女』(二〇一〇)、同『ミュジコフィリア』(二〇二一)、朝原雄三監督『愛を積むひと』(二〇一五)、菅原浩志監督『早咲きの花』(二〇〇六)、同『写真甲子園〇.五秒の夏』(二〇一七)、両沢和幸監督『みんな生きてる』(二〇二一)などがある。

本作品は二〇一九年十一月中旬から約一か月間、京都で撮影された。本格的時代劇なので通常ならば撮影所内のセットを中心に撮影が行われるのだが、本作品は主に京都の寺院、仏閣、森林などの歴史的な建造物やエリアの中での撮影となった。これは画作りに際し物凄くプラスになった。

それは背景すべてが〝本物〟だからである。床ひとつ、壁ひとつからして数百年もの歴史を醸し出してくれた。これは撮影者にとって、また戦国武将を演ずる俳優陣にとってこの上ないパフォーマンスの舞台を与えられたと言っても過言ではあるまい。歴史の重みを感じながら心地の良い緊張感の下に撮影を続けることができたと思う。また衣装、小道具に至る美術品の力も素晴らしく、できるだけ細部を再現することにこだわり撮影に挑んだ。

主人公信虎の歩んだ数年に渡るストーリー。本隊の撮影は秋から冬に至る短期間だったため、時間経過など季節の変化を映像にどう定着するかが重要なファクターになる。そのため翌年春から初夏に至り茨城、山梨、長野、静岡まで足を伸ばし実景撮影を行った。季節感のある風景を取り込むことによって作品に広がりを作ることができたと思う。

撮影設計として季節と時間の経過を色調の変化で表現すること、またデジタル撮影ではあるがフィルム世代である私は出来るだけ温かみと深みのあるフィルムルックで再現することを試みた。色表現に関して共同監督の宮下氏と意見が対立したこともあったが、この作品に対する愛情と真剣に向き合った仕事の結果でもあるので許していただきたい。

そして長いポスプロの時間を経てこの映画は完成した。何より寺田農さんの演じた〝信虎〟がこの世に新しく誕生したことを心から喜びたいと思うのである。

照明：赤津 淳一

AKATSU Junichi

一九五九年生まれ。一九八一年照明見習いとして東映テレビプロダクションでデビュー。一九八二年（株）日活撮影所入社。社員照明助手として従事。日本映画テレビ照明協会員。日本アカデミー賞協会員。森田芳光監督の『家族ゲーム』（一九八三）、『ときめきに死す』（一九八四）、『メインテーマ』（一九八四）、『それから』（一九八五）に参加、伊丹十三監督の『お葬式』（一九八四）と『タンポポ』（一九八五）、降旗康男監督『夜叉』（一九八五）、角川春樹監督『天と地と』（一九九〇）などを担当。同年退社しフリーの照明チーフとなり、再び伊丹十三監督の『ミンボーの女』（一九九二）と『大病人』（一九九三）に参加、原 隆仁監督『夜逃げ屋本舗』（一九九二）などの作品を経て、一九九三年、村上 修監督『さわこの恋 1000マイルも離れて』で技師デビュー。主な作品に、中原 俊監督『コキーユ 貝殻』（一九九九）、清水 崇監督『富江 re-birth』（二〇〇一）、篠原哲雄監督『地下鉄《メトロ》に乗って』（二〇〇六）、森義隆監督『ひゃくはち』（二〇〇八）、谷口正晃監督『時をかける少女』（二〇一〇）、橋口亮輔監督『恋人たち』（二〇一五）などがある。

録音：原川 慎平

HARAKAWA Shimpei

一九八五年生まれ。千葉県出身。主な作品に『気球クラブ、その後』（二〇〇六）、『魍魎の匣《はこ》』（二〇〇七）、『父の結婚』（二〇一六）、『HiGH & LOW THE RED RAIN』（二〇一六）、『ひだまりが聴こえる』（二〇一七）、『L・DK ひとつ屋根の下、「スキ」がふたつ。』（二〇一九）、『おいしい家族』（二〇一九）、『〝隠れビッチ〟やってました。』（二〇一九）、『君が世界のはじまり』（二〇二〇）、『劇場版ポルノグラファー～プレイバック～』（二〇二一）、『ずっと独身でいるつもり？』（二〇二一）がある。

整音・ダビング：臼井 勝

USUI Masaru

一九六八年生まれ。岐阜県出身。照明助手を経て、村上 龍監督『TOPAZ〈トパーズ〉』（一九九二）で録音技師となる。東京造形大学非常勤教員。主な担当作品に、黒沢 清監督『地獄の警備員』（一九九二）、篠原哲雄監督『草の上の仕事』（一九九三）、『こいばな』（二〇〇五）、風間志織監督『冬の河童』（一九九五）、鈴木清順監督『殺しの烙印 ピストルオペラ』（二〇〇一）、青山真治監督『EUREKA』（二〇〇一）、二階 健監督『Soundtrack』（二〇〇二）、柳下美恵ピアノ伴奏 カール・T・ドライヤー監督『裁かるるジャンヌ』（二〇〇五）、深田晃司監督『ざくろ屋敷』（二〇〇六）、中嶋莞爾監督『クローンは故郷をめざす』（二〇〇七）、篠崎 誠監督『あれから』（二〇一二）、佐々部 清監督『八重子のハミング』（二〇一六）、原 一男監督『ニッポン国VS泉南石綿村』（二〇一八）、隅田 靖監督『子供たちをよろしく』（二〇一九)、末永賢監督『zk/頭脳警察50 未来への鼓動』(二〇二〇)、小中和哉監督『星空のむこうの国』(二〇二一)などがある。

映画『信虎』は、金子監督、宮下監督の徹底的なこだわりの集大成です。

通常、映画の音の多くはドラマティックに演出され、デフォルメした音を巧みに使い、物語を構築する上で大切な役目を担います。しかしこの映画では、極力デフォルメした作り物の音を嫌い、その当時の人々が実際に耳にしてきた本物の音で録音し組み立ててきました。

宮下監督が京都からわざわざ取り寄せた鎧、甲冑、刀などの数々の物を、効果の丹さんが実際に着用したりしてその音を録音しています。研究資料を基にした入念なシナリオと、誇張することなくこだわった本物の発する音。池辺先生の音楽、俳優部の皆さんの迫真の演技。この映画の音はそれらすべてが巧妙に組み合わされて完成しました。一度ご覧になった後、今度は音に集中してもう一度ご鑑賞いただけましたら幸いです。

音響効果：丹　雄二

TAN Yuji

一九六三年生まれ。札幌市出身。東洋音響で佐々木英世、帆苅幸雄に師事する。本編：大河原孝夫監督、特撮：川北紘一監督『ゴジラ vs モスラ』(一九九二)、同『ゴジラ vs メカゴジラ』(一九九三)、桑田佳祐監督『稲村ジェーン』(一九九〇)などの助手。三一歳で独立しフリーとなる。黒沢 清監督『CURE』(一九九七)、及川 中監督『富江』(一九九九)、中江裕司監督『ナビィの恋』(一九九九)、二〇一五年から録音と音響効果を兼ね、ハン・サンヒ監督『絶壁の上のトランペット』(二〇一六)、柳 明菜監督『いなくなれ、群青』(二〇一九)、山田佳奈監督『タイトル、拒絶』(二〇二〇)、松浦弥太郎監督『場所はいつも旅先だった』(二〇二一)などを担当。

音にはこだわりました。リアルな音をお聞きください。

衣裳：宮本 まさ江

MIYAMOTO Masae

千葉県出身。岩波映画を経て第一衣裳入社、スタイリストとなる。一九八八年フリーに転身後、大作から独立系映画まで幅広い作品のスタイリスト、衣装デザインを手掛ける。一九九八年に映画館「シネマ下北沢」をオープン、支配人となる。市川 準監督作品『ざわざわ下北沢』(二〇〇〇)をプロデュース。映画の代表作に阪本順治監督『顔』(二〇〇〇)、行定 勲監督『GO』(二〇〇一)、『世界の中心で愛を叫ぶ』(二〇〇四)、『北の零年』(二〇〇五)、森田芳光監督『模倣犯』(二〇〇二)、同『間宮兄弟』(二〇〇六)、原田眞人監督『燃えよ剣』(二〇二一)、『突入せよ!「あさま山荘」事件』(二〇〇二)、同『わが母の記』(二〇一二)、同『駆込み女と駆出し男』(二〇一五)、同『日本のいちばん長い日』(二〇一五)、同『検察側の罪人』

（二〇一八）、同『燃えよ剣』（二〇二一）、荒戸源次郎監督『赤目四十八瀧心中未遂』（二〇〇三）、廣木隆一監督『ヴァイブレータ』（二〇〇三）、豊田利晃監督『空中庭園』（二〇〇五）、松岡錠司監督『東京タワー〜オカンとボクと、時々、オトン〜』（二〇〇七）、黒沢 清監督『トウキョウソナタ』（二〇〇九）、三島有紀子監督『しあわせのパン』（二〇一二）、ヤン・ヨンヒ監督『かぞくのくに』（二〇一二）、石井裕也監督『舟を編む』（二〇一三）、田中光敏監督『利休にたずねよ』（二〇一三）、武 正晴監督『百円の恋』（二〇一四）、佐藤信介監督『デスノート Light up the NEW world』（二〇一六）、同『キングダム』（二〇一九）、岸 善幸監督『あゝ荒野』（二〇一七）、板尾創路監督『火花』（二〇一七）、濱口竜介監督『寝ても覚めても』（二〇一八）、藤井道人監督『新聞記者』（二〇一九）、土井裕泰監督『罪の声』（二〇二〇）、橋本 一監督『HOKUSAI』（二〇二一）など多数。二〇一三年日本アカデミー賞協会特別賞受賞。

特殊メイク・かつらスーパーバイザー：

江川 悦子

EGAWA Etsuko

米国ロサンゼルス在住中、Joe Blasco Make-up Center、Dick Smith Advanced Make-up Course にて特殊メイクを学び、チャールズ・バンド監督『メタルストーム』（一九八三）、デヴィッド・リンチ監督『デューン／砂の惑星』（一九八四）、アイヴァン・ライトマン監督『ゴーストバスターズ』（一九八四）、フランシス・F・コッポラ監督『キャプテンEO』（一九八六）、ソンドラ・ロック監督『ラットボーイ』（一九八六）などの作品に参加。一九八六年帰国後、特殊メイクアップ、特殊造形でのパイオニア的工房、株式会社メイクアップディメンションズを設立、現在に至る。映画の代表作に、崔 洋一監督『血と骨』（二〇〇四）、滝田洋二郎監督『おくりびと』（二〇〇八）、三谷幸喜監督『清須会議』（二〇一三）、同『記憶にございません!』（二〇一九）、田中光敏監督『利休にたずねよ』（二〇一三）、山田洋次監督『小さいおうち』（二〇一四）、『キネマの神様』（二〇二一）、北野 武監督『龍三と七人の子分たち』（二〇一五）、同『アウトレイジ』シリーズ（二〇一〇〜二〇一七）、羽住英一郎監督『劇場版 MOZU』（二〇一五）、中村義洋監督『残穢《ざんえ》—住んではいけない部屋—』（二〇一六）、曽利文彦監督『鋼の錬金術師』（二〇一七）、原田眞人監督『検察側の罪人』（二〇一八）、鈴木雅之監督『マスカレード・ホテル』（二〇一九）など、テレビドラマでは、『JIN—仁—』（二〇〇九〜二〇一一）、『負けて、勝つ』（二〇一二）、『軍師官兵衛』（二〇一四）、『おんな城主直虎』（二〇一七）、『麒麟がくる』（二〇二〇〜二〇二一）、『おちょやん』（二〇二〇〜二〇二一）、『青天を衝け』（二〇二一）などがある。

美術・装飾：籠尾 和人
KAGOO Kazuto

大手映画製作会社に勤務後独立。原田眞人監督作品では『燃えよ剣』（二〇二一）、『関ヶ原』（二〇一七）、『検察側の罪人』（二〇一八）、『駆込み女と駆出し男』（二〇一五）に、三池崇史監督では『SABU さぶ』（二〇〇二）、『忍たま乱太郎』（二〇一一）、『一命』（二〇一一）に参加。そのほか落合賢監督『太秦ライムライト』（二〇一四）、北川帯寛監督『カオリと機械油』（二〇一四）、本木克英監督『関西ジャニーズJr.の京都太秦行進曲！』（二〇一三）の装飾を担当。田﨑竜太監督『忍たま乱太郎 夏休み宿題大作戦！の段』（二〇一三）では美術。マーティン・スコセッシ監督『沈黙—サイレンス—』（二〇一六）の美術スタッフなどを務めた。また、『白虎隊』（二〇〇七）、『濃姫』（二〇一二）、『臥竜の天～伊達政宗 独眼竜と呼ばれた男～』（二〇一三）などのテレビ時代劇でも活躍している。

VFXスーパーバイザー：オダイッセイ
ODA Issei

一九六五年生まれ、長崎県出身。長崎大学在学中よりフリーのディレクターとして活動。卒業後、CG・特殊造型などVFX全般への豊富な知識を活かし、ゲーム・CMのディレクター、映画・テレビのVFXスーパーバイザーから演出まで務める。代表作は、水田伸生監督『舞妓Haaaan!!!』（二〇〇七）、沖田修一監督『南極料理人』（二〇〇九）、山田洋次監督『母と暮せば』（二〇一五）、原田眞人監督『燃えよ剣』（二〇二一）、同『関ヶ原』（二〇一七）、鄭 義信監督『焼肉ドラゴン』（二〇一八）、蜷川実花監督『人間失格 太宰治と3人の女たち』（二〇一九）、武正晴監督『嘘八百 京町ロワイヤル』（二〇二〇）、黒崎 博監督『太陽の子』（二〇二一）などがある。二〇〇六年、『笑う大天使』にて映画監督デビュー。監督第二作目の『カンフーくん』（二〇〇八）は、第五八回ベルリン国際映画祭のジェネレーション部門に正式出品され、第5回インドネシア国際児童映画祭ではグランプリを受賞した。

編集：山本 浩史
YAMAMOTO Hiroshi

一九六二年生まれ。高知県出身。大阪芸術大学映像計画学科（現・映像学科）卒業。フリーの撮影助手を経て、一九八九年中島貞夫監督作品の編集アルバイトをきっかけに東映京都撮影所仕上げセンター編集に入る。編集助手として『226』（一九八九）、『東雲楼 女の乱』（一九九四）、『長崎ぶらぶら節』（二〇〇〇）などに参加、ネガ編集として『遺産相続』（一九九〇）、『わが心の銀河鉄道 宮沢賢治物語』（一九九六）、「REDSHADOW 赤影」（二〇〇一）などを担当。二〇一一年フリー編集者となる。現在、立命館大学映像学部准教授。主な編集担当作品は、オムニバス映画『The ショートフィルムズ／みんな、はじめはコドモだった』（二〇〇八）

の中の一篇である大森一樹監督『イエスタデイワンスモア』、TVでは『新桃太郎侍』（二〇〇六）、『ドラマスペシャル 吉原炎上』（二〇〇七）、『ドラマスペシャル 天と地と』（二〇〇八）、『ドラマスペシャル 柳生一族の陰謀』（二〇〇八）、『ドラマスペシャル 鬼龍院花子の生涯』（二〇一〇）、『天才脚本家・梶原金八』（二〇一四）、『チャンバラが消えた日』（二〇一五）など。また編集監修として『嵐電の町、ひと模様』（二〇一三）、『月夜釜合戦』（ネガ編集も担当）（二〇一六）、ドキュメンタリー映画『銀鏡 SHIROMI』（二〇二一）などがある。

二〇一九年末に一旦クランクアップした本作は、コロナ禍にあって何度か編集作業の中断を余儀なくされたが、ついに完成し公開にまで至った。

本作は武田家存続を願う信虎の執念を描いた映画であるが、まさにその執念がこの作品に乗り移ったのではないか。

本作は金子監督の演出、上野撮影監督の技術、作曲家池辺氏の音楽、多くのスタッフの尽力で完成に至ったのであるが、何よりも最後までこだわり続けた脚本担当でもある宮下共同監督の思いと信虎の執念が一体となってこの歴史に残る作品を作り上げたのだ。

観客の皆様には、この細部までこだわり抜かれた執念の映像化を、ぜひとも見届けていただきたい。

殺陣師：山口 孝二

YAMAGUCHI Koji

俳優・殺陣師・ダンス振付家・ボーカリスト・日英通訳など多彩に活動。ダンスと殺陣をエンターテイメントとして融合した「マイケル侍」動画をきっかけに海外でも活動。元東京バレエ団ダンサー。武術太極拳世界大会特別優秀表演賞。日本人初ガーナ国立舞踊団ダンサー兼振付家。映画出演多数。

まず金子監督から、光栄にも殺陣のシーンの動きやカット割など全面的に任せていただけたこと、殺陣師の役割とアクション監督の両面を担当することで、作品との対話がスタートした。そして宮下共同監督の本作におけるこだわり、つまり史実・史料に基づく動きを具現化したいという思いが、具体的な課題として与えられた。

これらに加えて、使用された小道具・武具・甲冑の多くが撮影用ではなく本物であることが、他の時代劇撮影にはない、大きなインスピレーションを私に与えた。素晴らしい俳優陣がそれらを身につけて撮影現場にいるのだから、殺陣の振り付けには何の工夫も準備も必要なかった。生命を持って躍動している作品に振り付けできることほど、充実した瞬間はない。

そんな感覚で携わった作品が、コロナ禍というハードルを越え、多くの皆様にご覧いただけける。ご覧になった皆様にも、新たな生命を充足していただける日が迎えられたこと、嬉しく思います。

武田家考証・字幕・ナレーション協力：

平山 優

HIRAYAMA Yu

一九六四年生まれ。東京都出身。立教大学大学院文学研究科博士前期課程史学専攻（日本史）修了。専攻は日本中世史・近世史。山梨県埋蔵文化財センター文化財主事、山梨県史編纂室主査、山梨大学非常勤講師、山梨県教育庁学術文化財課主査、山梨県立博物館副主幹を経て、現在山梨県立中央高等学校教諭。二〇一六年放送のＮＨＫ大河ドラマ『真田丸』時代考証担当。主要著書に、『戦国大名領国の基礎構造』（一九九九・校倉書房）、『川中島の戦い』上・下巻（二〇〇二・学研Ｍ文庫）、『長篠合戦と武田勝頼』（二〇一四・吉川弘文館）、『検証長篠合戦』（二〇一四・吉川弘文館）、『天正壬午の乱 増補改訂版』（二〇一五・戎光祥出版）『武田氏滅亡』（二〇一七・角川選書）、『戦国の忍び』（二〇二〇・角川新書）、『武田信虎』（二〇一九・戎光祥出版）、『武田三代 信虎・信玄・勝頼の史実に迫る』（二〇二一・ＰＨＰ新書）など多数。

題字：

森田 彦七

MORITA Hikoshichi

一九五一年生まれ。日展会員。読売書法会常任理事。日本書芸院常務理事。花園大学日本文学科教授。雪心会理事長・事務局長。雪心会とは、漢字の書の第一人者で日展参事などを務めた今井凌雪が創設。凌雪は黒澤明監督『乱』の題字を揮毫したことで知られる。

制作担当：

丹羽 邦夫

NIWA Kunio

一九四四年生まれ。一九六四年大映入社。大映倒産後一九七一年より制作主任として活動する。田中徳三監督『新・兵隊やくざ』（一九六六）、勝新太郎監督『顔役』（一九七一）、『新座頭市物語・折れた杖』（一九七二）、篠田正浩監督『瀬戸内少年野球団』（一九八四）、同『鑓の権三』（一九八六）、同『梟の城』（一九九九）、黒澤明監督『乱』（一九八五）、同『夢』（一九九〇）、実相寺昭雄監督『帝都物語』（一九八八）、同『ウルトラＱザ・ムービー星の伝説』（一九九〇）、東陽一監督『橋のない川』（一九九二）、相米慎二監督『お引越し』（一九九三）、市川昆監督『どら平太』（二〇〇〇）、『かあちゃん』（二〇〇一）、岡本喜八監督『助太刀屋助六』（二〇〇二）、犬童一心監督『のぼうの城』（二〇一二・樋口真嗣共同監督）、同『引っ越し大名』（二〇一九）、杉田成道監督『最後の忠臣蔵』（二〇一〇）、同『果し合い』（二〇一五）、原田眞人監督『駆け込み女と駆け出し男』（二〇一五）、同『日本のいちばん長い日』（二〇一五）、同『燃えよ剣』（二〇二一）、本木克英監督『少年たち』（二〇一九）、小泉堯史監督『峠 最後のサムライ』（二〇二二公開）などを担当。

プロデューサー：西田 宣善

NISHIDA Nobuyoshi

一九六三年生まれ。京都市出身。キネマ旬報社などを経て、一九九二年有限会社オムロ設立。主な製作作品に、荻野洋一監督『ウィリアム・テロル・タイ・ブレイク』（一九九四）、風間志織監督『冬の河童』（一九九五　ロッテルダム国際映画祭グランプリ）、矢崎仁司監督『無伴奏』（二〇一六　サハリン国際映画祭審査員特別賞）、鈴木卓爾監督『嵐電』（二〇一九）高崎映画祭最優秀作品賞他）がある。出版物の企画編集として、「フィルムメーカーズ」シリーズ（キネマ旬報社、宮帯出版社）「溝口健二著作集」（発行オムロ、発売キネマ旬報社）。配給、宣伝、映画祭、編集者としての仕事も多数。編著に「映画読本溝口健二」（佐相勉と共編、フィルムアート社）がある。

『信虎物語』というタイトルの本が書けるほどのエピソード満載の映画づくりだった。映画プロデューサーは、1本の映画をつくれば、一生分の経験をするという言葉があるが、言い得て妙である。まして、この映画の登場人物は約百人。彼らの人生をつくりあげる仕事であるから、責任もものすごく重い。

制作中何度も、もう完成しないかもと思ったが、全国のシネコンを中心とする映画館で公開できたと言うことは、わが映画人生もそんなに悪くないということだ。

協力プロデューサー：榎 望

ENOKI Nozomui

一九八八年〜二〇一八年松竹映画制作部門にてプロデューサー、担当作品にヒット作、映画賞受賞作多数。松竹大船撮影所プロデューサー陣と相米慎二監督に師事。一九八七年〜日本シナリオ作家協会に所属、脚本家、小説家を兼ねる。主なプロデュース作品に、大林宣彦監督『女ざかり』（一九九四　毎日映画コンクール主演女優賞）、井筒和幸監督『岸和田少年愚連隊』一九九八年ブルーリボン賞最優秀作品賞）、相米慎二監督『あ、春』（一九九八年ベルリン国際映画祭批評家賞、キネマ旬報ベストテン第一位）、滝田洋二郎監督『壬生義士伝』（二〇〇三日本アカデミー賞最優秀作品賞）、崔　洋一監督『血と骨』（二〇〇四毎日映画コンクール映画大賞、森﨑　東監督『ニワトリはハダシだ』（二〇〇五　東京国際映画祭芸術貢献賞、原田眞人監督『駆込み女と駆出し男』（二〇一五　ブルーリボン賞主演男優賞）、山田洋次監督『母と暮せば』（二〇一五　ブルーリボン賞、日本アカデミー賞最優秀賞主演男優賞）、武　正晴監督『嘘八百』（二〇一八）、樋口尚文監督『葬式の名人』（二〇一九）、阪本順治監督『一度も撃ってません』（二〇二〇）などがある。脚本家名・川口　晴。

骨董商と陶芸家が騙しあいをするという映画『嘘八百』。発案したものの、いざ準備に入ると、協力していただける骨董の専門家がおられるかどうか心配でなりませんでした。そんなときに、美術チームのつながりで、骨董監修を引き受けていただいた

のが宮帯社長・宮下さんでした。競《せ》りの仕方、場所の選び方、器の扱い方から、高価な骨董の入った箱の開けかたなど、全面的にみていただきました。

その撮影の二年後くらいでしたか、宮下さんが自力で時代劇をつくるので助言してほしいと、当時宮下さんの番頭だった方から依頼されたのが、この時代劇にかかわるきっかけでした。宮下さんの運営する古田織部美術館を訪ねると、そこに私が二十代の頃にかかわった作品『豪姫』（勅使河原宏監督）のポスターが貼られていて驚いたものでした。

宮下さんはその後、織部の古文書を発見したり、全国紙の文化欄に大きく扱われ、斯界での業績も積み重ねられ、いい流れでした。

映画の各パートスタッフを紹介したりしているうちに、いつのまにか自分もかかわることとなり、八十歳のタイトルロール信虎を寺田さんにお願いするにいたりました。

映画は不思議と縁をつないでくれることが多いです。小道具・茶道具、甲冑類は宮下さんが集めています。撮影はセットでなくロケーション。楽しい経験でした。

映画『信虎』の舞台裏

紆余曲折の末、初めて信玄の父を主人公に据えた

「企画」

京都で古美術・茶道具商および出版社を経営する宮下玄覇は、在野で歴史研究に携わるかたわら、黒澤明監督の時代劇作品を熱愛し、いつしか『乱』（一九八五）のような本格時代劇を自身で制作することを夢想していた。戦国期の宮下の先祖が武田家の陪臣であったことから、武田信玄の四五〇年遠忌（二〇二二年）に合わせて映画を作る計画を立て、自らがプロデューサーとなって資金集めにとりかかる。方々の出資先に働きかけるも、「脚本」を理由に断られることが続いた。

当初の脚本は、武田家滅亡をテーマにしたもので、「こうふ開府五〇〇年」「信玄生誕五〇〇年」のめでたい時に「滅亡」は相応しくない、というのがご当地・山梨での意見であった。

そこで宮下は、信玄危篤の報を受けて、甲斐国を追放されていたやり手の旧国主が帰ってくる、という設定を創案し、信玄の父・信虎の最晩年を物語にすることを考えた。

武田家に詳しい作家や研究者に脚本を依頼したのだが、当然ながら、最晩年を迎えた信虎の死の目前の物語であったため、この脚本は「内容は良いが、デス・ストーリーでは製作費が集まらない」との評価を受けることになる。

これによって計画は頓挫したかに見えたが、宮下自らが出資者となって資金を工面し、時代劇として限られた予算枠に収まるような脚本を自身で執筆すると決断したことで、プロジェクトが再び動き出す。心血を注いだ宮下の執念により、三カ月後についに脚本は書き上げられた。この脚本は、故酒井憲二氏によって近年、偽書説が見直された『甲陽軍鑑』の記述を踏まえている。

完成した脚本は、戦国の世を生きた人の命の〝はかなさ〟や、中世の〝祈り〟の世界、お家の存続にまつわる「因縁」といったテーマを織り紡いだものである。喜怒哀楽の普遍的な人間ドラマを描き、結果として、ギリシャ喜悲劇を思わせるテイストに仕上がった。歴史ファンをうならせる本格時代劇を志向しつつ、愛くるしい動物を登場させるなど、幅広い観客層に楽しんでもらえる要素を盛り込んだ。観客側の期待の割りに諸々の制約が多い合戦シーンを凝縮し、息もつかせぬディスカッションドラマに重心に置いた作品を目指した。こうして、今までになかった戦国ドラマが誕生したのである。

「脚本」

もう一人のプロデューサー西田宣善は、製作総指揮の宮下の意向を受け、監督候補の中から、当時アメリカ・シカゴの怪獣イベントに出席していた金子修介に連絡を取り、監督のオファーをした。金子は帰国して監督を引き受けたが、宮下の脚本を思い切って削減し、同時に闊達な会話劇を挿入し始めた。趣味で武田氏研究をしている宮下にとって史実と大きくかけ離れた話を挿入することは、とうてい容認できなかった。金子は監督なので脚本の加筆は当然だと主張し、宮下は中途半端な合作は良くないと拒否、ここに来て金子と宮下のこの映画に対する創作上の意見の相違が明らかとなった。金子は昨今主流となっているエンターテイメント時代劇、宮下はリアルな戦国の世界を描こうとした。これは二人の大きな価値観の相違であった。

金子は宮下を共同監督にすることを提案し、西田と協力プロデューサー・榎望も同意した。脚本と最終編集権は宮下が受け持ち、金子はすべてのカット割りを決めて映像づくりと初期編集、俳優の演技指導を主に担当することになった。宮下は、茶道織部流の会長で時代考証も研究していたので、所作も一部担当した。よくある握り拳で挨拶するような武士の誤った礼法を正し、女性の正式な片膝立ての座り方等を指導した。これにより二人の仕事が切り分けられ、役割分担が明確になり、撮影がスムーズに進むことになった。

本作の脚本は、「虎」にちなんだものとなっており、信虎の側近・黒川新助（矢野聖人）は、言わずと知れた老舗和菓子店の先祖である。また、若き日の禰津（根津）神八（甚八）や望月六郎ら「真田十勇士」が物語に出てくるのも見どころの一つである。「へうげもの」と呼ばれた若き古田織部（左介、保坂直希）も登場。マンガ『へうげもの』（二〇〇五〜二〇一七）へのオマージュである。

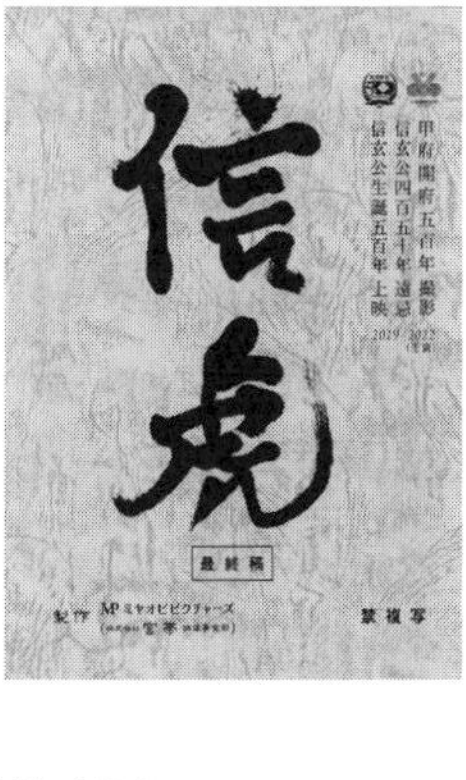

ヒットメーカー映画監督VS時代考証・歴史研究家

「キャスト」

武田は滅びぬ、何度でも蘇るのじゃ

『信虎』は登場人物の多い作品で、脚本の上では、役名のあるキャストだけでおよそ百名分があった。主役の信虎には、『ラブホテル』以来三十六年ぶりの主演作となる寺田 農を起用した。寺田は実相寺昭雄監督や相米慎二監督作品の常連として知られているが、アニメファンには、宮崎駿監督『天空の城ラピュタ』の、ムスカ大佐の声で知られている。本作での「武田は滅びぬ、何度でも蘇るのじゃ」は、ムスカのセリフのもじりである。また、戦闘シーンで遠山友信の家老が、「目がぁ、目がぁー」と叫ぶシーンも、『天空の城ラピュタ』のクライマックス場面におけるムスカの台詞からの引用である。

共同監督の宮下は本作でキャスティングも担当した。宮下は黒澤明の信奉者で、『影武者』『乱』に出演している隆 大介の『信虎』出演を熱望した。隆は当初『影武者』で演じた織田信長役を希望したが、年齢的に難しいと本人が辞退し、信虎の家老・土屋伝助役となった。隆は残念ながら二〇二一年四月十一日に亡くなり、本作が遺作となる。

角川春樹監督『天と地と』で上杉謙信を演じた榎木孝明に、同じ謙信役を依頼した。榎木は時代劇映画の復興への強い思いがあり、京都で大半の撮影が行われたこの映画にその可能性を見い出し、撮影に臨んだ。

この他、百人を超える登場人物には、信虎の家臣として、甲賀の透破(忍者)、志摩の海賊、腕の立つ京の牢人などの端役があった。こうした端役は、顔つきや体格などで選考した上、それぞれの役に応じた衣裳を着せて、リアリティを演出した。

「特殊メイク」「かつら」

高画質映像に対応する画期的試み

本作のかつらは、日本における特殊メイク第一人者である江川悦子が担当し、大きな役割を果たした。東宝スタジオ内にある自身の会社・メイクアップディメンションズで、各俳優の頭部のスキャニングをしてデータを取り、かつらを製作した。江川は次のように述懐している。

「今回の新しい試みは、中剃りを従来の羽二重（布）ではなく、ラテックス製に変えたことです。これによって、シワのないきれいな剃り込みをワイドに表現することができ、戦国時代ものには不可欠なものとなります。この技術は十年前に映画で初めて使いましたが、かつら屋さんにはあまり必要性を理解してもらえず、なかなか広めるチャンスがありませんでした。昨今、高画質になり、にわかに注目、認知され、NHK大河ドラマでも多数使われています。私もこの十年、より良い方法、改革に取り組んでいますので、よりスピーディに、つけ・心地の良いもの、崩れにくいものに仕上げることができるようになっています」

本作で宮下は、戦国時代特有の剃り込みの深い月代《さかやき》のかつらを希望した。髷《まげ》の結い方は異なるが三谷幸喜監督『清洲会議』で少し用いられたものの、黒澤明監督『乱』以来使われてこなかったタイプの月代であった。髷部分に関してやや不満が残ったが、その技術力に宮下は満足した。信玄が甲冑を着用した肖像画（東京某寺蔵）に描かれている武田家独特の髻《もとどり》の紐が飛び出た結い方（武田信直・石垣佑磨）は史上初となる。また特殊メイクの技術を駆使して、山県昌景（葛山信吾）の欠唇や、矢作勘太夫（森本のぶ）の大きな切り傷を再現した。

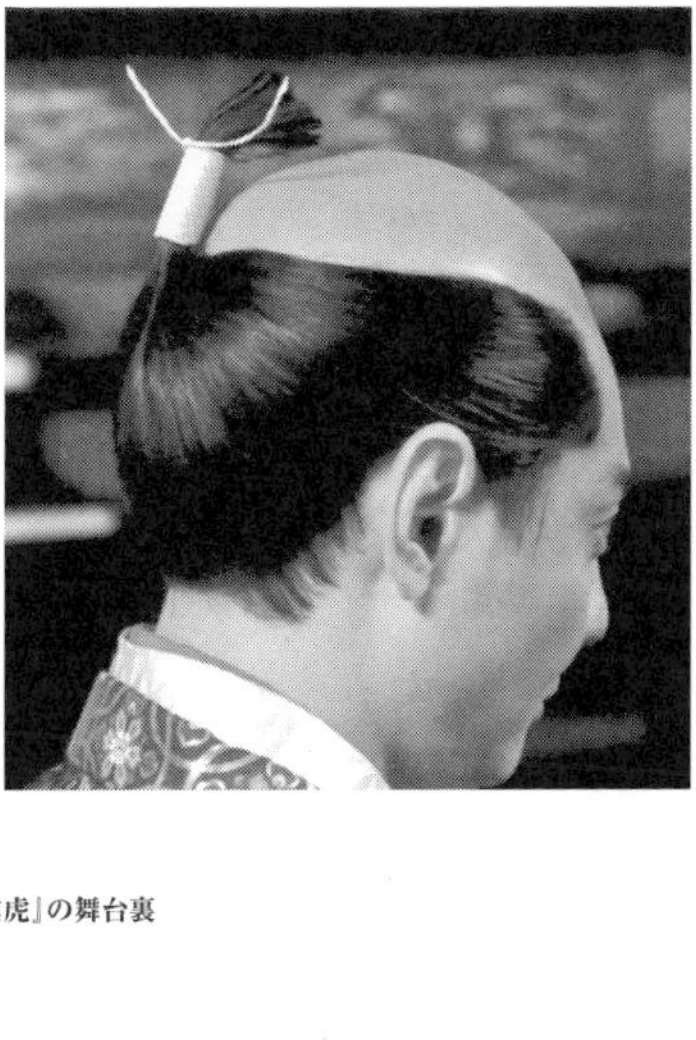

「ロケーション」「実景撮影」「字幕」

実在の寺の内部や城を使いリアリティを追求

メインの撮影は「こうふ開府五〇〇年」の年、二〇一九年十一月二十日から十二月二十日まで、撮影所やセットはまったく使用せず、豪華なオールロケで行われた。京都市では妙覚寺・本法寺・立本寺などで、重要文化財をも含む建築を用いたが、中には四百年の歴史を経た、当時のままの姿を残すものもある。また、兵庫県丹波篠山市の篠山城大書院は近年、かつての姿を完全に再現した建物で、史料的価値の非常に高い建築である。

ロケ撮影の他に、戦国時代当時の様子を伝えることで名高い高根・田峯・荒砥・逆井城などの再現山城の外観を徹底的に撮影し、VFX処理して用いた。さらに「孫子の旗」が伝わる山梨県・雲峰寺や国宝・重文の寺・城なども撮影した。厳密な時代考証とは違いが多少あったとしても、時代を経た本物の寺や忠実に再現された城を舞台として使い、重厚な映像を実現することができた。

本作で多用した字幕については、その書体と大きさをめぐって侃侃諤諤《かんかんがくがく》の議論が繰り広げられた。監督の金子は「市川崑的極太明朝体字幕」を使用することを主張。『エヴァンゲリオン』などで知られる太い明朝体を、画面の中央部に大きく掲出する手法であった。これに対して、共同監督の宮下は、重厚感のある映像が台無しになると反対し、画面の端に掲出するオーソドックスな字幕を主張した。

また、カラーグレーディングは上野カメラマンのもと進められたが、通常の色のバランスをあえて崩し、赤・青・黄色を強調したものを提案してきた。斬新過ぎる色彩表現に宮下は憤りを隠せず、断固拒否してやり直させた。字幕やカラーグレーディングだけをとりあげても、こうした激しい意見の対立や論戦を経て、この作品が出来上がっていったことについては記憶にとどめておいてよいだろう。

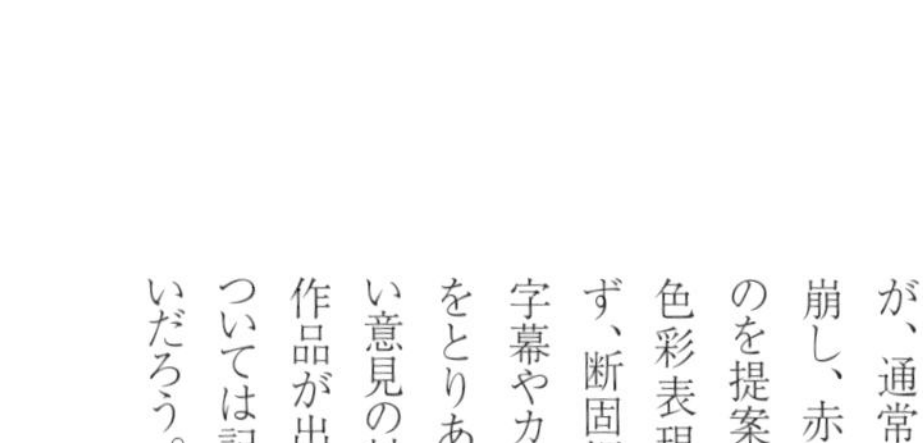

「小道具」

甲冑、刀・槍・弓などの武具は当時のものを一部使用し、旗指物などについては忠実な再現を試みた。史上初となる『甲陽軍鑑』に記される武田信玄の最晩年の長旗「天上天下唯我独尊」や上杉謙信の「白頭巾形兜」（米沢市・上杉神社稽照殿蔵）、勝頼の富士山前立の兜（富士山本宮浅間大社旧蔵）を再現。武田典厩信豊の「法華経の母衣《ほろ》」なども再現した。

「本物の美術品」が多数登場

また、信玄甲冑像に描かれている武田家独特の太刀の緒の結び方なども、肖像画に忠実に再現した。このほかにも、「洛中洛外図屏風」、茶道具、仏画や、ロケ地の寺の什物や秘仏など金額的な価値を超えた美術館クラスの「本物の美術品」が多数、映し出されている。

「音楽」「音」

『影武者』の魅惑再び

『影武者』以降の黒澤 明監督作品や、NHK大河ドラマ『独眼竜政宗』等の作品を手がけていた池辺晋一郎に音楽を依頼した。池辺は、日本アカデミー賞「最優秀音楽賞」四回、「優秀音楽賞」九回受賞している巨匠である。池辺はこの映画が『影武者』の裏設定のような物語であることを面白がり、また、寺田農、隆大介、川野太郎など顔馴染みの俳優が多数出演していることも参加の決め手となった。最初の打ち合わせは石川県金沢市で行われた。池辺は作曲が必要な部分を、宮下とともに厳密に決定していった。宮下のたっての願いで『影武者』のテーマ曲のアレンジバージョンを作曲してもらった。これは長篠の戦いのナレーションのところで使用されている。

全二十四曲、時間にしておよそ五十四分にも及ぶスコアは、二〇二一年五月二十五日、金子監督も立ち合い、東京早稲田のアバコスタジオで演奏・録音された。ヴァイオリンのソリストとしても著名なコンサートマスターの尾池亜美を筆頭に東京コンサーツのベストメンバーが参加し、ヴァイオリン、コントラバス、ハープなどの洋楽器と、琵琶、笛、太鼓など和楽器の総勢十七名でレコーディングが行われた。池辺によって生み出された『信虎』の音楽は、スタッフや関係者の予想を遥かに上回る素晴らしいものとなった。この音楽が『信虎』のもう一つの代名詞として多く人々の耳に触れ、心に響いてほしいと願っている。

〔スタッフ〕
バイオリン：尾池亜美、對馬佳祐、田代裕貴、
　前田奈緒、森岡 聡
ビオラ：安達真理、千原正裕
チェロ：三宅依子　コントラバス：地代所 悠
トランペット：守岡未央
フルート：宮崎由美香
オーボエ：浅原由香　ハープ：篠﨑和子
笛：紫竹芳之　薩摩琵琶：石田さえ
洋楽打楽器：安江佐和子
邦楽打楽器：望月太喜之丞
副調：日高哲英　録音：古川健司
制作協力：株式会社東京コンサーツ　浅野 剛

「音」

別のもので代用せず「本物志向」を実践

宮下は東京・日活スタジオに、戦国～江戸時代の甲冑や刀・槍・弓などの武具、着物、小道具類を大量に持ち込み、効果音の録音作業を、音響効果担当の丹雄二とともに行った。丹は「本物」の音に高い関心を示した。合戦シーンで刀と刀、刀と槍、刀と甲冑がぶつかり合う音や、斬る音、刺す音から始め、脇指（刀より短い刀身）や短刀の場合、甲冑が鉄板、あるいは練革板《ねりかわいた》、鎖、裂《きれ》の場合、着物が絹・木綿・麻の場合など、あらゆるバリエーションを録音していった。別のもので代用せず、本作のコンセプトである「本物志向」をここでも実践した。

本作の刀と刀がぶつかり合う音を、耳をそばだてて聞くと、国産の鉄・玉鋼を鍛えた鉄の独特な音がする。人を斬る音は、真剣を用いて大きな豚肉の塊を斬ったものを収録している。

また、合戦シーンの効果音として、弓矢の他、石礫《つぶて》も新たに録音した。武田家では郡内・小山田氏の投石隊が知られているが、本作では日本甲冑合戦之会代表・横山雅始氏の助言を得て、古法を忠実に再現した。石礫の投げ方にまでこだわって録音したことは、おそらく映画史上初のことであろう。

「ＶＦＸ」

気付かれぬ三百カット以上の視覚効果

ＶＦＸ業界で活躍しているオダイッセイが本作を担当した。ＶＦＸとは、視覚効果を意味する英語ビジュアル・エフェクツの略である。『信虎』のＶＦＸシーンは全三百カット以上にも及び、本作での血しぶきや血痕、クライマックスで印象的に降り散る桜の花びら（実景を除く）もＶＦＸによる。この処理によって戦闘シーンは格段に迫真性を増し、試写の際、監督を含む撮影スタッフは、音楽の時同様、その出来栄えに思わず息を呑んだ。

また、勝頼によって破却せられた躑躅ヶ崎館庭園や山城などの構造物は、宮下の指示に基づいて作成され、歴史ファンをうならせる仕上げになっている。反対にロケ地に映り込む人工物を消す作業があまりに多く、インドネシアやタイなどの海外スタジオも動員して作業が行われた。

「猿」「馬」「鷹」

戦国の馬はサラブレッドではない

近代以前は、馬や牛を農耕や輸送に使役し、また、自然界にも今よりも多くの動物が棲息していた。それに加えて、上流階級では現代と同じく猫などをペットにもしていた。いうなれば、現代よりも動物が身近にいた時代だった。本作には、馬のほか、猿、熊、鷹、狼（声）などが登場する。信虎の愛猿が家臣を斬りつけたという逸話が残っており、本作には猿が木刀を振り下ろすシーンがある。

映画などに馬が登場する場合、普通なら日本で最も多く飼育されているサラブレッドが使われるが、宮下の意向で、滋賀県の「日本の馬 御猟野乃杜《みかりののもり》牧場」から在来種の木曽馬を借りることになった。当然のことながら、戦国時代当時の馬は、戦場で武将が乗るものから農耕馬まですべて日本古来の在来馬だった。サラブレッドと比較して、体は小さいが足腰が強く、粘り強いのが特徴である。この映画のロケには、木曽

馬系の二頭が参加した。

　馬だけでなく、宮下は鷹にもこだわり、東京から大鷹を借用することを決めていた。しかし、輸送費用があまりにも高く、プロダクションの判断で、関西近郊のハリスホークを使用することになった。宮下は後悔したが、次作でと意気込んでいる。

「祈り」と「歌」と

戦国時代の無形物を映像化

　また宮下は、信虎の「妙見（北斗）菩薩」、信玄・勝頼の「諏方大明神」「八幡大菩薩」など、当時の人々の神仏への祈りの世界、すなわち現代人とは異なる宗教観を物語内で強調した。そして『甲陽軍鑑』を含め史書に記される「神託」や「因縁」なども具体的な映像として、作品に盛り込んだ。

　当時の上流階級では、和歌などが必須の教養とされ、歌を詠むこともしばしばであった。臨終に詠んだ辞世の句も多く残されている。そうした歌なども映像化して紹介し、さまざまな場面で登場させている。

「アニバーサリー映画」

二〇一九年撮影、二〇二一～二〇二二年上映

　アニバーサリーとは、関連のある歴史的出来事から数えて、切りのよい節目に当たることを意味する。偶然かもしれないが、映画『信虎』には、このアニバーサリーにあたる事象がとりわけ多い。

　本作の撮影は、信虎が甲府の町を開いた「こうふ開府五〇〇年」にあたる二〇一九年晩秋に行われた。そして二〇二一年十一月三日は信虎の子「武田信玄生誕五〇〇年」の記念日であり、翌二〇二二年四月十二日は、「武田信玄四五〇年遠忌」（菩提寺恵林寺）である。

　ちなみに、二〇二二年は「壬寅《みずのえとら》」の年。武田家の映画としては、黒澤 明監督『影武者』（一九八〇）から四十年、角川春樹監督『天と地と』（一九九〇）から三十年が経過している。『天と地と』の主役を務めた榎木孝明は、同じ上杉謙信役を本作でも演じている。本作が、今後続くであろう戦国武将の生誕五百年、没後四百五十年を記念した作品の嚆矢となるとしたら言い過ぎだろうか。

ロケ地解説

篠山《ささやま》城跡

兵庫県丹波篠山市。篠山は山陰道の要衝《ようしょう》であったことから、慶長一四年（一六〇九）、徳川家康の命により、藤堂高虎が縄張《なわば》り（設計）し、池田輝政ほか一五か国二〇名の大名が動員されて造られた、いわゆる天下普請《てんかぶしん》による城郭である。輪郭式《りんかくしき》の平城で、江戸時代は篠山藩の政庁として用いられた。

藩主はたびたび交代したが、寛延元年（一七四八）に青山氏が五万石で入部し、以後明治維新まで続いた。明治以降、二の丸大書院を除く建物が取り壊され、大書院も昭和一九年（一九四四）火災で失われた。しかし、近年、城外も含めて復元・整備が進められ、平成一二年（二〇〇〇）には大書院も復元された。平成一八年（二〇〇六）、

「日本百名城」（五七番）に選定されている。大書院は大名の居城としては破格の巨大建築であり、本作ではその大きさを生かして、江戸城本丸白書院の場面で使われたほか、孔雀《くじゃく》の間が柳澤保明《やなぎさわやすあき》（吉保）の屋敷の場面などに使われている。

本法寺《ほんぼうじ》

叡昌山《えいしょうざん》本法寺。京都市上京区にある日蓮宗の本山。本尊は三宝尊《さんぼうそん》。一五世紀に日親《にちしん》上人が本阿弥清信《ほんあみきよのぶ》の帰依《きえ》を受けて創建した。日親上人が烈しい弾圧を受けたため破却と移転を繰り返したが、天正年間（一五七三〜一五九三）、豊臣秀吉の命で現在地に移った。

本阿弥光悦《ほんあみこうえつ》や長谷川等伯《はせがわとうはく》に所縁《ゆかり》の深い寺として有名。小川通りを挟んだ隣地に

茶道の表千家不審菴《ふしんあん》、裏千家今日庵《こんにちあん》があり、趣ある街並みの一角を占めている。

本作では、信虎の京屋敷や、信濃《しなの》国高遠《たかとお》城、禰津《ねづ》城の場面で用いられた。

立本寺《りゅうほんじ》

具足山《ぐそくざん》立本寺。京都市上京区にある日蓮宗の本山。本尊は三宝尊《さんぼうそん》。一四世紀に日像《にちぞう》上人が建立した妙顕寺を起源とする。相次ぐ戦乱により移転や改称を繰り返し、一八世紀初頭の宝永の大火で被災した後に現在地に移った。日蓮宗においては、妙顕寺、妙覚寺とともに「龍華《りゅうげ》の三具足《みつぐそく》」と呼ばれている（いずれも山号は具足山）。石田三成の軍師 島左近清興《しまさこんきよおき》の墓があることでも知られている。

身延山久遠寺《くおんじ》や高遠の遠照寺《おんしょうじ》の場面の撮影が行われた。

妙覚寺《みょうかくじ》

具足山妙覚寺。京都市上京区にある日蓮宗の本山。本尊は十界曼荼羅《じっかいまんだら》。一四世紀後半の創建。織田信長が京都における宿所に用いたことで知られ、宿泊回数は一八回に及んだ（有名な本能寺はわずか三回）。「本能寺の変」の際には信長の嫡男《ちゃくなん》信忠が宿泊していた。信長の義父である斎藤道三《どうさん》（あるいはその父）が修行した寺であり、信長のころは道三の四男日饒《にちじょう》が住持《じゅうじ》を勤めていたという所縁によると思われる。天正年間（一五七三〜一五九三）に豊臣秀吉の命で現在地に移転。

本作では、史実の通り本寺で信長が茶会を開いているほか、春日山城、沼田城、本泉寺の場面の撮影に用いられた。なお、撮影は、信長が茶会を開いた天正元年（一五七三）一一月からちょうど四四六年後の同じ時期に行われた。

なお、この妙覚寺で開かれた天正元年の茶会は、記録によれば、堺の塩屋宗悦《そうえつ》、松江隆仙《りゅうせん》、津田宗及《そうぎゅう》を客とし、不住庵梅雪《ふじゅうあんばいせつ》が点前《てまえ》した。床には牧谿《もっけい》の「洞庭秋月」の絵（朝倉義景旧蔵）を掛け、釜は半鶴首《つるくび》釜、茶碗は本願寺旧蔵の「白天目《しろてんもく》（茶碗）」を用いた台子《だいす》点前だったとされる。茶杓は「法音寺」と銘のついたもの、茶器は中次、蓋置は隠家《かくれが》（五徳）、炭斗は瓢箪《ひょうたん》（池田清貧旧蔵）、水翻《みずこぼし》は棒の先だった。水指《みずさし》については記載がない。

上賀茂《かみがも》神社

京都市北区にある神社で、世界遺産「古都京都の文化財」を構成する寺社のひとつ。上賀茂神社は通称で、正式には賀茂別《かもわけ》雷《いかづち》神社という。祭神は賀茂別雷大神《かもわけいかづちのおおかみ》。創建が奈良時代以前に遡《さかのぼ》る京都最古の神社のひとつであり、平安時代以降は皇城鎮護《こうじょうちんご》の社《やしろ》として皇室をはじめ人々の崇敬《すうけい》を集めてきた。

賀茂御祖《かもみおや》神社《じんじゃ》（下鴨神社）とで行われる「賀茂祭（葵祭）」は、皇室から勅使《ちょくし》が遣わされる勅祭《ちょくさい》であり、祇園《ぎおん》祭、時代祭とともに京都三大祭に数えられる。勅使代と斎王代を中心とする平安時代の装束を纏《まと》った行列が、京都御所から下鴨神社を経て上賀茂神社へ向かう路頭の儀が有名。

本作では下御霊社《しもごりょうしゃ》の場面で用いられた。

二条城 二の丸御殿

元離宮二条城。京都市中京区に現存する城郭。「古都京都の文化財」を構成する

遺産の一つとして世界遺産に登録されているほか、二の丸御殿の六棟が国宝に、その他本丸御殿や櫓《やぐら》、門、障壁画が重要文化財に指定されている。慶長六年（一六〇一）、徳川家康が京都における宿泊所として諸大名に命じて造営した輪郭式《りんかくしき》の平城。家康の征夷大将軍《せいいたいしょうぐん》就任の際の賀儀や、豊臣秀頼との会見、後水尾天皇の行幸《ぎょうこう》などが行われた。また、幕末一五代将軍慶喜《よしのぶ》が政権を朝廷に返上する大政奉還の舞台ともなった。

かつては、伏見城の天守を移築した五重五階の層塔型天守がそびえていたが、寛延三年（一七五〇）に落雷のため焼失した。この天守は天皇（後水尾天皇）が登った唯一の天守とされる。なお、現在の本丸御殿は、京都御所の北にあった旧桂宮《かつらのみや》邸を明治時代に移築したものである。

本作では、二の丸御殿を、江戸城の本丸御殿として外観の撮影が行われている。

嵯峨野《さがの》広沢の池近辺

広沢の池は、京都市右京区嵯峨広沢町にある池。北岸の遍照寺《へんしょうじ》山を池越しに見る風景が、風光明媚《ふうこうめいび》な嵯峨野にあって最も有名なものである。平安時代に寛朝僧正《かんちょうそうじょう》が庭池として造営したとも、平安京造営以前に嵯峨野を開拓した秦《はた》氏が灌漑《かんがい》用の溜池として造ったともいわれる。歴史的風土特別保存地区に指定されているほか、農林水産省の「ため池百選」にも選定され、奈良の猿沢の池などとともに「日本三沢《さんたく》」にも数えられている。古来、観月の名所として多くの和歌や俳句にも詠《よ》まれてきた。

池の西北の山麓で甲斐の田野における「天目山の戦い」の場面や、信虎が近江《おうみ》で兵を募《つの》る場面の撮影が行われた。さらに池からは多少離れるが、同じ嵯峨野の嵯峨観空寺谷町近辺では、禰津城や岩村霧ヶ城など、屋外での場面が多く撮影された。

荒砥《あらと》城跡

長野県千曲市指定史跡。別名、新砥《あらと》城。戦国時代に信濃《しなの》を支配した村上氏の一族の山田氏の居城。信濃が武田信玄によって侵攻された後は、いちはやく武田氏へ寝返った屋代《やしろ》氏の居城となった。武田氏滅亡後、屋代氏は上杉氏に従ったが、徳川氏への内通を疑われ、上杉景勝に攻められ落城、以降廃城となった。築城年代は未詳だが典型的な戦国時代の山城で、現在では史跡公園として石積や櫓《やぐら》、門などが復元されている。

本作では、禰津《ねづ》城や春日山城の外観として撮影された。

下仁田《しもにた》 諏訪神社

群馬県下仁田町にある神社。元は八幡社の旧地であったところに、武田信玄が諏方大社の分霊を勧請《かんじょう》したのが始まりとされる。江戸時代には幕府から社領を認められた。事情はよく分からないが、天保八年（一八三七）から弘化三年（一八四六）にかけて再建され、現存する建築の多くはそのときのものである。

本殿は一般的な一間社流造《いっけんしゃながれづくり》だが、屋根が幣殿《へいでん》と繋がっている点が珍しい。本殿の壁面や虹梁《こうりょう》などは、龍をはじめ唐獅子・麒麟《きりん》や花鳥の白木の彫刻で埋め尽くされており目を奪われる。これらの建築や彫刻は、大隅《おおすみ》流の棟梁であった矢崎善司昭方とその三男の房之進、四男の林之丞の手になるものである。大隅流は立川《たてかわ》流と並んで江戸時代に盛行した宮大工および宮彫《みやぼり》の流派。

本作では、信虎と平太郎の会話において勝頼が言及された際に、その出自を象徴する諏方社としてインサートされている。

田代《たしろ》湖

群馬県嬬恋《つまごい》村の鹿沢《かざわ》ダムに付随するダム湖、湛水《たんすい》面積七八ヘクタール。鹿沢ダムは昭和元年（一九二五）に完成した発電用ダムで、一〇〇年近く経った現在も発電している。ダムは長さがおよそ一キロメートルにおよぶ巨大なもので、「日本の近代土木遺産」に選定されている。水位変動が激しく危険なため湖への出入りは禁止されているが、ワカサギが多く生息しており、全国の養殖地へ卵を供給している。

本作では、武田信玄が自分の遺骸《いがい》を沈めるように遺言した諏訪《すわ》湖として撮影された。

逆井《さかさい》城跡

茨城県坂東《ばんどう》市の城跡、県指定史跡。一五世紀、室町時代の享徳《きょうとく》年間（一四五二〜一四五五）に築城されたと考えられる。

沼に囲まれた低い台地に築かれた平城。関東の名族 小山《おやま》氏の一族逆井氏の居城であったが、北条氏に攻撃され奪われる。北条氏の手によって大改修され、以後、飯沼《いいぬま》

城とも呼ばれた。その後、豊臣秀吉の「小田原征伐」によって北条氏が没落、逆井城も廃城となった。現在は、城跡公園として整備され、櫓《やぐら》や門などが発掘調査の成果に

基づいて復元され、中世城郭の姿を忠実に再現している。
本作では、沼田城として撮影された。

雲峰寺《うんぽうじ》

裂石山《さけいしざん》雲峰寺。山梨県甲州市にある臨済宗妙心寺派の寺院。本尊は十一面観音像。八世紀に行基《ぎょうき》が開山したとされ、戦国時代には、甲府の鬼門にあたるため武田氏の祈願所になったとされる。天文《てんぶん》年間（一五三二〜一五五五）に焼失した際には武田信玄の支援を受けて再興されたと伝わり、日の丸の「御旗《みはた》」など武田氏の遺物が多く伝わる。伽藍《がらん》は、多くが重要文化財に指定されており、江戸時代の書院以外は、武田信玄時代のものである。

本作では、本堂を躑躅ヶ崎《つつじがさき》館、庫裏《くり》を大泉寺の庫裏、本堂脇の中門を京の信虎邸、周囲の山林や階段を身延山久遠寺《くおんじ》として撮影した。

新府《しんぷ》城跡付近

山梨県韮崎《にらさき》市にある城跡。国指定の史跡で、「続日本百名城」（一二七番）にも選定されている。新府とは本来は「新府中」の略である。府中というのは守護所のあるところをいい、現在の甲府市の名は、信虎が躑躅ヶ崎館《つつじがさきやかた》を置いて城下を整備し、信玄もそのまま継承したことから、同地が「甲斐国府中」であったことを示すものである。新府城は武田勝頼がこの躑躅ヶ崎館に代わ

る居城として天正九年（一五八〇）に築城を始めた城であり、心機一転を図る勝頼の意志が込められた名称である。

　城郭としては同年中には一応完成したとみられるが、同一〇年（一五八二）の武田氏の滅亡に際しては使用されることなく、勝頼が岩殿城へ退去するにあたって火を放たれ焼亡した。その後、徳川氏による甲斐支配の拠点になるなどしたが、「関ケ原の戦い」の後廃城となった。台地の上に築かれた連郭式《れんかくしき》の平山城で、巧みな縄張りと規模の大きさから「甲州流築城術の集大成」とも称される。

　本作でも、近辺の情景が新府城のものとして撮影されている。

田峯《だみね》城跡

　愛知県設楽《したら》町にある城跡。別名蛇頭《じゃずが》城。町指定史跡。一五世紀に田峰菅沼氏が築城した。本丸を山上に置く山城である。田峰菅沼氏は武田勝頼が滅びるとそれに殉《じゅん》ずるように断絶し、田峯城も廃城となった。近年、本丸御殿、本丸大手門、物見櫓《ものみやぐら》などが復元され、中世山城の雰囲気を伝えている。

　本作では、本丸御殿が新府城の情景などとして撮影されている。

高根《たかね》城跡

　静岡県浜松市にある城跡。市指定史跡。標高四二〇メートルの山上に位置する山城。一五世紀初頭、奥山氏によって築城された。戦国時代には、武田氏の遠江《とおとうみ》侵攻に際して攻撃を受け落城、以後は武田氏の遠征拠点となるが、「長篠の戦い」で武田氏が撤退、廃城となる。近年、井楼櫓《せいろうやぐら》や城門などが復元された。

　本作では、殿舎や空堀が高遠城の情景として撮影されている。

旧秀隣寺《しゅうりんじ》庭園

　滋賀県高島市朽木《くつき》の興聖寺《こうしょうじ》にある室町時代を代表する庭園の遺構で、国の名勝に指定されている。室町幕府一二代将軍足利義晴《あしかがよしはる》が兵乱を避けるため、当地の朽木氏を頼って享禄四年（一五三一）まで三年間滞在したが、その時、朽木氏や管領《かんれい》細川高国らが義晴を慰めるために、将軍館（岩神館）に造営した。

　安曇《あど》川の清流と比良山系を借景とし、武家風の豪快な石組を配した蓬莱池泉式《ほうらいちせんしき》庭園で、池に渡された石橋はクスノキの化石という珍しいもの。その後慶長年間（一五九六〜一六一五）に、朽木氏が館跡に秀隣寺を建立し、寺の庭としたのでこの名で呼ばれる。その後、秀隣寺は廃絶し、安曇川の対岸にあった、道元禅師が開いた興聖寺が移転してきて現在に至っている。

本作では躑躅ケ崎館《つつじがさきやかた》の庭園として撮影されている。

長寿寺《ちょうじゅじ》

阿星山《あぼしさん》長寿寺。滋賀県湖南市石部《いしべ》にある天台宗の寺院。本尊は地蔵菩薩。奈良時代に良弁僧正《ろうべんそうじょう》が聖武《しょうむ》天皇の勅願《ちょくがん》によって開いたという。平安時代以降は「阿星山五千坊」といわれるほど栄えた。源頼朝や足利将軍家の祈願所にもなったといわれる。

織田信長が安土城内に建立した摠見寺《そうけんじ》の三重の塔（現存・重要文化財）は、本寺の塔を信長が移築したもの。国宝に指定されている寄棟造《よせむね》檜皮葺《ひわだぶき》の本堂は、平安時代末期から鎌倉時代初頭の建築で、中世初期の仏堂の形態をよく残している。

本作では本堂外観が高遠遠照寺《おんしょうじ》のものとして撮影されている。

善水寺《ぜんすいじ》

岩根山《いわねさん》善水寺。滋賀県湖南市岩根にある天台宗の寺院。本尊は薬師如来。奈良時代初頭の和銅《わどう》年間（七〇八〜七一五）に元明《げんめい》天皇が建立し和銅寺と呼ばれた。

平安時代初頭、桓武《かんむ》天皇が病にかかった時、伝教大師最澄《でんぎょうだいしさいちょう》が当寺の霊水を献上し快癒《かいゆ》したことから、岩根山善水寺の寺号を賜《たまわ》った。国宝の本堂は入母屋造《いりもやづくり》檜皮葺《ひわだぶき》、南北朝時代の建立《こんりゅう》で天台密教の仏堂の様式である。

本作では本堂が身延山久遠寺《くおんじ》のものとして撮影された。

南丹《なんたん》市八木町山室《やまむろ》地区

八木町山室は、大堰川《おおい》が亀岡盆地に流れ出るあたりの地名で、盆地の北西端にあたる。近くの筏森山《いかだもり》には、かつて亀岡盆地が湖だったころ、筏《いかだ》に乗った神が漂着したところという伝承がある。風光明媚《ふうこうめいび》な地域であり、また電柱などがほとんどないので時代劇のロケによく使われる場所である。本作では、古田左介にはやしたてる甲斐へ向かう信虎一行と終幕近く、お直一行が京へ向かう場面の撮影が行われた。

報恩寺《ほうおんじ》

尭天山《ぎょうてんざん》法恩寺。京都市上京区にある浄土宗の寺院。本尊は阿弥陀如来。「鳴虎《なきとら》報恩寺」の名で知られる。創建は室町時代とされるがよくわかっていない。天正年間（一五七三〜一五九三）に豊臣秀吉の命で現在地に移転している。

通称の鳴虎は、所蔵する四明陶佾《しめいとういつ》作の虎の絵を、秀吉の所望で貸し出したところ、夜中に虎の鳴き声がし、安眠できなかった秀吉がすぐに返却したという逸話からついた。この絵は現在も正月だけ公開される。その他にも「衝《つ》かずの鐘」などの伝承がある。

本作では上杉景虎・穴山勝千代・武田万千代の登場する場面の撮影が行われた。

『信虎』制作日誌

〔二〇一八年〕	
秋	歴史研究家による脚本が完成し、プロデューサーが山梨の政財界にアプローチを始める。
(十二月二〇日(木))	(甲府駅北口に甲府の有志によって建立された信虎公像の除幕式が行われる)
〔二〇一九年〕	
八月	四月下旬より書き始めた宮下脚本の完成。
八月二十三日(金)	山梨県庁で、金子修介監督、出演俳優・柏原収史、剛たつひとらと製作発表記者会見。大泉寺にて信虎公墓参。
十月	東京・東宝スタジオにてスタッフルーム・衣装室・メイク室、開設。衣装合わせ。
十一月三日(日)	大阪にて追加キャストのオーディション。同日、ベース基地を京都に移す。
十一月五日(火)	京都にて、金子監督ほか主なスタッフでロケハン。竹を伐採して勝頼最期のシーンのスペース確保をする。
十一月八日(金)	東宝スタジオでカメラテスト。

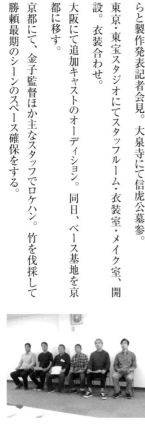

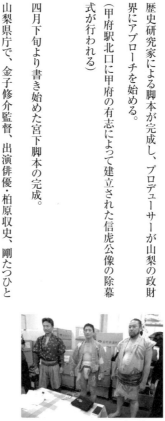

十一月十七日(日)
東宝スタジオで最後の衣装・かつらあわせ。

十一月十九日(火)
京都・北野天満宮で撮影安全・成功祈願。同日、信玄公墓参。勝頼・信勝・信豊の首塚にも墓参。上七軒歌舞練場でスタッフ顔合わせ。

十一月二十日(水)
京都・本法寺でクランクイン。京の信虎邸の場面を撮影。

十一月二十一日(木)～二十二日(金)
京都・立本寺でロケ。信濃国 遠照寺妙見堂や甲斐国久遠寺における場面を撮影。

十一月二十三日(土)
京都・某寺でロケ。信濃国 高遠城の場面を撮影。

十一月二十五日(月)
京都・妙覺寺でロケ。天正元年(一五七三)十一月に織田信長が同寺で開いた茶会を再現した。その他に上野国 沼田城や越後国 春日山城の場面を撮影。

十一月二十六日(火)
京都・某寺でロケ。甲斐国 躑躅ヶ崎館および高遠城の場面を撮影。

十一月二十七日(水)～二十九日(金)
京都・本法寺でロケ。高遠城および信濃国 禰津城の場面を撮影。

十二月一日(日)
京都・嵯峨野で屋外ロケ。美濃国 岩村霧ヶ城手前の草原での戦闘シーンなどを撮影。

十二月二日（月）	兵庫県・篠山城でロケ。江戸城西の丸、柳澤邸のなどの場面を撮影。
十二月三日（火）～五日（木）	京都・某寺でロケ。高遠城の場面を撮影。
十二月七日（土）	京都・嵯峨野で屋外ロケ。美濃国 飯羽間の街道の戦闘シーンなどを撮影。
十二月九日（月）	京都・立本寺および妙覺寺でロケ。甲斐国 大泉寺と諏方社での場面を撮影。
十二月十日（火）	京都・嵯峨野で屋外ロケ。高遠城城外の場面を撮影。
十二月十一日（水）	京都・上賀茂神社で屋外ロケ。下御霊社の場面を撮影。
十二月十二日（木）～一五日（日）	京都・嵯峨野で屋外ロケ。十二日は、駿河国 三方原信玄本陣や志摩国 武田雅楽助の陣、禰津城の場面など、十四日は、大泉寺近辺や近江国 甲賀の場面など、十五日は信濃国 小県上田原の場面を撮影。津城の場面など、十四日は、大泉寺近辺や近江国 甲賀の場面など、十五日は信濃国 小県上田原の場面を撮影。
十二月十六日（月）	京都・妙覺寺でロケ。大泉寺の場面を撮影。

十二月十八日（水）　京都・嵯峨野で屋外ロケ。甲斐国 田野における天目山の戦いの場面を撮影。

十二月十九日（木）　京都・南丹市でロケ。京郊外での場面と作成した地図を撮影。クランクアップ。

十二月二十日（金）　主演 寺田 農を囲んでスタッフ打ち上げ。その翌日より片付け、編集作業が始まる。

〔二〇二〇年〕

四月十一日（土）　京都・報恩寺で追加撮影ロケ。

四～五月　山梨・長野・静岡・群馬・滋賀県・京都府などで実景撮影。作り直した地図を撮影。コロナ禍により編集作業が中断する。

〔二〇二一年〕

一月　編集作業再開。

四月十八日（日）　土屋伝助役 隆 大介氏逝去。

五月二十五日（火）　東京・早稲田のアバコスタジオで音楽を録音。池辺晋一郎氏指揮で和楽器を含む一七名編成で演奏された。

六月四日（金）　都内某スタジオで効果音を録音（フォーリー）。真剣で豚肉を切った音などを録音。

七月八日（木）　東京・東宝スタジオにて初号試写。

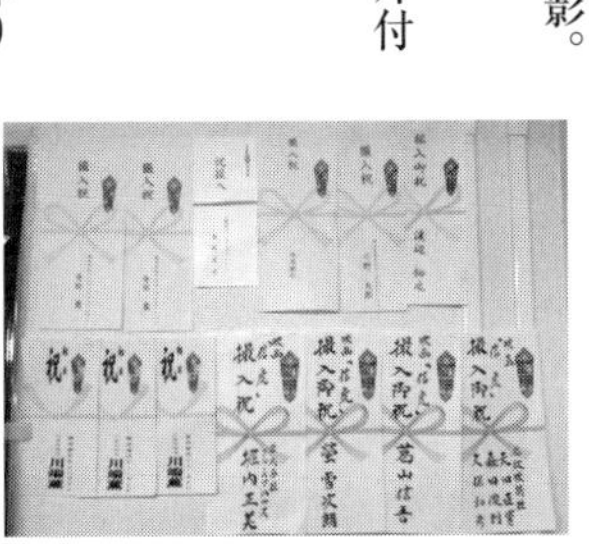

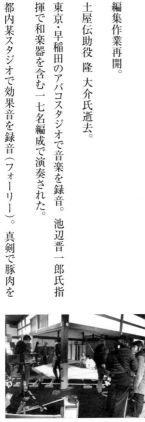

八月九日（月）　京都・立命館大学で試写。

九月七日（火）　全国公開に先立って、上映館などの情報を公表。

九月十四日（火）　甲府市の武田神社でヒット祈願（製作総指揮・共同監督 宮下玄覇、監督 金子修介、主演 寺田農、武田家考証 平山優）。同市政財界限定の完成披露会開催（山梨文化会館）。

十月二十日（水）～二十六日（火）　岡島百貨店にて「映画『信虎』ミニ小道具展」

十月二十二日（金）～二〇二二年五月八日（日）　信玄公宝物館にて「武田の兜と信玄の合戦図展」「映画『信虎』小道具展」

十月二十二日（金）　甲府市で先行上映開始（ＴＯＨＯシネマズ甲府【舞台挨拶】）。

十一月一日（月）　東京・汐留で完成披露試写会【舞台挨拶】。

十一月三日（水）～十二月二十七日（月）　信玄ミュージアムにて「映画『信虎』公開記念撮影小道具展」

十一月十二日（金）　全国上映開始（メイン館　ＴＯＨＯシネマズ日本橋【舞台挨拶】）。

十一月二十五日（木）　オリジナルサウンドトラック『信虎』発売

映画『信虎』を理解するために

あらすじ

武田信虎入道（寺田農）は息子・信玄（永島敏行）に甲斐国を追放された後、駿河国を経て京で足利将軍に仕えていた。元亀四年（一五七三）、すでに八十歳になっていた信虎は、すでに和解していた信玄の上洛を心待ちにしていたが、信玄が三河国で危篤に陥り、武田軍が兵を引いたことを知る。信虎は甲斐国に帰る好機と判断し、また国主に返り咲く野心が芽生える。信虎は家老の土屋伝助（隆大介）と清水式部丞（伊藤洋三郎）、末娘のお直（谷村美月）、側近の黒川新助（矢野聖人）、海賊大将・武田雅楽助、透破（忍者）、愛猿・勿来などを伴い、祖国・甲斐への帰国を目指す。

途中、織田方の美濃遠山勢との合戦があり、伝助や雅楽助を失うが、やっとの思いで岩村城下の武田領に入る。そして信濃高遠城にたどり着いた信虎は、六男・武田逍遥軒（永島敏行・二役）に会うも、甲斐入国を拒まれる。信玄が他界し、勝頼が当主の座についたことを知った信虎は、勝頼（荒井敦史）との面会を切望、三カ月後に勝頼が高遠城に姿を現す。

勝頼をはじめ、逍遥軒と九男・一条信龍（杉浦太陽）、勝頼の寵臣・跡部勝資（安藤一夫）と長坂釣閑斎（堀内正美）、信玄が育てた宿老の山県昌景（葛山信吾）・馬場信春（永倉大輔）・内藤昌秀（井田國彦）・春日弾正（川野太郎）が一堂に会することになる。信虎は居並ぶ宿老たちに、自分が国主に返り咲いて、信長包囲網を継続させることが武田家を存続させる道であると説く。しかし信虎の提案は、勝頼と、跡部・長坂らの寵臣、四宿老らに却下される。三年間他国に出兵するなという信玄の遺言が大きく影響を及ぼしていた。

支持する者がおらず失望した信虎は、かつて信直（石垣佑磨）と名乗っていた頃に、身延山久遠寺の日伝上人（螢 雪次朗）から言われた自らに備わる秘術について思い出す。その秘術を会得するため、久遠寺の日叙上人を呼びよせ、ひたすら仏を拝むのであった。

そしてついに信虎は悟り、妙見の秘術を我が物とする。その秘術を使える能力とは、相手の目を凝視することで、自分の意のままに操るというものであった。自分の意のままにならない相手に、信虎は次々とこの秘術をかけていった。

御家存続のために最後の力を振り絞った信虎だが、ついに寿命が尽き、逍遙軒、お直、お式（左伴彩佳　ＡＫＢ48）や旧臣・孕石源右衛門尉（剛たつひと）たちに看取られて息を引き取る。

この時、上野国で武田攻めの最中だった上杉謙信（榎木孝明）が矛先を変えたのは、信虎からの書状に目を通したからであった。

その後、跡部の意見を聞く勝頼の失政が続き、天正十年（一五八二）正月、一門の木曽義昌が反旗を翻し、織田信長（渡辺裕之）、徳川・北条氏らによる武田攻めが始まる。一門の穴山信君（橋本一郎）まで離反し、勝頼は織田軍により討死、妻の北の方（西川可奈子）も殉じ、武田家は滅亡する。以前、武田家臣・安左衛門尉（嘉門タツオ）が受けた神託が現実のものとなった。

信虎がこの世を去ってから百数十年後の元禄十四年（一七〇一）、甲斐武田家の一族で、五代将軍徳川綱吉の側用人・柳澤保明（後の甲府藩主・吉保、柏原収史）は、四男坊・横手伊織（鳥越壮真）に、祖父・信俊と交流のあった信虎の晩年の活躍を語る。

なんと保明は、腕の北斗七星のほくろが示す通り、信虎の生まれ変わりであった。死を前にした信虎は、鏡を使って自身に秘術をかけ、自分が生まれ変わって武田家を再興させることを念じていたのであった。

時代背景

元亀四年（一五七三）、嫡子《ちゃくし》武田信玄（晴信）危篤の報を受けた信虎は、三二年ぶりに甲斐へ帰還すべく京の都を出立する。このとき、天下はどのような情勢にあったのだろうか。

奥州では、伊達《いだて（だて）》政宗の父である輝宗が、奥州のもう一つの大勢力であった蘆名《あしな》氏とは婚姻関係を結んでいたが、相馬《そうま》氏とは永禄八年（一五六五）に起こった領土問題を契機に、泥沼ともいうべき闘争を繰り返していた。

九州南部では島津氏が薩摩国を統一し、隣国大隅《おおすみ》国をも支配下に置こうとしていた。北部では一時は宗麟《そうりん》（義鎮《よししげ》）率いる大友《おおとも》氏が実質的に一円を支配したが、中国地方の毛利氏による侵攻や、肥前国における龍造寺《りゅうぞうじ》氏の台頭に悩まされるようになっていた。この後九州では、島津、大友、龍造寺の三氏による三つ巴の抗争が繰り広げられる。

四国では、織田信長と対立した三好氏が衰え始め、土佐国を統一した長曾我部元親《ちょうすかめもとちか》が勢力を伸長しつつあった。中国地方では、大内氏、次いで尼子《あまご》氏を滅ぼした毛利氏が覇権を握っていた。当主元就《もとなり》が晩年を迎えていたが、孫の輝元を吉川元春《きっかわもとはる》、小早川隆景《こばやかわたかかげ》が補佐する体制（毛利両川《りょうせん》）が確立しており盤石《ばんじゃく》といってよかった。ただ、但馬《たじま》国を巡る覇権や足利義昭との関係で、織田信長との間には既に利害関係が生じていた。

さて、畿内《きない》では、足利義昭を将軍に擁立した織田信長ではあったが、反発も強く、また義昭との関係の悪化が誰の目にも明らかになりつつあった。元亀元年（一五七〇）、信長は越前国の朝倉氏を攻撃するが、その最中に徳川家康と並ぶ同盟者で妹婿でもあった北近江《おうみ》の浅井《あざい》長政が造反してしまう。「姉川の戦い」で、織田・徳川連合軍は、浅井・朝倉軍を破るが、その後も両氏は信長への抗戦を継続した。また石山本願寺の檄《げき》によって伊勢国長島で蜂起した一向一揆《いっこういっき》にも信長は苦戦を強いられた。

しかし、元亀二年（一五七一）になると信長は調略で浅井氏の家臣を寝返らせるなど攻勢に転じ、同年九月、浅井・朝倉に協力し対立関係にあった比叡山延暦寺《えんりゃくじ》を焼き討ちして壊滅させている。元亀三年（一五七二）には、三好義継・松永久秀が信長に敵対するが、全体としては織田氏優位の状況になりつつあった。

関東では、相模《さがみ》国小田原に本拠を置く北条氏と、山内上杉氏の家督《かとく》を継ぎ、関東管領《かんれい》に任じられて関東支配の大義名分を得た越後国の上杉謙信（輝虎）、そして、甲斐国から関東への進出を狙う武田信玄の三者の争いに、在地の国人衆の利害が錯綜《さくそう》し複雑な様相を呈していた。元亀四年（一五七三）の時点では、北条氏と上杉氏の「越相同盟」は既に破棄されており、元亀二年（一五七一）に結ばれた北条氏と武田氏との同盟（「甲相同盟」）が生きていた。また、武田信玄の謀略により、上杉謙信が関東よりも越中国の一向一揆平定に注力せざるを得ない状況に陥ったことにより、信玄は関東方面を気にすることなく、兵を西に向ける絶好の機会を得ていた。

ついに元亀三年（一五七二）十一月、織田方であった美濃国の岩村霧ヶ城が甲斐国の武田氏の武将 秋山虎繁によって占拠されたことによって、織田氏と武田両氏は決裂した。さらに信玄が、信長の同盟者 徳川家康の領国である遠江《とおとうみ》国に侵攻したため、信長は家康に兵三千（一説に二万）の援軍を送った。しかし、同年十二月の「三方ヶ原の戦い」でこの徳川・織田連合軍は惨敗する。織田軍の援軍の将も討ち死にし、家康自身もわずか数騎で浜松城に逃げ込んだほどの敗戦だった。勝利した武田軍は、そのまま京へ進軍すると言われ（「西上作戦」）、岐阜城にいた信長にとって最大の脅威となった。逆に、足利義昭を中心とする反織田勢力にとって、精強をもって鳴る武田軍はまさに起死回生の切り札的存在となった。

信玄は、遠江国で越年し、元亀四年（一五七三）正月には三河国に侵攻して翌月十日には野田城を落とした。この二月十三日、ついに足利義昭は信長に対して挙兵する。名目上とはいえ主君である将軍に見限られた形になった信長は、配下の大量離反を恐れ、義昭に講和を申し入れると同時に軍を京に派遣した。三月には信長自身上洛し、義昭の二条御所を包囲し講和を強要した。一刻も早く義昭と和睦《わぼく》しない限り、背後から信玄の攻撃を受けるという恐怖心を、信長が抱いていたことは想像に難くない。

しかし、このように風雲急を告げる状況下であるにもかかわらず、武田信玄はなぜかそれ以上進軍しようとはせず、四月になると、あろうことか信濃《しなの》国へと撤収しはじめるのであった。

年表

明応3年（1494）	2月	1	信縄の嫡男・武田信虎（信直）、誕生
永正4年（1507）		14	信虎、武田家を継ぎ当主となる
永正16年（1519）	秋	26	信虎、川田館（石和）より躑躅ヶ崎館（甲府）へ強引に移転
大永2年（1522）		29	信虎、甲斐を統一、身延山へ参詣し、富士登山をする
天文10年（1541）	6月	48	信虎、嫡男・晴信（信玄）に追放され、駿河今川氏の食客となる
永禄4年（1561）	9月	68	信虎二男・信繁、川中島の戦いで討死
永禄10年（1567）	10月	74	信玄嫡男・義信が切腹し、諏方勝頼が後継候補筆頭となる
元亀3年（1572）	9月	79	信玄による対織田、武田家西上作戦始まる
			三方ヶ原の戦い（信玄、家康を破る）
元亀4年（1573）	3月	80	〔映画冒頭〕信虎、近江国甲賀で軍勢を募る
天正元年	4月		信玄、陣没
	8月		勝頼、侵攻してきた家康を家臣に攻撃させるが敗れる
天正2年（1574）	2月	81	勝頼、東美濃に出陣（信長の小城を攻略）
	3月		信虎、死去
天正3年（1575）	6月		長篠の戦い（勝頼、信長・家康に大敗する）

天正4年（1576）	4月	信玄、葬儀（死去の三年後）
天正7年（1579）	9月	御館の乱が原因となり武田北条間の同盟、破綻（北の上杉以外、敵となる）
天正9年（1581）	12月	勝頼、躑躅ヶ崎館（甲府）を破却して、新府中（韮崎）へ強引に移転
天正10年（1582）	2月	織田による甲斐侵攻始まる
	3月	勝頼、討死 武田家滅亡、逍遥軒・一条信龍など武田一門・重臣も処刑される。穴山梅雪斎（信君）が武田家を継承
	6月	本能寺の変直後に、武田梅雪斎が殺害される。嫡男・勝千代が家督を継承
天正15年（1587）	6月	武田（穴山）勝千代病死。家康五男・万千代が武田家を継承
天正18年（1590）		この頃、武田信吉（万千代）が松平に姓を改め武田家断絶
慶長8年（1603）		信玄二男・龍芳（信親）の子・信道、家康に拝謁し甲斐長延寺住持となる
元和元年（1615）		信道、大久保長安事件に連座し子・信正と共に伊豆大島へ配流
寛文3年（1663）	3月	信正、家光13回忌に赦免され江戸に戻る
元禄14年（1701）	9月	信正の子・信冬（信興）、柳澤保明（吉保）の推挙により将軍・徳川綱吉に初御目見得。表高家衆に列する（武田家再興）

『信虎』にまつわる武田家系図

㉖ **信虎**（＊）
武田五郎　初信直
道因　無人斎道有
従五位下　陸奥守
左京大夫　甲斐守護
天正二年病死

お恵
定恵院
今川義元室
母大井氏

お誠
南松院
母内藤氏　穴山信友室

㉗ **信玄**
武田太郎　晴信
徳栄軒　法性院
従四位下　左京大夫
大膳大夫　信濃守
甲斐・信濃守護　僧正
母大井氏
元亀四年病死

お松
嶺松院　武田義信室

氏真
今川　上総介　治部大輔　刑部大輔

㉙ **信君**＊
穴山　武田　鴻臚卿　梅雪斎不白
陸奥守　玄蕃頭　天正十年討死

義信
武田太郎　母三条氏

信親
海野二郎　龍芳　聖導
母三条氏　天正十年自害

お梅
黄梅院　北条氏政室　母三条氏

お峯
見性院　穴山信君室　母三条氏

真理
真竜院　木曽義昌＊室

㉘ **勝頼**
諏方四郎　大膳大夫
母諏方氏　天正十年討死

信盛
盛信
仁科五郎　母油川氏　天正十年討死

信貞＊
葛山十郎　母油川氏　天正十年斬首

お菊
大儀院　母油川氏　上杉景勝室

㉚ **勝千代**
穴山　武田　信治　天正十五年病死

道快
信道　顕了　長延寺住持

氏直
北条　国王
新九郎　左京大夫

義利
木曽仙三郎

義春
木曽長次郎　大坂夏の陣討死

信勝
武王　太郎　母遠山氏　天正十年討死

女

㉛ **万千代**
武田　松平　七郎　信義　信吉

信正

信冬
虎之助　織部　信興

- **信繁** 次郎 左馬助 典厩 母大井氏 永禄四年討死
  - **お松** 信松院 母油川氏
  - **信清** 安田 武田 三郎 玄竜
  - **信豊** 六郎次郎 左馬助 左典厩 相模守 天正十年自害（家老に青木信時がおり その弟は横手〔柳澤〕信俊）
    - **某** 次郎 天正十年斬首
- **禰々** 諏方頼重室
- **逍遥軒** 孫六 刑部少輔 信廉 信綱 母大井氏 天正十年斬首
  - **麟岳** 大龍寺住持 天正十年討死
  - **信澄** 平太郎 天正四年病死
  - **女** 小笠原信嶺＊室
    - **女**
    - **女**
- **お桂** 下条信氏室 母松尾氏
  - **信正** 下条兵庫助
  - **頼安** 下条兵部少輔（叔父に九兵衛尉氏長＊あり）
- **信友** 六郎 左京亮 上野介 左衛門佐 母内藤氏 天正十年斬首
  - **信堯** 勝千代 左衛門佐 左金吾 天正十年斬首
- **信実** 兵庫助 備後 左兵衛大夫 天正三年討死
- **信龍** 一条 右衛門大夫 天正十年斬首
- **お式**
- **お泰** 禰津松鷂軒常安室
  - **神八** 禰津
- **お菊** 菊亭晴季室
- **お福**
- **お直**

（宮帯出版社編集部編。女性等の名は脚本に基づく）
＊は信虎による「妙見の秘術」にかかった人。

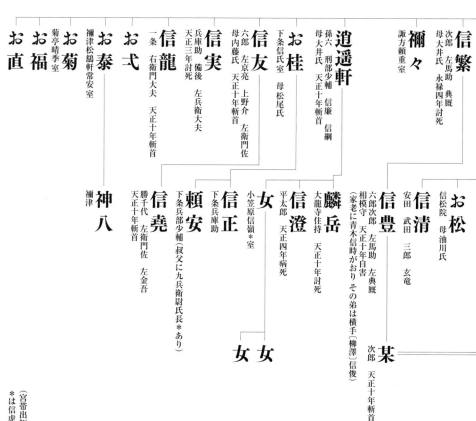

『信虎』舞台地解説

江戸城

扇ガ谷《おうぎがやつ》上杉家の家臣太田道灌《どうかん》が一五世紀半ばに築城し、一六世紀末に豊臣秀吉の命で関東へ国替えとなった徳川家康が居城とした。その後、江戸幕府が開かれてからは、将軍の居城として、全国の大名を動員して大規模な整備拡張が断続的に行われ、万治元年（一六六〇）に一応の完成を見る。その結果、日本最大の面積を持つ大城郭となった。

天守は三度に渡って築かれ、三代将軍家光が寛永年間（一六二四～一六四五）に建てた五層五階の層塔型天守は、大坂城や姫路城をはるかに凌ぐ史上最大の天守だったが、「明暦の大火」（一六五七）で焼失し、以後再建されることはなかった。

本丸御殿は将軍の居住空間であると同時に、幕府の政庁でもあり、白書院では公式行事が行われた。現在の皇居は、おおよそ江戸城の西の丸と吹上に位置している。

近江《おうみ》国甲賀《こうか》

近江国（現・滋賀県）南部の甲賀地方は、隣国の伊賀と並んで忍者で有名だが、実態は甲賀衆とよぶ五三家にも及ぶ小豪族が合議制による自治組織を形成していた。小豪族が生き延びるために駆使した情報収集のための技術やゲリラ戦術などが、俗にいう忍術の基礎になったと思われる。他地域の大名などの傭兵《ようへい》になる者もいたと考えられ、本作における信虎配下の透破《すっぱ》もそのような者たちであろう。

甲賀地方は、本作の元亀四年（一五七三）当時は、完全に織田信長の領国となっていたわけではなく、かつて南近江を支配していたものの、居城観音寺城と領土のほとんどを失っていた六角承禎《ろっかくじょうてい》が当地に潜伏し抗戦を続けていた。武田信虎は、足利将軍義昭の命で、承禎と連携して信長への攻撃を企てていたといわれる。

なお、「こうが」と濁って読む人が多いが、正しくは「こうか」である。

遠江《とおとうみ》国三方原《みかたがはら》

現在の静岡県浜松市北部の台地。元亀三年（一五七二）、武田信玄は、自軍を三つに分け遠江《とおとうみ》、三河、美濃《みの》へ同時侵攻を企《くわだ》て、自らは本隊を率いて遠江に出撃した。この時の出撃は、徳川家康と織田信長を撃破して上洛を目指していたとされ「西上《せいじょう》作戦」と呼ばれる。

浜松城にいた家康は当初は籠城《ろうじょう》の予定だったものを、一部家臣の反対を押し切って出撃し、三方原で激突した（「三方原の戦い」）。信玄の策にはまった形になった徳川軍は大敗、援軍に来ていた織田軍も含めて多くの武将と兵を失った。わずかの人数で浜松城に逃げ込んだが、後の「神君伊賀越え」と並んで家康の人生で最大の危機だったとされる。

しかし、大勝した信玄は「西上作戦」を中止、甲斐へ撤収する途中、信濃《しなの》国駒場《こまんば》で病死した。これは、信長を苦しめた包囲網の崩壊を意味し、信長、家康両者の人生の転機となった出来事だった。

京 武田信虎邸

天文一〇年（一五四一）、娘婿にあたる今川義元を駿府《すんぷ》に訪ねていた信虎は、嫡子《ちゃくし》晴信（信玄）によって甲斐と駿河《するが》の国境封鎖という方法で追放された。追放の原因は定かではないが、信虎と武田氏臣団との関係悪化が背景にあったとされる。

信虎は、しばらく駿府に寓居《ぐうきょ》したが、やがて駿河と上方を往復しはじめ、弘治三年（一五五八）以降は、拠点を京都に移し、室町幕府に出仕するようになったと考えられる。永禄七年（一五六四）ごろ、一時志摩《しま》国の地頭甲賀氏のもとで活動していた。同八年（一五六五）の「永禄の変」で一三代将軍義輝が暗殺された際の動向は不明だが、同一一年（一五六八）、足利義昭が織田信長によって上洛、将軍に就任すると伺《し》候《こう》している。この間、京都のどこに屋敷を構えていたかは定かではないが、幕府内での席次は高く、将軍から信頼・優遇されていたことがうかがえる。

なお、永禄一二年（一五六九）に、武田信玄は市川十郎右衛門尉という者を京都に派遣して織田信長との折衝に当たらせているが、在京していたはずの信虎と市川との間にどのような接触があったのかは史料が見当たらない。ただ、信虎が高野山に参詣した際には信玄が謝礼をしており、追放後も信虎と信玄が完全に没交渉になっていたわけではなさそうなので、市川が信虎の屋敷を訪れていた、あるいは滞在するなど利用していた可能性も否定できないと思われる。

美濃《みの》国 飯羽間《いいはざま》

現在の岐阜県恵那《えな》市の地名。鎌倉時代以来の名家遠山氏の一族である飯羽間遠山氏が飯羽間城を築いて支配した。天正二年（一五七四）当時は、飯羽間遠山氏は織田信長の傘下にあり、飯羽間城は遠山友忠の子友信が城主だった。やがて武田勝頼の美濃侵攻に際して攻撃され落城することになる。

落城後、武田軍の足軽たちが「信長は今見あてらや飯羽間　城を明智と告げの串原」という歌を謡ったという。これはこの時の一連の戦いで落城した織田方の一八城のうち、「今見砦」「明照《あてら》城」「飯羽間城」「明知城」「串原城」の五城の名を詠み込んだ戯《ざ》れ歌である。「信長は城を明け渡さないと浅はかにも言ったが、柘植《つげ》の櫛《くし》の歯が欠けるように落としてやったぞ」という意味。

美濃《みの》国　岩村城

岐阜県恵那《えな》市岩村にあった梯郭式《ていかくしき》の山城。別名霧ケ城。鎌倉時代に遠山《とおやま》氏が築き、以後岩村遠山氏の居城だった。戦国時代、織田信長の叔母にあたるおつやの方（岩村殿）が、遠山景任《かげとお》に嫁《とつ》いだが、景任が病死、信長の五男御坊を養嗣子として迎えたものの、まだ幼かったので、おつやの方が城主となった。

その後、武田信玄の武将秋山虎繁《とらしげ》に攻められ、虎繁と結婚することを条件に開城したといわれる。したがって、元亀四年（一五七三）の段階では武田方の対織田氏の最前線基地として機能していた。

その後の「長篠の戦い」での勝利を受けて織田信長の嫡男《ちゃくなん》信忠に攻撃され落城。おつやの方と秋山虎繁は処刑された。その後、曲折を経て大給松平《おぎゅうまつだいら》氏の居城となり、明治維新の後廃城となった。

海抜七〇〇メートルを超す高所に位置し、「日本三大山城」（岩村城、高取城、備中松山城）に数えられる。岐阜県指定史跡。

信濃《しなの》国　高遠《たかとお》城

長野県伊那市高遠にあった輪郭式《りんかくしき》平山城で、別名兜山城。築城年代は不明だが、諏訪地方を支配していた諏方氏の一族高遠氏が居城としていた。高遠は交通の要衝《ようしょう》であり、二つの河川の合流点の河岸段丘上に築かれた堅城だった。

信濃《しなの》国を武田氏が支配して以後、たびたび城主は交代したが、元亀四年（一五七三）時点では、武田信玄の弟逍遙軒《しょうようけん》（信廉《のぶかど》）が城主を務めていた。後、武田勝頼の弟仁《に》科《しな》信盛が城主となり、織田信長の甲斐侵攻に際しては徹底抗戦して討死にしている。

江戸時代には、高遠藩の京極氏、保《ほ》科《しな》氏、鳥居氏、内藤氏の居城となった。日本百名城の一つ（三〇番）で国指定の史跡である。

久遠寺《くおんじ》

山号は身延山《みのぶさん》。山梨県身延町にある日蓮宗の総本山。

弘安四年（一二八一）、南部実長《なんぶさねなが》が、流刑地佐渡から鎌倉へ戻った立正大師《りっしょうたいし》日蓮上人を招いて構えた草庵を起源とする。まもなく伽藍《がらん》が整備され、日蓮上人自身によって寺号が定められた。上人の遺骨も本寺に祀《まつ》られている。

戦国時代には武田氏や穴山氏の庇護《ひご》を受け栄えた。江戸時代には将軍家や諸大名の庇護《ひご》を受け、最盛期を迎える。その後、幾度も火災と再建を繰り返すが、今も日蓮宗の聖地として崇敬《すうけい》を集めている。

遠照寺《おんしょうじ》

山号は妙朝山《みょうちょうざん》。長野県伊那《いな》市高遠にある日蓮宗の寺院。九世紀に伝教大師最澄《でんぎょうたいしさいちょう》が開き天台宗寺院として発展したが、一五世紀に日蓮宗に転じ、久遠寺の末寺《まつじ》として栄えた。

日蓮宗寺院としての開山は久遠寺一一世の日朝《にっちょう》上人。一五世紀の建立《こんりゅう》とされる重要文化財の釈迦《しゃか》堂は、日蓮宗の「宗門最古の法華堂」として認定されている。また、境内に植えられた牡丹《ぼたん》が有名。

京都 妙覚寺

ロケ地解説参照。

春日山城《かすがやま》

新潟県上越《じょうえつ》市にあった連郭式《れんかくしき》の山城。上杉謙信の居城として名高い。国の史跡であり、日本百名城の三二番。「日本五大山城」（小谷城、観音寺城、七尾城、月山富田《がっさんとだ》城、春日山城）に数えられることもある。築城時期ははっきりしないが、越後国守護代《しゅごだい》の長尾家の居城で、為景《ためかげ》、晴景《はるかげ》、上杉謙信、景勝の四代が城主となった。

典型的な中世の山城で天守閣や石垣はなかったが、地形を生かした難攻不落の城として知られる。本城を中心に半径五～六キロメートル内に、数多くの支城や砦《とりで》を設けて通路で結んでおり、それらまでを含めると、極めて広大な城塞《じょうさい》であった。上杉景勝が会津に転封されると、堀氏が入城したが、やがて福島城を築いて移転し、春日山城は廃城になった。

禰津城《ねづ》

長野県東御《とうみ》市にあった山城。上の城と下の城に分かれるが、下の城が本城であったと推定される。築城年代は不明だが、一帯を支配していた禰津氏によって南北朝時代頃に築かれたと思われる。禰津氏は平安時代末期の木曽義仲の挙兵にもその名が見える古い豪族であるが、戦国時代には武田氏に属し、後に真田氏や徳川氏に仕えた。

現在は公園になっており、小規模ながら複雑な縄張りが確認できるが、これは武田氏に従って以降に改修整備されたものと考えられている。市指定史跡。

上田原《うえだばら》

長野県上田市の地名。千曲川南岸の台地で、天文一七年（一五四八）に武田信玄と北信濃を支配していた村上義清との間で合戦が行われた。北信濃《しなの》への侵攻を目論《もくろ》む信玄に対し、村上義清は居城 葛尾《かつらお》城から出撃し、上田原で激突した（「上田原の戦い」）。

村上方の損害も大きかったが、信玄の両腕ともいえる板垣信方《いたがきのぶかた》、甘利虎泰《あまりとらやす》らが討ち死にし、武田方の敗北となった。信玄にとっては初めての敗戦であり、自身も負傷するほどだったが、なにより軍のダメージは深刻で北信濃攻略が頓挫《とんざ》しかねないほどのものだった。

その後の一進一退の攻防の末、同二二年（一五五三）信玄は北信濃を掌握し、村上義清は居城を捨てて越後に亡命するが、このことが上杉謙信の介入を招き、有名な「川中島の戦い」を引き起こすことになる。

沼田城《ぬまた》

群馬県沼田市にあった城。崖の上に築かれた梯郭《ていかく》式の城郭で、別名倉内城。一六世紀に沼田氏によって築かれた。戦略上の要地とされ、上杉氏、後北条氏、武田氏などの争奪戦の的となった。天正二年（一五七四）に、上杉家の支配するところとなり、本《ほん》庄秀綱《じょうひでつな》が城代に任じられた。その後、「御《お》館《たて》の乱」の余波で後北条氏が制圧するが、甲越同盟の成立で上杉景勝が武田氏による攻略を認め、武田勝頼の命で真田昌幸《さなだまさゆき》が奪取した。その後も紆余曲折《うよきょくせつ》があったが、この沼田城の帰属問題が豊臣秀吉の「小田原征伐」の遠因になった。

その後、昌幸の長男信幸《のぶゆき》（後に信之）が入城し、以後真田氏の居城となるが、上田と沼田に分立した真田氏のうち沼田藩真田家が改易《かいえき》され天領になったことで廃城となった。現在は公園として整備されているが、建物は他へ移築された城門がいくつか現存するほか、復元された鐘櫓《かねやぐら》のみが残る。市指定史跡。続日本百名城（一一六番）。

躑躅ケ崎館《つつじがさきやかた》

山梨県甲府市にあった武田氏の居館。

永正一六年（一五一九）、武田信虎が造営し居館とした。前後して信虎は甲斐国の統一を成し遂げており、以後、孫の勝頼に至る六〇年余りにわたって甲斐国の府中となり、家臣を集住させた城下町は現在の甲府市の原型となった。城塞《じょうさい》ではなく、京の将軍館「花の御所」に範をとった方形の居館であるが、堀を巡らし、門には馬出しが設けられるなど、防御施設も充実していた。しかし、高石垣や櫓《やぐら》はないため、いざというときには、北東に設けた山城要害山城《ようがいさん》を詰城《つめじろ》にする予定だった。

「長篠の戦い」で大敗し領国支配に動揺が生じたため、武田勝頼は躑躅ケ崎を捨て新府城に移転するが、そのかいもなく滅亡した。この移転は強引に進められ、館をことごとく取り壊し、泉水の植木の巨大な松まで切り倒したとされる。

武田氏の滅亡後は、織田家家臣河尻《かわじり》秀隆《ひでたか》が入り、「本能寺の変」の後は徳川氏が支配し天守も築かれたが、甲府城が新たに築かれたことによってその使命を終えた。

現在は大正八年（一九一九）に創建された武田神社が鎮座している。国の史跡であり、日本百名城（二四番）に選定されている。

大泉寺《だいせんじ》

万年山大泉寺。山梨県甲府市にある曹洞宗《そうとう》の寺院。本尊は釈迦如来《しゃかにょらい》。永正一六年（一五一九）、本拠を躑躅ケ崎館《つつじがさきやかた》に移し、甲府の町を開いた武田信虎が、大永元年（一五二一）に天桂禅長《てんけいぜんちょう》を開山として創建した寺院。甲斐国内の曹洞宗寺院を統括する僧録所《そうろくしょ》となる。

信虎が死去した際には本寺で葬儀が営まれ、墓も築かれている。葬儀の際、信虎の六男逍遥軒信綱《しょうようけんしんこう》（信廉《のぶかど》）が描いた肖像画が奉納されている。信玄、勝頼の時代にも武田氏の庇護を受けたが、江戸時代には所領を削られた。

甲府藩主であった柳澤氏が大和郡山に転封になった際、柳澤保明《やなぎさわやすあき》（吉保）が建立した永慶寺から移築された総門が残っている。

諏方社《すわ》

諏訪《すわ》大社。全国の諏訪神社の総本社。長野県の諏訪湖周辺の二社四宮、すわなち、上社は本宮と前宮、下社は秋宮と春宮の総称で、上社と下社は、諏訪湖を挟んで対岸に位置するため、実質的には別の神社である。祭神は建御名方神《たけみなかたのかみ》と八坂刀売神《やさかとめのかみ》。創建年代は不明だが日本最古の神社の一つとされる。

社殿の四隅に御柱《おんばしら》と呼ぶ木の柱を立てる独特の形式を持ち、この柱を七年目ごとに山から切り出して運搬し建て替えるという御柱祭《おんばしらさい》は日本三大奇祭（諸説あり）に数えられる。

諏方氏は大祝《おおほうり》（神官）であると同時に、平安時代頃から武士としても活動しており、戦国時代には諏方郡を領して大名化していた。諏方氏は武田氏によって一度は滅ぼされるが、「本能寺の変」の後再興し、江戸時代は大名家と大祝家に分かれて繁栄した。大社自体も徳川家光から所領を安堵《あんど》され、地元高島藩や会津藩保科《ほしな》家から寄進を受けて栄え、現在に至っている。

新府城

ロケ地解説参照。

甲斐国 田野《たの》

山梨県甲州市にある地名。隣の木賊《とくさ》地区との間にある峠および山が天目山。天目山は、元は木賊山といったが、山中に天目山棲雲寺《せいうんじ》が開かれると、その山号から天目山と呼ばれるようになった。

天正一〇年（一五八二）、織田信長・徳川家康の軍が信濃《しなの》・駿河《するが》に侵攻すると、武田氏の家臣が次々に離反、追い詰められた武田勝頼は、新府城を放棄し、小山田信茂を頼って岩殿城（山梨県大月市）への退去を試みた。しかし肝心の信茂が寝返ったため岩殿行きを断念、天目山を目指すが田野の地で織田方の滝川一益の軍に捕捉され、奮戦するが全滅、甲斐武田氏嫡流はここで滅亡した。「天目山の戦い」と呼ぶ。

実はこのあたりは、応永二四年（一四一七）、武田氏一三代当主信満《のぶみつ》が上杉禅秀《ぜんしゅう》の乱に敗れて自害し（場所は木賊村）、武田氏が一時滅亡した因縁《いんねん》の土地であった。

下御霊社《しもごりょう》

下御霊神社。京都市中京区にある神社で、上京区には上御霊神社があり、延暦一三年（七九四）神泉苑で行われた御霊会《ごりょうえ》が両社の創祀《そうし》であるといわれる。祭神は、早良《さわら》親王や伊予親王など政争に敗れて憤死した人々の霊であり、これは亡霊を慰め、神として祀《まつ》れば鎮護の神になるという御霊信仰によるもの。

天正一〇年（一五八二）、「天目山の戦い」で滅亡した武田勝頼とその子信勝、勝頼の従弟で、小室（小諸）城で自害した武田典厩《てんきゅう》信豊の首級が、信州飯田で晒《さら》された後、京に送られ下御霊社の的前、あるいは一条大路の辻の獄門で晒されたとされる。勝頼の弟で、高遠城で戦死した仁科信盛の首級もともにあったといわれる。

『信虎』登場人物解説（登場順）

徳川《とくがわ》 綱吉《つなよし》
正保三年（一六四六）〜宝永六年（一七〇九）

江戸幕府の第五代征夷大将軍。三代将軍家光の四男。兄である四代将軍家綱が嗣子《しし》のないまま死去し、次兄である綱重《つなしげ》も既に亡くなっていたので将軍に就任する。文治政治を推し進め「天和《てんな》の治《ち》」と呼ばれる善政を敷いたが、「生類憐《しょうるいあわれ》みの令」など悪政とされる施策も行った。

武田信冬（信興）を旗本に召し抱え表高家《おもてこうけ》衆に任じて甲斐武田氏を復興させている。

柳澤《やなぎさわ》 保明《やすあき》
万治元年（一六五九）〜正徳四年（一七一四）

柳澤吉保《やなぎさわよしやす》の名で知られる。横手源七郎の曾孫にあたる。五代将軍徳川綱吉に側用人《そばようにん》として仕え権勢を振るい、甲府一五万石の大名になり、幕閣では大老格まで上り詰めた。

館林《たてばやし》藩士時代には父とともに武田信玄一〇〇回忌法要の奉加帳に名を連ね、甲府藩主就任以降の宝永二年には甲斐恵林《えりん》寺《じ》で信玄の一三三回忌法要を営んでいる。

また、元禄一三年（一七〇〇）から一四年（一七〇一）にかけて武田信冬を綱吉に推挙して甲斐武田氏を復興させた。本作における物語の語り手である。

阿部《あべ》 正喬《まさたか》
寛文一二年（一六七二）〜寛延三年（一七五〇）

江戸幕府五代将軍徳川綱吉から七代家継までに仕えての奏者番《そうじゃばん》兼寺社奉行《じしゃぶぎょう》、のちに老中。武蔵国忍藩《おしはん》藩主。本作では江戸城本丸において、武田信冬に辞令を交付している。

武田《たけだ》 信冬《のぶふゆ》
寛文一二年（一六七二）〜元文三年（一七三八）

後に信興《のぶおき》と名乗った。信玄の二男・海野《うんの》信親《のぶちか》の曾孫にあたる。

海野信親は、二男ではあったが失明していたため、信玄の嫡男《ちゃくなん》義信が廃嫡《はいちゃく》されその後自害しても武田家の後嗣とはされなかった。信親の子 信道は織田軍による残党狩りを生き延び、元武田家家臣だった大久保長安に庇護されたが、「大久保長安事件」に連座したとされ伊豆大島に配流《はいる》された。信道の子信正は父とともに伊豆大島に流されていたが、許されて磐城平《いわきたいら》藩内藤氏に迎えられた。そこで生まれたのが信冬である。
　信正の死後、五代将軍綱吉の側用人《そばようにん》柳澤保明《やなぎさわやすあき》（吉保）のもとに身を寄せ、その推挙で元禄一三年（一七〇〇）、五〇〇石の旗本として召し出され、元禄一四年（一七〇一）、綱吉に御目見えし、次いで表高家衆《おもてこうけ》に列せられた。これをもって甲斐武田氏の再興とし、今に至るまで高家武田氏の系統を甲斐武田氏の嫡流《ちゃくりゅう》とする。
　本作では江戸城本丸白書院で辞令を拝受している。

横手《よこて》 伊織《いおり》
元禄七年（一六九五）～享保一〇年（一七二五）
　柳澤保明《やなぎさわやすあき》（吉保）の四男、幼名は安通《やすみち》。誕生の翌年、将軍綱吉の命で横手姓に改姓、後に松平姓を許される。宝永六年（一七〇九）父より一万石を分知され甲府新田《しんでん》藩藩主となり、翌年元服して経隆《つねたか》を名乗った。本作における物語の聞き手である。

武田《たけだ》 信虎《のぶとら》
明応三年（一四九四）～天正二年（一五七四）
　本作の主人公。甲斐武田氏一六（初代より一八）代当主。一五（一七）代当主信縄《のぶつな》の嫡男《ちゃくなん》として生まれる。ただし、生年は明応七年（一五〇三）という説がある。初名は信直。剃髪して無人斎道有。
　武田氏は甲斐国守護の家であったが、当時の甲斐は統一されておらず、隣国からの介入などもあった。信虎は武力と調略で永正一六年（一五一九）ごろには甲斐を統一した。前後して躑躅ケ崎館《つつじがさきやかた》を造営して本拠を移している。その後も反乱や国外からの侵攻に悩まされるが、次第に国外への勢力伸展を目論《もくろ》み、外交にも積極的に取り組んだ。しかし、娘婿である今川義元を駿府に訪ねた際に、嫡男《ちゃくなん》信玄（晴信）によって国境封鎖という手段で追放された。
　追放の理由はまだよくわかっていない。暴君であり、横暴で残酷な性格であったとする逸話が数多く残るが、信玄による家督《かとく》奪取を正当化するための後世の誇張または捏造《ねつぞう》とする説もある。信玄の時代に甲斐武田氏は最盛期を迎えるが、そのお膳立てをしたのは信虎であったことは間違いない。少なくとも、現在の山梨県の県庁所在地甲府市の礎は信虎によって置かれたものである。
　追放後は、しばらくは今川氏に身を寄せていたが、やがて上洛し将軍足利義輝《あしかがよしてる》に仕え、その命によってであろう、志摩《しま》国の武田（甲賀）氏に一時身を寄せ九鬼《くき》氏と戦ったとされる。義輝が「永禄の変」で暗殺された後は、織田信長の擁立《ようりつ》した義昭に仕えたが、信長と義昭の仲が険悪になると、義昭の命を受け、近江国甲賀に潜伏していた六角承禎《じょうてい》との連携を図った。
　その活動のさなか、信玄危篤の報が届く。信虎が下した決断とは……。

足利《あしかが》 義昭《よしあき》
天文六年（一五三七）～慶長二年（一五九七）
　室町幕府第一五代将軍。一二代将軍義晴《よしはる》の子で一三代将軍義輝《よしてる》の弟。幼くして出家し、奈良の興福寺一乗院《いちじょういん》の門跡《もんぜき》として生涯を送るはずだったが、兄義輝が「永禄の変」で暗殺されると奈良を脱出、還俗《げんぞく》して将軍家再興を図り、紆余曲折《うよきょくせつ》はあったが織田信長に擁立《ようりつ》されて将軍に就任、室町幕府を再興した。

しかし、次第に信長と対立するようになり、反織田勢力を糾合《きゅうごう》して二度に渡って信長包囲網を構築するが、最終的に武田信玄が死去したことをきっかけに包囲網は瓦解《がかい》し、挙兵した義昭も敗北し京を追放された。これをもって室町幕府の実質的な滅亡とする。

しかし将軍職を解かれることはなく、その後も復権を目指して毛利領の備後《びんご》国の鞆《とも》などで活動するが、信長の死後天下を掌握した豊臣秀吉と和解、京に帰還し将軍職を返上した。秀吉の御伽衆《おとぎしゅう》に加えられたが、元将軍としての特別待遇を受けて余生を過ごした。慶長二年（一五九七）、大坂で死去。享年六一歳。本作では名前だけ登場する。

朝倉《あさくら》 義景《よしかげ》

天文二年（一五三三）〜天正元年（一五七三）

越前の戦国大名 朝倉氏の一一代目。後に一五代将軍になる足利義昭を、一時は本拠である一乗谷《いちじょうだに》に迎えて保護したが、催促されても上洛しようとせず、義昭は織田信長を頼って去ってしまった。義昭を擁立《ようりつ》した信長から上洛を命じられるがこれを拒否して対立する。

侵攻してきた信長を、浅井長政の寝返りもあって一度は撃退するが、浅井・朝倉連合軍は「姉川の戦い」で織田・徳川連合軍に大敗。その後も攻防を繰り返すが、武田信玄の死去によって信長包囲網が瓦解《がかい》し、ついには信長に一乗谷まで攻め込まれ、親族まで離反する中で自刃した。享年四一歳。本作では名前だけ登場する。

土屋《つちや》 伝助《でんすけ》

永正一五年（一五一八）？〜天正三年（一五七五）

諱は昌遠《まさとお》。武田二十四将の一人である土屋昌続《まさつぐ》やその弟の土屋昌恒《まさつね》らとは同族になる。

信虎の家臣で、信虎が駿河に追放された際もそのまま信虎に従った。京にいた時、将軍屋敷に侵入した賊に将軍 足利義輝の近《きん》習《じゅう》が殺害された際、たちまちにその賊を討ち取り、褒賞《ほうしょう》として義輝から直々に井の字紋の家紋を拝領した。信虎の死後、高野山へ上り、また、伊豆国の真光院に入り同地で没した。法名は賀則。本作では、信虎一行が甲斐へ向かう途中、織田軍に追われた際に殿《しんがり》を務め討ち死にしている。

なお、視覚障がい者の自治的互助組織であった当道座《とうどうざ》の最高位の惣検校《そうけんぎょう》を務め、徳川家康、秀忠父子から厚遇を受けた伊豆《いず》円一《えんいち》（円都）は伝助の子である。円一の子土屋知貞《ともさだ》は秀忠に仕え、以後この家系は旗本として存続した。

日向《ひなた》 玄東斎《げんとうさい》

大永二年（一五二二）？〜慶長一三年（一六〇八）

諱《いみな》、または法名《ほうみょう》が宗立。甲斐の有力国人衆であった日向氏の一族と考えられ、武田信玄の近習で諸国御使者衆のいわば外交官であった。安房《あわ》国の里見氏、越前国の朝倉氏や比叡山延暦寺《ひえいざんえんりゃくじ》などに遣わされた。また後に徳川氏に仕え、その家は旗本として存続した。本作では、甲賀にいた信虎のもとに信玄危篤の報をもたらした。

武田《たけだ》 信玄《しんげん》

大永元年（一五二一）〜元亀四年（一五七三）

信玄は法名で諱《いみな》は晴信《はるのぶ》。信虎の嫡男《ちゃくなん》で甲斐武田氏一七（一九）代当主。信虎が娘婿にあたる今川義元を駿府に訪問した際、国境を封鎖する形で追放して家督《かとく》を継いだ。

父を追放はしたが、その方針は受け継ぎ信濃《しなの》を平定する。この過程で越後の上杉謙信の介入を招き「川中島の戦い」が起こる。その他西上野《こうずけ》や駿河《するが》にも侵攻し、一二〇万石にもおよぶ武田氏の最大版図《はんと》を実現した。晩年はそれまで結んでいた同盟を破棄して織田信長・徳川家康と敵対し、遠江《とおとうみ》と三河・美濃《みの》へ侵攻する。元亀三年（一五七二）の出兵は織田・徳川連合軍を打ち破って上洛することを意図したとされ「西上《せいじょう》作戦」と呼ばれる。遠江浜松の近郊三方ヶ原で徳川家康に勝利した（「三方ヶ原の戦い」）が発病し、信濃《しなの》へ帰還する途中、駒場《こまんば》で陣没《じんぼつ》した。

この死によって第二次信長包囲網は瓦解《がかい》し、信長と家康は窮地《きゅうち》を脱した。

六角《ろっかく》 承禎《じょうてい》

大永元年（一五二一）〜慶長三年（一五九八）

近江国守護 六角氏の一五代目当主。諱《いみな》は義賢《よしかた》、剃髪《ていはつ》して承禎と名乗った。

承禎の頃は、六角氏は近江の南半を支配し、京に近いこともあり、三好氏と戦って、一時は都を掌握することもあったが、肝心の近江では北近江に勃興《ぼっこう》した浅井氏と激しく戦うなど、安定した統治が出来なかった。足利義昭が奈良を脱出すると当初は協力したが、この時は三好氏と通じて方針を転換、義昭を擁立《ようりつ》した織田信長に対した。

しかし、上洛を目指した信長に居城観音寺城《かんのんじ》を攻撃され大敗。城を捨て甲賀地方に潜伏し、ゲリラ戦術で信長と戦った。足利義昭が信長と対立し、包囲網を構築するとこれに与《くみ》した。この頃、信虎は義昭に命じられて承禎との連携を図っていたといわれる。しかし、その後は次第に記録に名前が見えなくなる。信長の死後、豊臣秀吉が覇権を握ると御伽衆《おとぎしゅう》として召し出され余生を過ごした。

ちなみに承禎の居城であった観音寺城は、信長が築いた安土城のすぐ正面に位置する山城だが、「日本五大山城」（小谷城、七尾城、月山《がっさん》富田《とだ》城、春日山城、観音寺城）にも数えられているように、その規模は安土城をはるかに凌ぎ、安土城よりも早く石垣を多用した城であったことは、あまり知られていない。本作では名前だけ登場する。

黒川《くろかわ》 新助《しんすけ》

生没年未詳

信虎の家臣。諱は詮成《のりしげ》。元は公家に仕えた武士。信虎死後は京に戻り、武士を捨てて菓子商になった。

記録に残る黒川新介は、後に円允《えんいん》と号し、少なくとも二子を儲けた。娘は桜井家の養女として塙直之《ばんなおゆき》に嫁したとされる。塙直之は、大坂の陣で豊臣方の武将として奮戦し討ち死にした、講談などで塙団右衛門として知られる豪傑である。嫡男は、円仲《えんちゅう》と号し、京の老舗《しにせ》菓子商虎屋の中興初代として知られる。ただし、虎屋は奈良時代に創業したという説もあり、少なくとも天正年間（一五八九〜九二）には禁裏の御用を務めていた。また、慶長五年（一六〇〇）には、虎屋は「市豪（大商人の意味か）」と呼ばれていたことがわかっている。

本作の新助は、文禄五年（一五九六）、甲斐国の大泉寺で信虎の二三回忌法要を執り行い、ある人物と再会する。

お直《なお》

永禄元年（一五五八）ごろ〜没年不明

実名未詳。武田信虎の末子と思われる。母は宮中で奉仕していた女官《にょかん》としているので、信虎の京における側室の子であろう。京で生まれたのであるなら、生年は弘治三年（一五五七）ごろ以降となり、本作の元亀四年（一五七三）時点では一六歳未満ということになる。

信虎が甲斐を追放された時、正室の大《おお》井殿《いどの》は甲斐に残ったが、側室は駿府に伴っていたと思われ、同地で武田信友、お菊御寮人《きくごりょうにん》という子を儲《もう》けている。お直はこの二人の妹という事になるが、信虎は京に本拠を移す前に、駿府における家督《かとく》を信友に譲ったとされており、またお菊御寮人は永禄三年（一五六〇）に公家である菊亭《きくてい》晴季《はるすえ》に嫁《とつ》いでいるので、相当に年齢の離れた兄弟ということになる。

また、『信長公記』によれば、武田氏が天正一〇年（一五八二）に田野で滅びたとき、一行の中に「信虎 京上臈《じょうろう》の娘」がいたとあるので、これがお直のことであろうと思われる。ただし、その後については史料がない。

本作では、父信虎に振り回されながらもその運命を見守っている。

清水《しみず》 式部丞《しきぶのじょう》

生年未詳〜天正二年（一五七四）

信虎の家臣。『言継《ときつぐ》卿記』によれば、永禄元年（一五五八）三月二二日の飛鳥井雅教《あすかいまさのり》邸で開かれた蹴鞠《けまり》の会に、信虎が近臣の清水式部丞を出場させたという記録があり、蹴鞠の名手であったと思われる。

なお、同書によれば元亀元年（一五七〇）九月に、若狭武田氏の家臣で「清水式部丞」という者が、比叡山に登る途中、何者かに殺害されたという記事があるが、本作の式部丞との関係は不明である。この年の七月には、織田・徳川連合軍が姉川で浅井・朝倉軍を破っており（「姉川の戦い」）、翌年には織田信長によって有名な「比叡山焼き討ち」が行われるので、比叡山周辺は相当に緊迫した状況であったはずであり、そのような中で起こった事件だったと考えられる。

本作における式部丞は信虎の後を追って殉死《じゅんし》している。

武田《たけだ》 雅楽助《うたのすけ》

生没年未詳

志摩国に割拠した志摩十三地頭あるいは志摩七党と呼ばれた有力地頭の一人。甲賀雅楽助とも、また左馬助《さまのすけ》とも称した。英虞《あご》郡甲賀の水城甲賀城に本拠を置いた水軍の将で、伊勢国の北畠氏の傘下に入った。甲賀は古い地名だが、近江の甲賀との関連は未解明である。同じ十三地頭である波切城の九鬼《くき》氏と争い、一時は九鬼氏を志摩から追放するが、やがて織田信長の傘下に入った九鬼氏の巻き返しに敗れて臣従し、文禄の役には九鬼水軍の将として参加した。一説には、九鬼氏傘下に降ることを拒否し出家して寺院を建立したとも、あるいは三河国に逃れて尾張徳川家に仕えたともいう。

　九鬼氏の居城田城《たしろ》城を包囲した際には信虎も軍師として参加していたといい、武田の姓は信虎から頂戴したともいわれる（甲賀氏自体が甲斐武田氏の同族である若狭武田氏の末流ともいう）。本作では、信虎を守って討ち死にする。

望月《もちずき》 六郎《ろくろう》
生年未詳～慶長二〇年（一六一五）

　本作では近江国甲賀の透破《すっぱ》（忍者）の頭。望月氏は甲賀を合議制で統治する地侍五三家の筆頭とされるので、六郎はその一族であろう。ただし、信濃の諏訪地方にも甲賀三郎を祖先とする望月氏があり、架空の人物である「真田十勇士」の望月六郎は、伝承や講談によれば、こちらの出身とされる。

　本作では信虎の生前に真田氏に派遣されており、やがて信繁（幸村）に従って大坂城に入城し、徳川家康を相手に、信繁（幸村）とともに壮絶な最期を遂《と》げると思われる。火薬の扱いに長け、炸裂《さくれつ》弾（焙烙《ほうろく》火矢）の製造を得意とする。

矢作《やはぎ》 勘太夫《かんだゆう》
生年未詳～天正二年（一五七四）

　信虎の家臣。かつて信虎に仕えていた矢作某の息子か。矢作某はいざという時必ず腹痛を起こし、臆病者と見られていた。ある時、敵の後方攪乱《かくらん》を信虎から命じられ、首尾よく任務を果たしたが、腹痛を起こしたのを恥じたのか自害してしまった。信虎は、矢作は臆病ではなく、状況判断に優れ慎重に行動していたのだと、その死を惜しんだという。

　本作の勘太夫もいざという時に厠《かわや》（トイレ）に入っていて遅れをとる場面がある。その後、信虎一行が禰津城へ移動する際、遭遇した熊に立ち向かうが相打ちとなって落命する。

郡内の玉鬼《たまおに》
生年不詳～元亀四年（一五七三）

　甲斐国東部の郡内地方出身の投擲《とうてき》兵。当時の戦場では、「礫《つぶて》打ち」「印地《いんじ》打ち」と呼ばれる投石が鉄砲・弓と同等あるいはそれ以上の威力と射程を持つ兵器として用いられた。特に「三方ヶ原の戦い」では、武田軍が「水役之者」と呼ぶ投石隊を運用したことが知られる。戦国時代の中ごろから、下級武士である足軽は兵科の分離が進み、弓・鉄砲・槍など専門の部隊が編成され、それぞれの技を磨くようになったと考えられる。

　玉鬼はそのような投擲専門の部隊にいた兵だったと思われる。本作では信虎を守って討ち死にしている。

太吉《たきち》
生年不詳～元亀四年（一五七三）

　信虎の家臣で透破《すっぱ》（忍者）。望月六郎の

配下とすれば、甲賀の忍であろう。信虎一行が甲斐へ向かう途中、土屋伝助とともに信虎を守って討ち死にした。

忍者というと、独特の装束《しょうぞく》に身を包んで超人的な技と特殊な武器で戦うというイメージがあるが、それらは概ね近代に入ってから広まったものである。特殊な衣装や忍び道具は実在するが、めったなことでは使わず、実際には目立たない姿で諜報《ちょうほう》活動などをしていたと考えられる。

甲賀流忍術は、小豪族が大軍と戦うために駆使した攪乱《かくらん》戦法やゲリラ戦術、破壊工作などを遂行するために発達したものと考えられる。また、薬品の扱いも得意だったとされ、現在の滋賀県甲賀市近辺で製薬業が盛んなのはその名残だと考えられている。

本作では、太吉の他に信虎配下として四郎八、万吉、三平、六角承禎配下として鵜飼源八郎、内貴伊賀守という甲賀の透破が登場する。鵜飼源八郎、内貴伊賀守の両名については、甲賀五十三家の内にその名が見えるので、透破とはいえ、それなりの身分や領土を持った、いわゆる上忍《じょうにん》といわれる上級忍者という設定である。

立神《たてがみ》 藻右衛門《もえもん》・磯丸《いそまる》・鮫次郎《さめじろう》・蟹蔵《かにぞう》

武田雅楽助《うたのすけ》配下の海賊衆。海賊とはいうものの、商船を襲撃して積み荷などを強奪する無法者ということではなく、船を用いた戦闘を得意とする水軍の将兵を海賊衆と呼んだ。制海権を握り、領海を航行する船から通行税を徴収するなどの活動を行っていた。

四人の中では立神藻右衛門だけが武士身分で、磯丸と鮫次郎および蟹蔵は、元は漁民だったと思われる。立神という姓は志摩国甲賀の近くにある地名で、藻右衛門はその村の地侍だったと思われる。

また、天文一二年（一五四三）、本願寺証如への使者に立神という信虎家臣が史料に現れている。

本作で、藻右衛門は信虎に秘術を掛けられ密命を受ける。

古田《ふるた》 左介《さすけ》

天文一二年（一五四三）～慶長二〇年（一六一五）

古田織部の名で知られる。織田信長、豊臣秀吉、徳川家康に仕えた武将。茶の湯を利休に学んで頭角を現し、利休の没後は「天下一の宗匠」と呼ばれた。近年、織部を主人公にした漫画『へうげもの』が話題になったが、後世に与えた文化的影響は絶大なものがある。「大坂夏の陣」の時、豊臣方への内通を疑われて幽閉され、自害させられた。

本作の元亀四年（一五七三）ごろは織田氏から当時幕臣であった長岡（細川）藤孝《ふじたか》（幽斎）に遣わされ使番《つかいばん》を務めており、京在住だったと思われる。本作では甲斐へ向かう信虎一行を路上で揶揄《やゆ》している。

遠山 友忠《ともただ》

生没年不明

飯羽間《いいはざま》友忠ともいわれる。美濃《みの》の国衆で飯羽間城および苗木城の城主だが、織田信長に属し、武田勝頼と戦った。「本能寺の変」後、羽柴秀吉の軍門に降《くだ》るをよしとせず、森武蔵守長可《ながよし》と東美濃を巡って争うが、敗れて徳川家康の浜松へ亡命、同地で死去した。
　本作では、甲斐へ戻ろうとした信虎一行の進路を阻《はば》もうとした。

片切《かたぎり》 昌為《まさため》
生没年未詳
　信濃《しなの》国伊奈《いな》の国衆で、片切（船山）城主。武田信玄の信濃侵攻によってその軍門に降《くだ》り、以後は五人からなる「春近《はるちか》五人衆」の一人として秋山虎繁の同心に任じられ岩村城等を守備した。
　天正三年（一五七五）、織田信忠によって岩村城が包囲されて全滅させられた際には、その直前の軍令で高遠城に異動していたものと思われる。天正一〇年（一五八二）の織田信長の甲斐侵攻に際しては、下伊奈を守備していたと考えられるが、小笠原信嶺の離反に伴い逃亡した。
　その後、片切氏は徳川家康に属した。また、織田氏の甲斐侵攻に際して、大嶋城で討ち死にしたという伝承があるが、同城を守備していた武田逍遥軒はその際には抗戦していないので疑わしい。
　本作では岩村城下の砦を守備しており、信虎が追放された人物であることを知りながら通行を許している。

武田《たけだ》 逍遥軒《しょうようけん》
天文元年（一五三二）または享禄元年（一五二八）～天正一〇年（一五八二）
　諱《いみな》は信廉《のぶかど》、後に出家して逍遥軒信綱《しんこう》と号した。信虎の子、信玄の弟。武田二十四将の一人に数えられる。「第四次川中島の戦い」で次兄典厩《てんきゅう》信繁が戦死したため御一門衆の筆頭となった。
　信州の高遠城の城主となり、その他にも飯田城や大嶋城など要地の城代も務めた。信玄に容貌が酷似しており影武者を務めたといわれ、特に信玄が没した直後、その死を確認に来た後北条氏の使者を欺《あざむ》いたといわれる。画才があり、父信虎やその正室で母である大井殿《おおいどの》の肖像（いずれも重文）を残している。信長の甲斐侵攻に際しては大嶋城を放棄して甲斐へ帰国、戦後残党狩りによって捕縛され処刑された。
　本作では高遠まで帰還した信虎の世話をし、その肖像画を描くことを約束している。

武田《たけだ》 平太郎《へいたろう》
永禄三年（一五六〇）～天正四年（一五七六）
　諱は信澄。武田信玄の弟・逍遥軒《しょうようけん》（信廉《のぶかど》）の嫡男《ちゃくなん》、信虎の孫にあたる。夭逝《ようせい》したため詳しい事績はわかっていない。享年一七歳。異説では、諱は信隆、享年は一六歳とする。
　本作では、信玄が死去した事実と遺言を信虎に告げている。

上杉《うえすぎ》 謙信《けんしん》
享禄三年（一五三〇）～天正六年（一五七八）
　謙信は法号。初名は長尾景虎、山内上杉家氏の家督《かとく》を継いで上杉政虎、ついで室町将軍義輝より「輝」の字を賜って輝虎と名乗った。越後国守護代《しゅごだい》長尾為景《ながおためかげ》の四男として生まれる。一五歳での初陣《ういじん》以降、天才的な軍才を発揮し、二二歳で越後国の統一を成し遂げる。

北信濃の村上義清が武田信玄に敗北して越後に亡命してきたのをきっかけに、信玄と川中島で五度に渡って戦っている。たびたび関東にも出兵したが、この間、永禄四年（一五六一）は山内上杉氏の家督《かとく》を継ぎ、足利将軍の許可を得て関東管領《かんれい》に就任している。

本作の天正二年（一五七四）の時点でも、関東に出兵、後北条氏側の諸城を立て続けに落城させていた。私利私欲のない義将とされ、その比類のない戦績から「軍神」「越後の虎」などと畏怖《いふ》を込めて呼ばれた。

武田《たけだ》 勝頼《かつより》
天文一五年（一五四六）～天正一〇年（一五八二）

武田信玄の四男、通称は四郎。母は信玄に滅ぼされた諏方頼重《すわよりしげ》の娘 諏方御寮人《すわごりょうにん》。当初は諏方氏の名跡《みょうせき》を継いでいたので諏方勝頼と名乗り、信濃国高遠城の城主となった。

兄である義信《よしのぶ》が廃嫡《はいちゃく》（相続権の剥奪）されたため武田氏の世子《せいし》となった。信玄没後に家督《かとく》を継ぎ、領国拡大を継続するが、「長篠の戦い」で大敗し、家中の動揺を招いた。本拠の躑躅ケ崎《つつじがさき》館を破壊し、新府城へ移転して巻き返しを図るが、信長の甲斐侵攻を受け、多くの家臣、一族までが離反するなか「天目山の戦い」により田野で滅びた。

失政を繰り返し、家を潰《つぶ》した不肖《ふしょう》の息子というイメージで語られるが、近年では軍事、外交、内政など様々な面での再評価がされている。

武田《たけだ》 信勝《のぶかつ》
永禄一〇年（一五六七）～天正一〇年（一五八二）

武田勝頼の嫡男《ちゃくなん》、幼名は武王《たけおう》。母は織田信長の養女龍勝院。

『甲陽軍鑑』には、死に際して武田信玄が、三年間自分の死を秘匿《ひとく》することと、信勝が成人するまで勝頼が後見すること（陣代）を命じたとある。これが正しければ、武田氏の家督《かとく》は勝頼ではなく信勝が継ぐはずだったことになる。

天正一〇年（一五八二）の甲斐侵攻で、父勝頼とともに「天目山の戦い」で織田軍に捕捉されて自害、甲斐武田氏は滅亡した。享年一六歳。天正七年（一五七九）に元服し、勝頼が名目的に当主の座を降りて後見に回ったともみられ、戦国大名としての甲斐武田氏の最後の当主とされる。

武田《たけだ》 典厩《てんきゅう》 信繁《のぶしげ》
大永五年（一五二五）～永禄四年（一五六一）

信虎の子で、信玄の弟。嫡子《ちゃくし》信豊も典厩と呼ばれたため、区別するために古典厩と呼ぶこともある。

信虎に愛され、信虎は信玄を廃嫡《はいちゃく》して信繁に家督《かとく》を譲ろうとしたという逸話が残る。しかし、信虎追放後は、信玄に忠実に仕え、武田二十四将の一人というよりは、名代《みょうだい》として信玄を支えたと考えられる。

各地を転戦し軍功を挙げたほか、外交にも参与し活躍したが、「第四次川中島の戦い」で討ち死にした。享年三七歳。信玄はその遺骸を抱いて号泣したと伝えられる。

文化人でもあり、嫡子信豊に遺した『武

田信繁家訓』は、信玄の定めた分国法『甲州法度次第』の原形となったともいわれ、江戸時代には、武士の心得を端的に記したものとして広く読まれた。本作では、信虎の述懐に名前だけ登場する。

武田《たけだ》 義信《よしのぶ》

天文七年（一五三八）〜永禄一〇年（一五六七）

幼名は太郎。武田信玄の嫡男《ちゃくなん》として生まれた。天文一九年（一五五〇）に元服し、今川義元の娘を正室に迎えた。天文二三年（一五五四）に初陣《ういじん》し目覚ましい功を立て、以後は武田家中の有力武将として活動した。激闘で知られる永禄四年（一五六一）の「第四次川中島の戦い」においても、味方が撤退する中、敵将上杉謙信の本陣に不意を衝いて逆襲し、旗本の大半を敗走させたという。

しかし、永禄八年（一五六五）、義信の傅《ふ》役《やく》（教育係）で重臣の飯富《おお》虎昌らが謀反《むほん》を企んだという嫌疑で処刑あるいは追放に処せられた。次いで義信自身も甲府の東光寺に幽閉のうえ廃嫡《はいちゃく》され、永禄一〇年（一五六五）同寺で死去した。自刃させられたともいう。享年三〇歳。

事件の真相はまだわかっていないが、背景には信玄の外交方針の転換を巡る派閥抗争があったとみられている。幽閉中に、武田家では織田信長の養女を異母弟 勝頼の正室として迎えており、義信没後の永禄一一年（一五六六）には今川領への侵攻を開始していることからも伺える。この時期、信玄は家臣に忠誠を誓う起請文《きしょうもん》を神社に奉納させるなどしており、家中の動揺は相当に大きかったと考えられる。

希菴《きあん》 玄密《げんみつ》

生年未詳〜元亀三年（一五七二）

臨済宗妙心寺派の僧。本作では信虎と武田平太郎との会話で名前だけ登場する。京出身で、各地の寺院で修業し、天文《てんぶん》年間（一五三二〜一五五五）には美濃の遠山氏の菩提寺である大円寺《だいえんじ》の住持を務めた。武田信玄とも親しく交流し、遠山氏と武田氏の間を仲介した。その後、京に戻り本山妙心寺の住持を五度に渡って務め、名声は鳴り響いた。永禄七年（一五六四）、信玄は希菴を恵林寺《えりんじ》に迎え、生母の一三回忌法要を営んでいる。希菴は再び妙心寺に戻り、また大円寺に迎えられた。

遠山氏の当主景任《かげとお》が子のないまま死去し、織田氏から正室に入っていたおつやの方が岩村城主になったため、信玄は秋山虎繁を派遣し岩村城を傘下に収めた。この時、信玄は希菴に恵林寺に戻るよう何度も要請したが、謝絶され激怒、秋山に大円寺の焼き討ちと希菴の殺害を命じている。希菴は脱出したが、秋山は三人の刺客を放ち、飯羽間川の橋の上で殺害した。『甲陽軍鑑』によれば、この時の刺客は全員が半月以内に発狂したり落馬したりして死亡し、あまつさえ、信玄自身も五カ月後に死去している。

同書では、「禅宗の名知識などに悪しく御あたり有るべからず候」と、信玄の死は、高僧へ対する悪行の報いだととれる書き方をしている。一説には、信玄の重病の事実が他国へ漏れることを恐れ、事実を知っていた希菴を口封じのために暗殺したともいう。

跡部《あとべ》 勝資《かつすけ》
生年未詳～天正一〇年（一五八二）

武田信玄・勝頼に仕えた武将。三〇〇騎という武田家中では最大級の動員能力を持つ侍大将だった。『甲陽軍鑑』などでは、「長篠の戦い」に際して主戦論を主張するなど、武田氏滅亡を招いた奸臣《かんしん》として描かれるが、側近として外交や領国支配の取次の実務を担《にな》っていたと考えられる。

勝頼が越後の家督争いである「御館の乱」に介入したとき、上杉景勝から多額の賄賂《わいろ》を受け取ったという噂が立ち、佞臣《ねいしん》という後世の評価の元になっている。『甲陽軍鑑』では逃亡したとされるが、実際には「天目山の戦い」で勝頼に殉《じゅん》じた。本作でも、最後まで勝頼につき従っている。

長坂《ながさか》 釣閑斎《ちょうかんさい》
永正一〇年（一五一三）～天正一〇年（一五八二）

諱《いみな》は虎房《とらふさ》。剃髪して釣閑斎光堅《こうけん》。信玄に主に奉行や使節として用いられ、勝頼にも引き続き重用された。「長篠の戦い」では主戦論を主張し大敗を招いたとされ、跡部勝資とともに奸臣《かんしん》とされることが多い。織田信長の甲斐侵攻に際しては、勝頼と別れて甲府に残り、織田軍に捕らえられて処刑されたという。享年七〇歳。

本作でも、勝頼の意を汲んで、信虎や信玄以来の重臣たちと対立する。

徳川《とくがわ》 家康《いえやす》
天文一一年（一五四三）～元和二年（一六一六）

三河国の小大名 松平広忠の嫡男《ちゃくなん》として生まれる。初名元康。幼少時を織田氏、次いで今川氏の人質として過ごす。「桶狭間の戦い」で今川義元が討ち死にすると独立して織田信長と同盟を結んだ。

当初は武田氏とも協定を結んで旧今川領を分け取りにすることを約していたが、遠江国の領有を巡って対立、以後武田氏とは敵対関係になった。本拠を岡崎から浜松に移し武田氏の侵攻に備える。その間も、信長に協力して、「金ヶ崎の戦い」や「姉川の戦い」に参加して活躍した。

武田信玄が織田氏との同盟を破棄していわゆる信長包囲網に加わり「西上作戦」を開始すると、浜松郊外の三方ヶ原で迎え撃ったが大敗した。しかし、その直後に信玄の陣没したことによって窮地を脱した。その後の「長篠の戦い」では、信長とともに武田勝頼に大勝した。

以後についてはここでは触れないが、江戸時代という二六〇年の長きにわたる泰平の世を現出させた英傑としてあまりにも有名である。本作では、信虎が、自ら指揮する戦いで孫の勝頼が家康を討ち取るという夢を見ている。

小笠原《おがさわら》 憩庵《けいあん》
生没年不明。

慶安斎とも書かれる（後世の誤読）。武田信玄の御伽衆《おとぎしゅう》の一人。御伽衆とは主君に近侍《きんじ》して話し相手を務める役であるが、巧みな話術と広範な知識、経験の豊かさが求められた。憩慶庵は剛毅《ごうき》な性格だったらしく武田氏の陣立図にも信玄の側近くに医師とともに名前が書きこまれている。

本作でも、信虎と勝頼の対面の場面で、殺伐《さつばつ》とした空気になることを、弁舌と肝の太さで防いでいるが、この場面は『甲陽軍鑑』に記載のある通りである。

一条《いちじょう》 信龍《のぶたつ》

天文八年（一五三九）？〜天正一〇年（一五八二）

信虎の九男あるいは八男。兄・信玄に仕えて二十四将に数えられる。信玄の遺言により、勝頼を後見したとされる。駿河国の田中城、駿府城の城代を歴任し、「長篠の戦い」でも、味方が大敗する中で、馬場信春とともに最後まで戦場に留まったとされる。信長の甲斐侵攻に際しては、甲斐市川郷の居城 上野城で徳川家康と戦い、捨て身の突撃を行い討ち死にした、あるいは開城降伏して処刑されたともいう。

本作では、高遠城において信虎に武田家の重臣を紹介したほか、後日には歓談している。信虎が国外追放になったときはまだ幼かったからか、父に対して否定的な感情はなさそうである。

春日 弾正忠《だんじょうのじょう》

大永七年（一五二七）〜天正六年（一五七八）

諱《いみな》は虎綱《とらつな》。高坂《こうさか》（香坂）昌信《まさのぶ》、高坂（香坂）弾正の名で知られる。ただし、昌信の名は誤りで、名乗った事実はないとされる。

甲斐国八代郡の豪農の子として生まれたが武田信玄に仕えて頭角を現し、武田二十四将、武田四天王に数えられるまでに昇進し、海津城の城代となった。最大の激戦となった「第四次川中島の戦い」でも、別動隊を率いて上杉軍を挟撃《きょうげき》して功を挙げた。信玄の死後、引き続き勝頼に仕え、軍事・外交に従事したが、勝頼からは次第に疎《うと》まれるようになったとされる。天正六年（一五七八）に死去。

本作の原典の一つであり、甲州流軍学の聖典とされる『甲陽軍鑑』は、虎綱が勝頼に対する諫言《かんげん》の書として口述したものを原本に書き継がれ、江戸時代初期に小幡《おばた》景憲《かげのり》が完成させたものである。

その中で、天正二年（一五七四）、勝頼が、父・信玄でさえ落とせなかった高天神城の攻略に成功した際、その宴席で勝頼から盃を賜ったときに、「武田の御家滅亡と定めらるる御盃これなり」と放言した、という記述がある。真意を問われると、「勝頼公は御父信玄公さえ落せなかった高天神城を落とし、遠州城東郡を手に入れ、西では東美濃の攻略に成功された。その功に驕《おご》り、宿老の申し上げることに耳を貸さず、長坂、跡部のごとき者の言のみを聞き入れなされ、信長・家康の両方を敵に回して無理な戦をなさるだろうから、皆討ち死にし、武田氏も滅亡すると申したのだ」とし、「この上は、人質に取っている信長の子・源三郎（遠山御坊）に東美濃を与えて帰国させ、以前人質だった家康の弟・松平康俊に城東郡を与えて織田・徳川と和議を結び、北条を攻略すべきである」と献策した。

しかし長坂釣閑斎に「奪った領土を返還するのは猫に鰹節《かつおぶし》を与えるようなもの」と反論され、勝頼にも疎《うと》んじられるようになった、とある。本作でも、このエピソードに基づいた場面が描かれる。

教来石《きょうらいし》 遠江守《とおとうみのかみ》

生没年未詳

諱は信保《のぶやす》という。詳しい事績については未詳。教来石氏は甲斐国北西部に土着していた武川衆《むかわしゅう》とよばれる在地の武士集団を代表する氏族で、馬場氏とは同族と考えられている。戦国時代の比較的早い時期から甲斐武田氏とは通婚するなどしてその傘下に入っており、国境警備などにあたっていた。

本作では、一条信龍が信虎に武田家の重臣を紹介する際に、馬場信春の父として言及している。

馬場《ばば》 伊豆守《いずのかみ》 虎貞《とらさだ》

延徳二年（一四九〇）～享禄二年（一五二九）

武田信虎から「虎」の一字を賜るほどの重臣であったが、加賀美氏の討伐に関して諫言《かんげん》したことで、信虎の怒りに触れ処刑された。名跡は、信玄の代になってから同族の教来石景政《きょうらいしかげまさ》が継いで馬場信春を名乗った。

馬場《ばば》 信春《のぶはる》

永正一二年（一五一五）～天正三年（一五七五）

武田信虎、信玄、勝頼の三代に仕えた武将で、武田四天王に数えられる。元は武川《むかわ》衆・教来石《きょうらいし》氏の出で、教来石景政《きょうらいしかげまさ》と称したが、信玄の命よって馬場氏の名跡を継ぎ、馬場信春を名乗った。

信玄による信虎の追放については信春も参画していたとされる。信玄の主な戦いにはほとんど参加して目覚ましい功を挙げ、その勇猛果敢さと美濃《みの》守の受領名から「鬼美濃」と畏怖《いふ》された。勝頼からは次第に疎《うと》まれ、「長篠の戦い」では撤退を進言するも聞き入れられなかったといわれる。

本戦では織田方の佐久間信盛《さくまのぶもり》の陣を奪取するも、戦線が崩壊するに至って内藤昌秀とともに殿《しんがり》を務め、勝頼を離脱させた上で討ち死にした。『信長公記』に「馬場美濃守手前の働き比類なし」とある。

本作でも、武田氏の将来を危ぶみ跡部・長坂らと対立する。

工藤《くどう》 下総守《しもうさのかみ》 虎豊《とらとよ》

延徳二年（一四九〇）～天文六年（一五三七）？

武田信虎が家督《かとく》を継いだころには、敵対する油川信恵《のぶよし》に与《くみ》していたが、信恵が信虎によって滅ぼされたため降伏した。以後は「虎」の一字を与えられるほどの重臣として仕えるが、駿河国の今川家中で起きた家督争い「花倉の乱」への対応を巡って信虎に諫言《かんげん》し、その怒りに触れて処刑されたという。

本作では、一条信龍が信虎に武田家の重臣を紹介する場面で、内藤昌秀の父として触れている。

内藤《ないとう》 相模守《さがみのかみ》 虎資《とらすけ》

明応四年（一四九五）～天文六年（一五三七）

甲斐内藤氏は代々武田氏に仕えたとされる。虎資も信虎に仕え「虎」の字を賜るほど重用されたが、その怒りに触れ工藤虎豊とともに処刑された。名跡は、武田信玄の命で虎豊の次男工藤祐長が継いで内藤昌秀を名乗った。

内藤《ないとう》 昌秀《まさひで》

大永三年（一五二三）？〜天正三年（一五七五）

一般には内藤昌豊《まさとよ》の名で知られる。工藤虎豊の次男で、当初は工藤源左衛門大尉《げんざえもんのだいじょう》祐長《すけなが》を名乗った。武田信玄に仕え、武田四天王の一人に数えられる。武田信繁と並んで信玄の最も信頼の厚い武将で、信濃国深《ふか》志《し》城や上野国箕輪《みのわ》城の城代も務めた。「第四次川中島の戦い」では別動隊として、上杉軍に大打撃を与えている。信玄の死後は勝頼に宿老として仕えたが、「長篠の戦い」では勝頼を離脱させるために最後まで戦場に踏みとどまり討ち死にした。

本作でも、勝頼に忠誠を誓いながら、その行く末を危惧《きぐ》している。

飯富《おお》 兵部少輔《ひょうぶのしょう》

生年未詳〜永禄八年（一五六五）

諱は虎昌《とらまさ》。武田二十四将に数えられる猛将。出自ははっきりしない。信虎の家臣の飯富道悦という人物が、永正一二年（一五一五）に息子と思われる「源四郎」と共に討ち死にしているが、この源四郎が虎昌の父と考えられている。

ただ、『甲陽軍鑑末書』には、虎昌は美濃の土岐《とき》氏に小姓として仕えていたが、浪人した後信虎に仕えたとしている。

享禄四年（一五三一）に今井信元が反乱した際には同調したが、敗れて信虎に臣従した。以後、各地を転戦し目覚ましい軍功を挙げ続けた。信虎の甲斐追放に際しては他の重臣とともに信玄に与《くみ》し、その後も武田軍の中核として活躍した。「第四次川中島の戦い」では、別動隊の大将を務め上杉軍に大打撃を与えている。

家中の柱石として、信玄の嫡子《ちゃくし》義信の傅《ふ》役《やく》に任じられていたが、「義信事件」では、その責任を取らされ自害させられた。享年六二歳という。事件の真相は明らかではないが、信玄の外交方針の転換に伴う家中の抗争で粛清《しゅくせい》されたとも考えられる。なお虎昌は配下の部隊を赤色の軍装で統一しており、これが有名な武田の赤備えの始まりともされる。

本作では、一条信龍が信虎に武田家の重臣を紹介する場面で名前を出し、信虎も虎昌が土岐家に仕えていたと言及している。

山県《やまがた》 河内守《かわちのかみ》 虎清《とらきよ》

明応四年（一四九五）〜享禄二年（一五二九）

山県氏は美濃国に起こった源氏の流れを汲む氏族だが、室町時代中期には美濃から甲斐国に移り武田氏に仕えた。山県虎清は信虎に仕え、「虎」の字を賜ったが、加賀美氏を討ったことを諫《いさ》めて処刑された。

「義信事件」の後、自刃させられた飯富《おお》兵部少輔虎昌《ひょうぶのしょうとらまさ》の弟である飯富源四郎が、信玄の命で名跡《みょうせき》を継ぎ山県昌景を名乗った。

山県《やまがた》 昌景《まさかげ》

生年未詳〜天正三年（一五七五）

武田氏二十四将、四天王の一人。最初は飯富《おお》源四郎といったが、抜群の軍功を続け、信虎時代に断絶した山県氏の名跡を継いだ。兄である飯富虎昌《とらまさ》が「義信事件」で自刃させられると、その赤備えで知られる配下の軍を引き継いだ。

なお、この事件については、信玄の嫡子《ちゃくし》義信と虎昌らが謀反《むほん》を企んでいると、昌景が信玄に密告したという説がある。また、虎昌自身が弟昌景を通じて情報が信玄に伝わるように図り、責任を取って自刃したともいわれる。昌景が山県の名跡を継いだのは、この時の密告の功によるものという説もある。

飯富の家名はこの事件で断絶したが、昌景は、信玄に従って転戦し、武田家中屈指の猛将として恐れられた。「長篠の戦い」では撤退を進言するも退けられ、やむを得ず真っ先に徳川勢に攻めかけたが敗退、全軍が退却する中、追撃を防いで討ち死にした。『信長公記』では、この時討ち取った武田方の武将のリストの先頭に山県の名を載せている。

本作では、勝頼を危ぶみ跡部・長坂と対立する。

諏方《すわ》 刑部大輔《ぎょうぶたいふ》 頼重《よりしげ》

永正一三年(一五一六)~天文一一年(一五四二)

諱は頼重《よりしげ》。信濃国諏方地方を支配した戦国大名だが、諏方氏は諏方大社の大祝《おおほうり》(神官)も務める家系であり、頼重も弟頼高に譲るまでその職を務めている。

祖父の代から武田氏と抗争していたが、和睦《わぼく》し信虎の三女と結婚した。しかし、その後、信玄の信濃侵攻が本格化し、抵抗するが敵わず降伏した。甲府に連行され幽閉されたのち自刃した。頼高も自刃したので諏方家は滅亡、その後、娘である諏方《すわ》御寮人《ごりょうにん》が生んだ勝頼が一時的に名跡《みょうせき》を継いでいる。

本作では、信虎が勝頼との会見の席で、頼重を「猪武者(考えなしに突進するだけが能の武士)」と評している。

顕如《けんにょ》

天文一二年(一五四三)~天正二〇年(一五九二)

浄土真宗の僧侶で本願寺派第一一世宗主。顕如は法名で諱《いみな》は光佐《こうさ》。宗祖 親鸞上人《しんらんしょうにん》の血を引く本願寺派宗主の家に生まれ、天文二三年(一五五四)に得度して本願寺を継承、教団を率いた。妻の如春尼《にょしゅんに》の姉は武田信玄の正室であるので、信玄の義弟にあたる。

当時の本願寺は大坂の石山にあったが、後にこの地に豊臣秀吉が大坂城を築くことになる。顕如の時代に本願寺は門跡《もんぜき》寺院へと昇格し、また門徒《もんと》による一向一揆《いっこういっき》を掌握《しょうあく》するなどして、大名も及ばない経済力と軍事力を蓄えるに至った。

やがて畿内に進出してきた織田信長と対立、元亀元年(一五七〇)に交戦状態に入り、以後一〇年間に渡って断続的に織田軍と戦って信長包囲網の中核となった。本願寺の指示で各地に起こった一向一揆と合わせ、織田軍に最も多い犠牲を払わせたとされる。しかし、天正八年(一五八〇)には継戦が不可能になり、和睦《わぼく》して顕如は石山を退去した。

豊臣秀吉が天下を握ると、大坂郊外の天満《てんま》に本願寺の再建を認められるが、かつての領主権力は完全に失われた。天正一九年(一五九一)京への移転を命じられたが、翌年に没した。その後本願寺は京において東西に分立し現在に至っている。

三浦《みうら》 備後守《びんごのかみ》 正俊《まさとし》

生年未詳～永禄八年（一五六五）

駿河国今川氏の家臣。今川義元から嫡子氏真《ちゃくしうじざね》の傅役《もりやく》（教育係）に任じられ、氏真が成人するとその側近として厚く信頼され手腕を揮《ふる》った。氏真が発給した文書には正俊が連署《れんしょ》している例が多く見られ、今川家中では相当大きな権力を握っていたと考えられる。

氏真から受けた厚遇とその権力の大きさから奸臣《かんしん》とされる場合が多いが異論もある。徳川家康に寝返った飯尾連龍《いいおつらたつ》の曳馬《ひくま》城（後の浜松城）を攻撃した際に討ち死にした。本作では、奸臣《かんしん》の実例として信虎が名を挙げている。

南部《なんぶ》 政栄《まさよし》

天文一二年（一五四三）～慶長一五年（一六一〇）

八戸《はちのへ》政栄ともいう。奥州の八戸根城《はちのへねじょう》の城主。奥州の南部氏は甲斐武田氏とは同族で、そもそも南部という姓も祖先が甲斐国南部牧に領地を与えられていたことから名乗ったもので、八戸氏はその支族になる。政栄は、南部家宗家にあたる三戸南部家で家督《かとく》争いが起ると、その解決に尽力したが、その際に宗家当主に擁立されそうになったほどの才人であった。

以後は宗家の家老として活躍し、小田原征伐に際しては、南部家が豊臣秀吉に従うことを主導した。

横手《よこて》 源七郎《げんしちろう》 信俊

天文一七年（一五四八）～慶長一九年（一六一四）

初め青木源七郎といったが、横手氏を継いでいた兄が戦死したため姓を改めた。この際信玄から晴信の「信」の一文字を拝領し信俊《のぶとし》と名乗った。「三方原の戦い」では山県昌景の隊に属して戦功をあげ、「長篠の戦い」では勝頼の本陣を守って奮戦した。

後、勝頼の命により柳澤氏の名跡《みょうせき》を継ぎ、柳澤信俊と名乗った。武田氏滅亡後は徳川家康に仕え、「第一次上田合戦」、「小田原征伐」、「第二次上田合戦」に参加した。

物語の語り手、柳澤保明（吉保）の曾祖父であるが、作中では高遠に帰還した信虎の碁の相手を務めただけでなく、ひそかに信虎と武田氏の重臣の橋渡しを務め、非公式の評定《ひょうじょう》の席を設けている。

今井《いまい》 信元《のぶもと》

文明一六年（一四八四）？～天正三年（一五七五）？

通称は兵庫。父信是が、永正一七年（一五一九）に信虎に反逆して鎮圧されたことを契機に家督《かとく》を継いだ。享禄四年（一五三一）には自らも他の国衆と連携して信虎に反逆し、最後まで抗戦するが大敗して降伏した。信元の降伏をもって信虎の甲斐統一が果たされた。その後、九二歳まで生きたといわれるが定かではない。信虎の側室西昌院（お西）の父ともされる。

本作では、高遠まで戻ってきた信虎に面会している。なお、このとき信虎が元信を「浦の兵庫」と呼んでいる。甲斐国の今井氏は二系統あり、元信は浦（裏）今井氏であって、同氏は代々「兵庫助《ひょうごのすけ》」を名乗ったことによる別称である。

日伝《にちでん》上人
文明四年（一四七二）～天文七年（一五三八）

身延山久遠寺《くおんじ》の一三世住持《じゅうじ》。字《あざな》は乗海。実聚院《じつじゅいん》と号す。「身延中興三師」の一人に数えられる。

もともと武田氏は、当時の武家の多くがそうであったように禅宗に帰依《きえ》していたが、信虎の時、家臣の遠藤掃部介《かもんのすけ》という者が、日蓮宗に帰依して信虎にも改宗を勧めたが、聞き入れられなかったため遂に自殺した。信虎は思うところがあったのか、大永二年（一五二二）甲府に信立寺《しんりゅうじ》を創建し、日伝上人を開山として迎えた。

本作では、若き日の信虎に「妙見」の力があることを告げている。

北条 政子《ほうじょうまさこ》
保元二年（一一五七）～嘉禄元年（一二二五）

伊豆国の国衆北条時政の長女。鎌倉幕府を開いた源頼朝《みなもとのよりとも》の正室。頼朝が没すると出家し尼御台《あまみだい》と呼ばれ、実子である二代将軍頼家《よりいえ》、三代将軍実朝《さねとも》を後見した。実朝が暗殺され、藤原摂関家《せっかんけ》から迎えた将軍三寅《みとら》がまだ幼児であったことから将軍の代行となり尼将軍と呼ばれた。

朝廷の権威を回復しようとした後鳥羽上皇が起こした「承久の乱」は、鎌倉幕府にとって最大の危機だったが、政子は御家人《ごけにん》を前にして自ら演説し、勝利への道を開いたとされる。

本作では、日伝上人が信虎に、かつての妙見の秘術の体得者として名を挙げている。なお、政子の実家である北条氏と、信虎の時代に、相模《さがみ》国小田原に本拠を置き関東に支配を広げていた伊勢宗瑞《いせそうずい》（北条早雲）を祖とする北条氏とは関連がないので、小田原の北条氏を後北条氏と呼ぶことが多い。

後鳥羽上皇《ごとばじょうこう》
治承四年（一一八〇）～延応元年（一二三九）

第八二代天皇。平安時代末期、源氏の軍が迫る中、平家が異母兄安徳天皇を連れて都から逃れたため、祖父の後白河法皇の院宣《いんぜん》を受けて即位した。ただし、皇位継承の証である「三種の御神器」は安徳天皇とともにあり、さらに二年後に平家が滅亡し安徳天皇も崩御《ほうぎょ》した際、「御神剣」は壇《だん》ノ浦《のうら》の海に沈んで失われたため、「神器なき即位」「神器なき天皇」となった。このことは後鳥羽上皇にとって生涯のコンプレックスとなった。

鎌倉幕府の成立後、土御門《つちみかど》天皇に譲位し院政を敷く。幕府には強硬姿勢をとり続け、ついには執権《しっけん》北条義時追討の院宣《いんぜん》を出して「承久の乱」を起こすが、敗北し隠岐《おきの》島へ配流されそこで崩御《ほうぎょ》した。また、後鳥羽上皇は和歌に堪能《たんのう》で、藤原定家らに『新古今和歌集』の編纂《へんさん》を命じているほか、当時の名工を招集し、自ら日本刀を鍛えたとされる。

本作では、日伝上人が信虎に妙見の秘術を説明するのに名前を出している。

日叙《にちじょ》上人
大永三年（一五二三）～天正五年（一五七七）

身延山久遠寺《くおんじ》の一五世住持《じゅうじ》、宝蔵院と号す。本作では、信虎が悟りを開こうと教えを乞うた。

新羅三郎《しんらさぶろう》 義光《よしみつ》
寛徳二年（一〇四五）～大治二年（一一二七）

平安時代後期の武将、源頼義の三男源義光。甲斐武田氏の祖。近江国の三井寺（園城寺《おんじょうじ》）にある新羅善神堂《しんらぜんしんどう》で元服したのでこう呼ばれる。八幡《はちまん》太郎と称した兄の義家は、鎌倉幕府を開いた頼朝《よりとも》の先祖にあたるが、この義家を助けて「後三年《ごさんねん》の役《えき》」で活躍した。弓術、馬術に優れ、また音楽にも造《ぞう》詣《けい》が深かった。

武田氏の重宝である「御旗《みはた》」と「楯無《たてなし》の鎧」は義光以来の品であるとされる。子孫には武田氏のほか佐竹氏、小笠原氏、南部氏などがある。本作では、悟りを開かんと修行する信虎の独白で言及される。

安左衛門尉《やすざえもんのじょう》
生没年不詳

『甲陽軍鑑』によれば元は武士で、武田信玄に仕えて何度か功を立てた。一度出家して僧になり、安蔵主《あんぞうす》と名乗ったが、信玄の要請を受けて僧をやめて俗人に返った（還俗《げんぞく》）。

信玄の死後、勝頼が家督《かとく》を継いだ時に、その武運を祈って諏方社に九〇日間参籠《さんろう》（泊まり込んで祈願すること）したが、七一日目に夢で神託を得た。「諏方明神たへる武田の子と生れ、世をつぎてこそ家をうしなふ」という歌であった。

信玄が、滅ぼした諏方社の大祝《おおほうり》（神官）であった諏方頼重の娘、諏方料寮人に産ませた子が武田勝頼であるが、この勝頼は諏方明神の生まれ変わりで、家督《かとく》を継ぐことがあれば武田氏は滅亡するというのである。安左衛門尉がひそかに諏方社の神官にこの話をすると、この神官は、勝頼の朱印と諏方のご神体の印が同じ形であると打ち明けたという。

また、別の伝承では、都留《つる》郡の月江寺《げっこうじ》に安蔵主という豪勇無双の僧がおり、伝え聞いた武田信玄が還俗させ召し抱えた。僧は月光安左衛門尉と名乗り「川中島の戦い」などで功を挙げたが、信玄の没後、諏方社に参籠したところ上記の神託を得たので、ひそかに月江寺に帰って僧に戻ったという。

穴山《あなやま》 信君《のぶただ》
天文一六年（一五四四）～天正一〇年（一五八二）

梅雪《ばいせつ》斎の名で知られる武将。母は信虎の娘・南松院で、信玄の甥にあたり、武田氏の御一門衆として重んじられた。信玄・勝頼の二代にわたって仕えたが、「長篠の戦い」では積極的に戦わず、織田信長の甲斐侵攻に際しては、勝頼を見限って信長に内応した。安土で信長に謁見《えっけん》し、和泉国堺を遊覧した際に「本能寺の変」が起こり、甲斐へ急ぎ帰国しようとしたが、途中、土民の襲撃を受け殺害された（自害したともいう）。

本作では、信虎より左文字の太刀を授かり、密命を受ける。没後、嫡男《ちゃくなん》の勝千代が武田氏の家督《かとく》を継いだが一六歳で夭逝《ようせい》した。その後は、徳川家康が、武田氏の血を引く側室下山殿に産ませた五男信吉に武田の姓を名乗らせた。信吉は、実母下山殿の没後、梅雪の正室見性院《けんしょういん》を養母に迎え武田氏の遺臣も付けられたが、二一歳で没した。したがって、武田氏の再興は元禄一三年（一七〇〇）の武田信冬（信興）が旗本に召し出されるまで待つことになる。

三好《みよし》 義継《よしつぐ》
天文一八年（一五四九）～天正元年（一五七三）

都を掌握し「天下人」として権勢を振るった三好長慶《ながよし》の甥。長慶の嫡子《ちゃくし》義興が早世すると養子に迎えられた。長慶が没すると後見役の三好三人衆の支持を受け、他の候補者を退けて家督《かとく》を継ぐ。永禄八年（一五六五）、室町一三代将軍義輝が暗殺される（「永禄の変」）が、少なくとも義継は義輝を襲った軍勢を指揮していたと考えられている。

その後、三好家中では三人衆と重臣松永久秀が対立、次期将軍擁立《ようりつ》問題もあって義継は松永と手を結び、足利義昭を擁《よう》して上洛してきた織田信長に協力して転戦した。その功で、義昭の妹を正室に迎えたが、義昭と信長の関係が悪化し、義昭が追放され室町幕府が滅びると、義昭を匿《かくま》ったため信長の怒りを買った。

義昭を和泉国堺に逃がし、自らは居城の若江城に籠って織田軍相手に「比類なき御働き」と称賛されるほどの奮戦を見せたが、重臣らの寝返りもあって敗北し、妻子とともに自害した。享年二五歳。本作では名前だけ登場する。

松永《まつなが》 久秀《ひさひで》
永正五年（一五〇八）または永正七年（一五一〇）～天正五年（一五七七）

松永弾正《だんじょう》の名で知られる。出身地はよくわかっていないが、最初に三好長慶《ながよし》に祐筆《ゆうひつ》（書記官）として仕え、武将として頭角を現し、三好家の家宰《かさい》（内政を司る家老）となった。長慶が都を掌握すると、これをよく補佐し各地を転戦した。長慶の命で大和国を平定した頃、足利将軍 義輝から御共衆《おともしゅう》に任じられ、長慶と同等の待遇を受けるようになった。主君長慶と拮抗《きっこう》するほどの勢力を持つに至ったと考えられる。

長慶が没すると三好三人衆とともに後《こう》嗣《し》義継を支えたが、後に三人衆と対立し、義継とともに織田信長に与《くみ》した。足利義昭が将軍に就任すると幕臣として、また織田傘下の大名として活動し、大和国の平定を進める。

しかし、義昭との関係が一時悪化し、その後見であった信長との関係も悪化した。その後、三度に渡って信長に反旗を翻《ひるがえ》し、二度目までは許されたが、天正五年（一五七七）の上杉謙信や毛利輝元などに呼応した三度目の反乱では、居城 信貴山《しぎさん》城を大軍で攻囲され天守に火を放ってついに自害した。享年六八歳または七〇歳。

このとき、信長が欲しがっていた平蜘蛛《ひらぐも》の釜を打ち砕いているが、釜に火薬を詰めて爆死したと誇張されて伝わった。また、城造りの名人として知られ、天守閣や多聞《たもん》櫓《やぐら》の創始者ともされる。茶人としても有名で、天下の名器とされた「九十九髪《つくもがみ》」（唐物）茄子《なすび》茶入を所有し、信長に献上している。

謀反《むほん》を繰り返したこと、奈良の大仏殿を焼き討ちするなど手段を選ばない戦いぶりなどから、斎藤道三《どうさん》、宇喜多《うきた》直家と並んで三大梟雄《きょうゆう》とされるが、これは後世になって成立したイメージであり、近年では再評価が進んでいる。本作では名前だけ登場する。

織田《おだ》 信長《のぶなが》

天文三年（一五三四）〜天正一〇年（一五八二）

尾張の小大名から身を起こし、「桶狭間《おけはざま》の戦い」で今川義元を討ち取り天下取りの舞台に躍り出た。足利義昭を将軍に擁立《ようりつ》して天下に号令したが、義昭と対立し、追放して覇権を握った。

武田氏との関係でいえば、当初は信長の養女 龍勝院を武田勝頼の正室とし、その没後には嫡子の信忠と信玄の五女松姫との婚約を調えるなど良好であった。しかし、武田信玄が信長の同盟者 徳川家康の領土に事前通告なしに侵攻するなど緊張感が高まり、ついに織田方であった美濃国岩室城が武田方へ寝返ったことで、同城の遠山氏に養子に出していた信長の五男御坊《おぼう》が武田家の人質になり、対立は決定的となった。

信玄の「西上作戦」では、徳川家康に援軍を送るも「三方ヶ原の戦い」で惨敗、しかし、信玄の急死によって窮地を脱する。その後、「長篠の戦い」で大勝し、優位に立つ。やがて、勝頼に奪われていた高天神城を家康が奪回、武田方だった木曽義昌が寝返ったことで、満を持して甲斐へ侵攻した。こうして、天下統一を目前にしたが、「本能寺の変」で家臣の明智光秀に討たれた。武田勝頼を「天目山の戦い」で滅ぼしたわずか三カ月後のことである。

不住庵《ふじゅうあん》 梅雪《ばいせつ》

生没年未詳

京の茶人で、（村田《むらた》）珠光《しゅこう》の門下と伝わる。織田信長の義父にあたる斎藤道三に茶の湯を指南したこともあり、上洛した信長に茶頭《さどう》として召し抱えられた。梅雪が点前《てまえ》した信長の茶会の記録が近年発見され話題になった。

信長に重用されたが、やがて今井宗久《いまいそうきゅう》、津田宗及《つだそうぎゅう》、千宗易《せんのそうえき》（利休）らに取って代わられた。本作では、京の妙覚寺での茶会の場面で登場している。

小笠原《おがさわら》 正麟《しょうりん》

永正一一年（一五一四）〜天正一一年（一五八三）

諱《いみな》は長時。元信濃《しなの》国守護であったが、武田信玄によって信濃を追われ、京に上って将軍足利義輝《あしかがよしてる》、義栄《よしひで》に従った後、越後へ行き上杉謙信に仕えた。

本作の天正二年（一五七四）の時点では謙信の下にあって信濃《しなの》への復帰を目指していた。作中では春日山城で謙信の命を承っている。謙信の死後は織田信長、蘆名盛氏《あしなもりうじ》に仕えた。小笠原流弓馬術および礼法の宗家でもあった。

武田《たけだ》 典厩《てんきゅう》 信豊《のぶとよ》

天文一八年（一五四九）〜天正一〇年（一五八二）

諱《いみな》は信豊。信虎の孫で、勝頼の従弟《いとこ》に当たる。父の信繁と同じく、左馬助《さまのすけ》の漢名である典厩と呼ばれたので、区別するために父の古典厩に対し後典厩という。父が「第四次川中島の戦い」で討ち死にしたため家《か》督《とく》を継いだ。武田家中では逍遥軒とともに御一門衆として勝頼を補佐し、特に外交面では、上杉氏や佐竹氏との交渉を担った。信長の甲斐侵攻の際は勝頼と別れて信濃《しなの》の小諸《こもろ》城で再起を図ろうとしたが、城代に叛《そむ》かれ、一族もろとも自害した。

本作では、東美濃から凱旋《がいせん》する武田勝頼の後ろに、信玄自筆の「南無妙法蓮華経」の文字を書き付けた母衣《ほろ》を着用して行軍している。

遠山《とおやま》 御坊《おぼう》

生年未詳～天正一〇年（一五八二）

織田信長の五男、織田信房（勝長は誤りか）のこと。御坊は幼名（御坊丸とも）で、美濃国岩村城主遠山氏の養子に入ったのでこのように呼ばれる。信長の叔母にあたるおつやの方は遠山景任《かげとお》の正室だったが、景任が子のないまま亡くなったため、信長の子御坊を養子に迎えたが、まだ幼かったのでおつやの方が城主を務めた。その後、武田信玄の家臣秋山虎繁に包囲され降伏、御坊は人質として甲府へ送られた。このときおつやの方と虎繁が結婚したともいわれる。

「長篠の戦い」の後、武田氏と織田氏との間で和平交渉が行われ、その過程で、大龍寺麟岳《りんがく》らの尽力で織田氏へ返還された。しかし、和睦《わぼく》は成立せず、織田氏の甲斐侵攻に際しては長兄信忠に従って参陣、上野《こうずけ》国の平定で活躍した。

しかし、その直後の「本能寺の変」で、信忠とともに討ち死にした。享年は不明だが、まだ二〇歳代だったと思われる。本作では、春日弾正忠が、勝頼に信長との和平を献策した際に名前が出される。

松平《まつだいら》 源三郎《げんざぶろう》 康俊

天文二一年（一五五二）～天正一四年（一五八六）

諱は康俊。久松俊勝の子だが母は徳川家康の生母 於大《おだい》の方であるので、家康の異父弟にあたる。家康の命で今川氏真に人質に出されていたが、永禄一一年（一五六八）の武田信玄の駿河侵攻で武田軍が駿府を占領したため身柄を奪われ甲府へ送られた。元亀元年（一五七〇）、家康の手引きで甲斐国を脱出し徳川氏に帰参した。後に久能城の城主となったが病死した。享年三五歳。

本作では、春日弾正忠虎綱が、勝頼に信長との和平を献策した際に名前が出される。

安倍《あべ》 五郎左衛門尉《ごろうざえもんのじょう》 宗貞《むねさだ》

生年未詳～天正一〇年（一五八二）

信玄・勝頼の二代に仕えた武将。勝頼が高遠城主になったころからその側近として仕えた。一時川中島城の城代になったが、甲斐に戻り活躍した。

本作では、側近でありながら冷静な目で勝頼を見ている。それでも最後まで勝頼に従い、「天目山の戦い」で殉じた。

韓信《かんしん／ハンシン》

生年不明～紀元前一九六年

中国の秦末から前漢初期にかけて活躍した武将。本作において、武田勝頼の武勇を例えるために信虎が言及する。

貧しい無頼《ぶらい》の徒であったが劉邦《りゅうほう》に上将軍に抜擢《ばってき》された。劉邦が宿敵の項羽《こうう》と対峙する間にその他の諸国を平定し、実力的には劉邦、項羽に匹敵し天下を三分するほどの勢力となったが、抜擢してくれた劉邦の恩に報い、忠節を貫いて独立勢力となることをしなかった。

そのために劉邦は項羽を圧倒し、天下を

統一して漢帝国を樹立した。このため張良《ちょうりょう》・蕭何《しょうか》と並ぶ漢の三傑とされるが、あまりの軍事的才能を警戒され、讒言《ざんげん》などもあって降格させられ、ついには反乱を計画するが露見して処刑された。

「韓信の股くぐり」や「背水《はいすい》の陣」などの故事や、能力を例えて言われた「国士《こくし》無《む》双《そう》」という語で有名。

白畑《しらはた》 助之丞《すけのじょう》

生年未詳～天文二年（一五三四）あるいは天正二年（一五七四）

信虎がまだ甲斐の国主であった当時、侍二二〇人から、「手柄《てがら》の場数ある者」七五人を選び、さらにその中から、信虎の身辺を警護するために選抜された二二人の一人。主君の身辺警護や伝令、側近としての職務を行う、後世でいう「馬廻《うままわり》」の役であったと思われる。

当然武芸にも通じていたはずだが、信虎の時代では武芸はまだ体系化が始まったばかりで、「○○流の達人」などという表現はせず、『甲陽軍鑑』でも上記のような書き方をしている。それでも個人的な武勇に秀でていたであろうことは間違いない。

この白畑が、ある時下僕《げぼく》を手討《てう》ちにしようと追いかけ、思わぬ反撃を受けあっけなく殺されてしまった。下人と侮《あなど》ったための不覚だった。油断を戒《いまし》める実例として、武田信玄の述懐に登場する。信玄一三歳の時だったという。本作の白畑助之丞はその子あるいは孫と思われる。本作でも、侵入してきた透破《すっぱ》にあっけなく殺害されている。

ちなみに、武田氏では武芸を重んじる家風があったらしく、信玄は鹿島新当流《かしましんとうりゅう》の塚原卜伝《ぼくでん》と交流し、上州一本槍と謳《うた》われた新陰流《しんかげりゅう》の祖である上泉《かみいずみ》信綱を召し抱えようとしたとされる。

孕石《はらみいし》 源右衛門尉《げんえもんのじょう》

生年未詳～元和元年（一六一五）

諱《いみな》は泰時《やすとき》。武田氏の家臣で信虎・信玄・勝頼の三代に仕え、信虎から南郡に領地を与えられていた。一説に、元は今川家の家臣で、信玄が遠江に侵攻した際に武田氏に仕えたとする。この場合、信虎との君臣関係はないことになる。

「三方ヶ原の戦い」の際には病で足が不自由になっており、家来に自分を最前線まで運ばせ、地面を這《は》って前進し一番槍の功を挙げたという伝承がある。後、徳川家中の井伊氏に仕え「大坂の陣」で討ち死にしたという。有名な赤備えの一員として召し抱えられたものと思われる。

また、後年井伊氏が居城を置いた彦根には「怪談 番町皿屋敷」の原形ともいえる伝承があり、源右衛門尉の孫の代の孕石氏を舞台にしている。この伝承に登場する有名な「皿」は、討ち死にした源右衛門尉の功を賞して井伊直孝から孕石氏に下賜されたもので、元は藩祖 直政が徳川家康から拝領したものとされる。

本作では、織田信長の甲斐侵攻の際、信虎の遺命を果たすためにお直のもとに駆け付けている。

板垣《いたがき》 駿河守《するがのかみ》 信方《のぶかた》

生年未詳～天文一七年（一五四八）

武田信虎、信玄の二代に仕えた武将。武

田二十四将、武田四天王に数えられる。板垣家は代々武田氏に仕え、信方は信玄が家督《かとく》を継ぐと、甘利虎泰と並んで家臣団の筆頭とされた。信濃国侵攻に活躍し「諏方郡代」に任じられている。続く佐久郡の平定でも「小田井原の戦い」で大功を挙げるが、北信濃の村上義清と戦って敗北、甘利虎泰らとともに討ち死にした（「上田原の戦い」）。

嫡子信憲《ちゃくしのぶのり》が跡を継いだが、不行跡のために甲斐を追放されたとも、私怨で殺害されたともいう。幕末から明治に掛けて活躍した板垣退助は信方の子孫。本作では信虎の恨みを込めた述懐で言及される。

甘利《あまり》 備前守《びぜんのかみ》 虎泰《とらやす》

生年未詳〜天文一七年（一五四八）

武田氏の譜代の家臣で、虎泰は信虎の時代から仕えた。武田二十四将、武田四天王の一人。信虎の追放については主導的役割を果たしたと考えられる。その後は家臣団の最高位である両職に板垣信方とともに任じられた。信濃侵攻に際して「小田井原の戦い」で勝利を挙げるが、北信濃の村上義清との「上田原の戦い」で敗北、信玄を守って討ち死にした。

見事な采配《さいはい》ぶりは、信虎の弓術の師で軍師としても活躍した荻原常陸介《おぎわらひたちのすけ》（昌勝）に匹敵するといわれた。本作では信虎の恨みを込めた述懐で、板垣信方とともに言及されている。

禰津《ねづ》 神八《じんぱち》

生年不明〜慶長二〇年（一六一五）

根津甚八とも書く。真田信繁（幸村）に仕えた真田十勇士の一人で、「大坂の陣」で幸村の影武者を務め討ち死にしたとされる。あくまで軍記や講談などに登場する架空の人物ではあるが、禰津松鶴軒《しょうようけん》の二男であるとする伝承があり、本作ではこれを採用している。松鶴軒の家督《かとく》を継いだ昌綱など禰津姓の実在の人物が真田氏に仕えていたことをヒントに創作された人物だろう。

もともと真田氏と禰津氏は同族であったと考えられている。母が松鶴軒の正室なら神八は信虎の孫にあたる。本作では、信虎に相談を持ち掛けたことで、信虎の意外な過去を聞き出した。海賊の首領になったという伝承もあるが、この時の信虎の助言によるものかもしれない。

信虎の血を引く数少ない生き残りとしてその二三回忌法要に出席しており、真田信繁（幸村）の父昌幸の客分と名乗っている。

九鬼《くき》 宮内少輔《くないのしょう》 浄隆《きよたか》

生年未詳〜永禄三年（一五六〇）

志摩国の地頭の一人として勢力を拡大するが、他の地頭との軋轢《あつれき》が激化し、北畠具教《とものり》の援助を受けた他の地頭の攻撃を受け、防戦のさなかに病死した。一説には討ち死にしたともいう。家督《かとく》は弟の嘉隆《よしたか》の補佐で嫡子澄隆《ちゃくしすみたか》が継ぐが、夭逝《ようせい》し嘉隆が当主となった。

九鬼氏は、一度は居城田城《たしろ》を放棄したが、織田信長の傘下に入って巻き返し、志摩国全土を掌握《しょうあく》した。九鬼氏は海賊大名と呼ばれ、織田氏の水軍の主力となり、豊臣政権下でも水軍の頭領として活躍した。本作では、信虎がかつて戦った相手として言及している。

北畠《きたばたけ》 中納言《ちゅうなごん》 具教《とものり》
享禄元年（一五二八）～天正四年（一五七六）

戦国時代、伊勢国を支配した大名だが、北畠氏は南朝の名臣 北畠親房《ちかふさ》の嫡流《ちゃくりゅう》で公家《くげ》の家系である。したがって伊勢国守護ではなく国司の家柄。具教は、家督《かとく》を継ぐと、志摩国の地頭を援助して九鬼氏を攻撃・追放させるなど支配範囲を広げ、北畠氏の最盛期を現出させた。

しかし、織田信長に侵攻され、降伏に近い形で和睦《わぼく》した。和睦の条件として信長の次男信雄《のぶお(かつ)》を嫡子《ちゃくし》具房《ともふさ》の養子として迎えた。しかし、織田氏との関係は必ずしも良好であったわけでなく、武田信玄の「西上作戦」に際しては、船を出して協力するとの密約を結んでいた。これが織田方に露見したこともあり、信長・信雄の刺客《しかく》に殺害された。同時に北畠一門の主な者も殺害されたため北畠氏は織田氏に完全に乗っ取られ、家督を継いだ信雄も「本能寺の変」の後に織田姓に戻ったため北畠氏は断絶した。

具教は剣術を塚原卜伝《ぼくでん》に学んで奥義を授けられた剣豪大名で、また、上泉信綱《かみいずみ》に柳生石舟斎《やぎゅうせきしゅうさい》を紹介するなど、剣術の上で、武田信玄と共通の知己がいた。本作では、信虎の懐旧談に名前だけ登場する。

禰津《ねづ》 松鷂軒《しょうようけん》
生年不詳～慶長二年（一五九七）

諱《いみな》は政直《まさなお》とされるが政秀または信直の可能性もある。法号は松鷂軒常安《じょうあん》。信濃《しなの》国の国衆 禰津氏の当主。村上義清に敗れ逃亡し、武田信玄に仕え各地を転戦し、上野《こうずけ》の箕輪《みのわ》城の在番を務めた。正室は信虎の娘で、妹は信玄の側室。高遠まで帰還した信虎の世話をしたとされる。後、徳川氏に仕え家を残した。

武将だったが同時に禰津・諏訪流の鷹匠《たかじょう》でもあり、多くの弟子を育てた。現在に至るまで残っている放鷹《ほうよう》術のほとんどが禰津・諏訪流を起源とする。本作でも信虎の形見分けに鷹を提供している。

北条《ほうじょう》 国王《くにおう》
永禄五年（一五六二）～天正一九年（一五九一）

元服して北条氏直。後北条氏五代目当主。父は北条氏政、母は武田信玄の娘 黄《おう》梅院《ばいいん》なので、信虎の曾孫にあたる。本作の終盤で、信虎は国王に鷹とともに遺言状ともいえる手紙を送っており、その際に名前だけ登場する。

天正八年（一五八〇）に父の隠居に伴い家《か》督《とく》を継ぐ。武田氏と織田信長の滅亡後は関東に覇を唱えたが、私的な戦闘を禁じた豊臣秀吉による「惣無事令《そうぶじれい》」に違反したとみなされ、いわゆる「小田原征伐」を受ける。籠城《ろうじょう》抗戦したが、不利を悟って開城・降伏し、ここに戦国大名としての後北条氏は滅亡した。

高野山で謹慎し、許されて一万石の大名として復活した直後、病気で急死した。享年三〇歳。後北条氏は河内国狭山《さやま》藩主として存続した。ただし、最近の研究では、母は黄梅院ではなく、氏政の側室であった可能性が指摘されている。

お西《せい》

生年未詳～天正一〇年（一五八二）（史実では天正三年〔一五七五〕）

今井信元あるいは今井信仲の娘で信虎の側室。本作では父は信元とする。逸見《いつみ》殿《どの》、御西様などと呼ばれ、また法名から西昌院《せいしょういん》とも呼ばれる。信虎の子を何人か生んでいると考えられるが、詳細はよくわからない。

史実では信虎が死去した翌年の天正三年（一五七五）に亡くなっている。勝頼がその菩提《ぼだい》を弔《とむら》うため西昌院の六角堂を建立《こんりゅう》している。本作では、娘とお式とともに信虎の臨終を看取った。

お式《いち》

生年不明～天正一〇年（一五八二）

武田信虎の娘。母はお西。作中で母親のお西が、信虎とは三〇年ぶりの再会と言っているので、信虎が甲斐を追放される前に儲《もう》けた娘と思われる。作中の会話から、未婚であることが明かされる。後に、「天目山の戦い」で、武田氏が滅亡した際には勝頼に殉じている。

ただし、史実では、信虎の娘たちの中で、信虎没時に未婚で、かつ勝頼に殉じた娘は見当たらない。ただ一人、『信長公記』に「信虎京上臈《じょうろう》の娘」とされる人物が勝頼の一行の中にいたとあるが、「京上臈の娘」というなら、お式ではなくお直のことであろう。

北高《ほっこう》 全祝《ぜんしゅく》

永正四年（一五〇七）～天正一四年（一五八七）

曹洞宗の僧侶。武田信玄の招きで信濃《しなの》の龍雲寺の住持となる。信玄の信頼が厚く武田領内の曹洞宗寺院を僧録司《そうろくじ》として統括した。本作では信虎の臨終の席で枕経《まくらぎょう》をあげている。

長尾《ながお》 顕景《あきかげ》

弘治元年（一五五六）～元和九年（一六二三）

後に改めた上杉景勝《かげかつ》の名で知られる。上杉謙信の甥《おい》で養子となった。謙信の死後、もう一人の養子である景虎（北条氏康の子）との争いに勝利し家督《かとく》を継ぐ（御館《おたて》の乱）が、武田勝頼が支持を景虎から景勝に変えたため、武田氏と後北条氏の同盟が破綻《はたん》し、武田氏滅亡の一因となった。

後に豊臣秀吉に従い五大老に列し会津に移封されたが、秀吉の死後は徳川家康と対立、「関ケ原の戦い」の後、米沢三〇万石に減封された。

春国《しゅんこく》 光新《こうしん》

生没年不明

甲斐の僧侶、甲府五山のひとつ長禅寺の二世住持《じゅうじ》。武田氏とは深い縁があり、武田信玄の嫡男《ちゃくなん》が廃嫡《はいちゃく》された義信《よしのぶ》事件では親子間の調停を試みているほか、『甲陽軍鑑』に収載されている武田氏の分国法「甲州法度次第」の序文の作者でもある。武田逍遥軒が描いた大泉寺に伝わる信虎の肖像画の賛も春国の筆である。

本作では、信虎の葬儀に際して、その賛を読み上げている。後に京に上り妙心寺四八世住持になった。

原《はら》 隼人佑《はやとのすけ》 昌胤《まさたね》
享禄四年（一五三一）～天正三年（一五七五）

武田信玄の家臣で武田二十四将に数えられる武将。天文一九年（一五五〇年）に家督を継ぎ、陣馬奉行に抜擢される。以後、信濃、西上野《こうずけ》を転戦し功を挙げた。信玄の側近として朱印状奏者を務め、西上野衆への取次も担当しており、単なる戦闘指揮官ではなく行政にも携わっていたことが窺える。理由は不明だが一時失脚していたとされる。許されて信玄没後は勝頼に仕えたが、「長篠の戦い」で討ち死にした。

大方《だいぼう》
生年未詳～天正一〇年（一五八二）

武田信玄に滅ぼされた信濃の大名 諏方頼重の側室、小見（麻績《おみ》）氏。信玄の側室となり勝頼を生んだ諏方御寮人《すわごりょうにん》の生母で、勝頼にとっては外祖母になる。太方様《だいぼうさま》（大奉様）と呼ばれた。諏方頼重が切腹させられた後は、武田氏、諏方氏双方に関りのある禰津元直（禰津松鶴軒《ねづしょうようけん》の父）が世話をしていたと考えられている。

娘の諏方御寮人は早くに亡くなったが、孫の勝頼が高遠城主になると、ともに暮らしたとされる。『信長公記』には、「大方」とその名があることから、「天目山の戦い」で勝頼に殉じたと思われる。

小宮山《こみやま》 内膳《ないぜん》
生年未詳～天正一〇年（一五八二）

諱《いみな》は友晴と伝わる。武田勝頼の家臣で使番《つかいばん》十二人衆の一人。「長篠の戦い」以後、しばしば目上の重臣をも厳しく非難することがあり、また、長坂、跡部ら勝頼の側近らとは反目し合い、そのため勝頼に疎《うと》まれて蟄居《ちっきょ》させられた。

信長の甲斐侵攻に際しては、忠節を貫くため田野に駆け付け、奮戦して討ち死にした。後年、儒学者《じゅがくしゃ》の藤田東湖《とうこ》は内膳を「天晴《あっぱれ》な男、武士の鑑《かがみ》、国史の精華」と絶賛している。

秋山《あきやま》 摂津守《せっつのかみ》 昌成《まさなり》
生年未詳～天正一〇年（一五八二）

父の万可斎《まんかさい》は尾張の浪人で、武田家に仕えて秋山の姓を与えられたという。母が、武田勝頼の生母である諏方御寮人《すわごりょうにん》の侍女であったこともあって、勝頼の側近となった。織田信長の甲斐侵攻に際して、小山田信茂に同調して勝頼から離反し、一行に鉄砲を打ちかけたともいわれる。

その後、織田軍に捕らえられ父万可斎とともに古府中（甲府）で処刑された。子の内記《ないき》も高遠で処刑されている。本作では、勝頼を見限った者として名が挙げられる。

小山田《おやまだ》 出羽守《でわのかみ》 信茂《のぶしげ》
天文九年（一五四〇）～天正一〇年（一五八二）

甲斐国郡内地方の国衆 小山田信有の次男。祖母は信虎の妹である。兄が病死したために家督《かとく》を継ぎ、武田信玄に仕えた。各地を転戦し功を挙げ、武田二十四将の一人に数えられる。信玄の「西上作戦」では先陣を務め、「長篠の戦い」では味方が総崩れとなる中、勝頼の身辺を警護して退却したとされる。学識もあり、後北条氏や上杉氏に対する外交官としても活躍し、信玄・勝頼の信任も厚かった。

しかし、織田信長の甲斐侵攻で、新府城を放棄した勝頼が、信茂を頼って郡内の岩殿城へ退避しようとしたさなかに勝頼から離反した。行き場を失った勝頼の一行は天目山の田野で織田軍に捕捉され滅亡した。その後、織田信忠の陣へ出頭しようとしたが、武田家への不忠を咎《とが》められ、甲斐善光寺で処刑された。

　主君の信頼を裏切ったということで、現代にいたるまで地元以外での評判はよくないが、先祖伝来の領土を守ろうとした、国衆としての当然の行動だったと擁護する説もある。本作では名前だけ登場する。

土屋《つちや》 昌恒《まさつね》

弘治二年（一五五六）？～天正一〇年（一五八二）

　武田二十四将の一人である土屋昌続《まさつぐ》の弟で、武田氏海賊衆 土屋貞綱《さだつな》の養子。通称惣三。天正三年（一五七五）の「長篠の戦い」で、兄と養父がともに討ち死にしたため両家の遺臣を率いた。

　武田勝頼に最後まで付き従い、「天目山の戦い」では勝頼が自害する時間を稼ぐため、崖際の細い山道で、転落しないように片手で藤蔓《ふじづる》を握り、残る片手で刀を振るい、押し寄せる織田軍を防いで討ち死にした。昌恒に突き落とされた兵の流した血が川を染めて、三日も赤いままだったという。この奮闘で「片手千人切り」と呼ばれた。享年二七歳。

　本作では、田野で勝頼に最後の諫言《かんげん》をした後に討ち死にしている。わずか五歳だった嫡子《ちゃくし》忠直は生き延び、徳川氏に仕えて上総《かずさ》国で大名になった。

北《きた》の方《かた》

永禄七年（一五六四）～天正一〇年（一五八二）

　実名は不明で北条夫人と呼ばれる。北条氏康の六女で武田勝頼の継室。「長篠の戦い」で大敗後、武田勝頼は父信玄の駿河《するが》侵攻以後悪化していた後北条氏との関係修復を図った。同盟の証《あかし》として勝頼が正室として迎えたのが北条夫人である。

　しかし、越後で勃発《ぼっぱつ》した「御館《おたて》の乱」で、謙信の養子で夫人の実兄である上杉景虎を勝頼が見捨てたため甲相同盟は破綻《はたん》した。にもかかわらず、夫人は勝頼との夫婦仲が良く甲斐にとどまり、織田信長の甲斐侵攻時にも勝頼につき従い、「天目山の戦い」で最期を共にした。享年一九歳。

麟《りん》岳《がく》

生年不詳～天正一〇年（一五八二）

　甲府にかつてあった寺院大龍寺の住職。武田逍遥軒の二男で平太郎の弟とされる。春国光新《しゅんこくこうしん》の弟子であるが、勝頼のブレーンとして活動し、勝頼が織田信長との和睦《わぼく》を試みた際には、人質であった織田信房《のぶふさ》（勝長は誤りか）の返還に尽力している。

　信長の甲斐侵攻には、最後まで勝頼に付き添い「天目山の戦い」で討ち死にした。武田逍遥軒の次男であるとすれば二〇歳前後であったと思われる。

滝川《たきがわ》 左近将監《さこんしょうげん》 一益《かずます》

大永五年（一五二五）～天正一四年（一五八六）

　織田信長の重臣。出自ははっきりしないが、近江国甲賀の出身という説があるほか、伊勢国あるいは志摩国出身ともいわれる。信長に仕えた時期もはっきりしないが、伊勢国攻略や長島一向一揆《いっこういっき》との戦いで武名を現した。

その後も各地を転戦、特に「長篠の戦い」では鉄砲隊を指揮し武田軍を壊滅させた。「石山合戦」では九鬼嘉隆《くきよしたか》とともに水軍を率いており、また調略《ちょうりゃく》によって荒木村重の有岡城《ありおかじょう》攻略の糸口を作るなど、万能ぶりがうかがえる。

天正一〇年（一五八二）の甲斐侵攻に際しては、織田軍の主力となり、武田勝頼を討ち取っている。その後、信長から関東の鎮定を命じられ上野国《こうずけ》厩橋城《うまやばしじょう》を拠点とした。しかし、「本能寺の変」で信長が横死すると窮地に陥り、ようやく美濃国まで帰還したが、有名な「清州会議」には間に合わず、織田家中での地位が急落したと考えられる。

その後は柴田勝家とともに羽柴秀吉（後の豊臣秀吉）に対抗したが、敗れて所領をすべて失い、京で出家し越前で蟄居《ちっきょ》した。信虎との関連でいえば、一益はその生涯において九鬼嘉隆とともに戦うことが多くあったが、嘉隆は、信虎が武田雅楽助の軍師として志摩国で戦い、一度は追放した九鬼浄隆《きよたか》の弟であった。したがって、武田家は信虎の旧敵の戦友によってとどめを刺されたとも言えるのである。

滝川《たきがわ》 儀太夫《ぎだゆう》

生没年不詳

諱《いみな》は益重《ますしげ》。滝川一益の甥で家臣。織田信長の甲斐侵攻に際しては一益に従って戦い、「天目山の戦い」で武田勝頼を討った。その後も一益に従ったが、一益が柴田勝家とともに羽柴秀吉と対抗した際には、伊勢国の峯城を守備した。秀吉の猛攻を受け抗戦したが、兵糧攻めにあって開城投降した。その奮戦ぶりを買われて秀吉に仕え、以後は秀吉配下の武将として「小牧・長久手の戦い」や「九州の役」に参戦した。

なお、一益配下にはもう一人儀太夫と呼ばれた滝川益氏《ますうじ》がいるが、その経歴は一部益重のものと混同している可能性がある。この益氏は、傾奇者《かぶきもの》で有名な前田慶次《けいじ》利益《とします》の実父という説がある。

伊藤《いとう》 伊右衛門《いえもん》 永光《ながみつ》

生没年不詳

滝川一益配下の武士。「天目山の戦い」で武田勝頼の首級を挙げたとされる。その後の伊藤の動静はよくわからないが、後年、豊臣秀吉子飼いで武断派の大名として有名な福島正則に仕えたという。

仁科《にしな》 信盛《のぶもり》

弘治三年（一五五七）〜天正一〇年（一五八二）

武田信玄の五男、勝頼の異母弟。父信玄の政策により、信濃の名族であった仁科氏の名跡を継いだ。主に越後の上杉氏の侵攻に備えて国境を警備していたが、天正九年（一五八一）、織田・徳川連合に備えて高遠城主に任じられる。

天正一〇年の信長の侵攻に際しては、城を囲んだ織田信忠の軍勢に対して奮戦したが敗れて自害した。享年二六歳。その首級は京で晒《さら》されたという。なお、子孫は武田に復姓し江戸幕府の旗本として存続した。

村井《むらい》 春長軒《しゅんちょうけん》
生年不詳～天正一〇年（一五八二）

諱《いみな》は貞勝《さだかつ》。織田信長の家臣。信長の信任が厚く、天正元年（一五七三）京都所司《しょし》代《だい》に任じられ、民政や朝廷との交渉などにあたった。「本能寺の変」の際には信長の嫡男《ちゃくなん》信忠のもとに駆け付け運命を共にした。

本作では、織田信長が京で晒された武田勝頼らの首級を見物するのに従っている。

武田《たけだ》 勝千代《かつちよ》
天正元年（一五七三）～天正一五年（一五八七）

穴山信君《あなやまのぶただ》の嫡男《ちゃくなん》で、父方の曾祖父が信虎、母方の祖父が信玄になる。諱《いみな》は信治《のぶはる》。穴山信君は武田勝頼から離反した際に、勝千代を武田氏の当主にすることを条件に織田信長に降っていた。勝千代と勝頼の娘との縁談が破談になったことが離反の一因ともいわれる。

本能寺の変の余波で信君が横死すると、徳川家康に属したが、五年後に病死した。享年一六歳。元服、結婚していたと思われるが嗣子がなく、穴山氏は断絶、武田氏も再び断絶した。

武田《たけだ》 万千代《まんちよ》
天正一一年（一五八三）～慶長八年（一六〇三）

諱《いみな》は信吉《のぶよし》、徳川家康の五男。母は武田氏の家臣秋山虎泰の娘で穴山信君《あなやまのぶただ》の養女だった。武田信玄の娘で穴山信君の正室であった見性院《けんしょういん》（武田勝千代の母）を後見人として武田氏の名跡《みょうせき》を継いだが、その後松平に復姓しているので、名目的にはこのときに武田氏は再び断絶したことになる。

「関ヶ原の戦い」のあと、下総《しもうさ》国佐倉一〇万石から常陸《ひたち》国水戸二五万石へ加増転封となったが、翌年病死した。旧穴山氏の家臣を抱えていたが、その多くが信吉の弟である徳川頼房が興した水戸徳川家に仕えた。

日賢上人《にっけん》
永禄二年（一五五九）～慶長四年（一五九九）

身延山久遠寺《くおんじ》の一八世住持《じゅうじ》。字《あざな》は純性、妙雲院と号す。本作では文禄五年（一五九六）の信虎の二三回忌法要に列席し、遺品を披露している。

小笠原《おがさわら》 掃部大夫《かもんのたいふ》 信嶺《のぶみね》
天文一六年（一五四七）～慶長三年（一五九八）

信濃国伊奈《いな》郡の松尾城主で、武田信玄配下の信濃先方衆の一人として働いた。正室は武田逍遥軒《しょうようけん》の娘久旺院尼《くおういんに》。信玄没後は勝頼に仕え長篠城在番などを務めた。織田信長の甲斐侵攻に際しては、離反して織田方につき、高遠城の仁科信盛を攻撃した。このため勝頼によって人質に出していた母親を処刑されている。「本能寺の変」の後は徳川家康に属し、「小牧長久手の戦い」や「小田原征伐」に加わり、武蔵国本庄で一万石を与えられた。

本作では、信虎に秘術を掛けられた一人として名前が挙げられる。

木曽《きそ》 義昌《よしまさ》 入道《にゅうどう》 玄徹《げんてつ》
天文九年(一五四〇)~文禄四年(一五九五)

信濃国木曽谷の領主で、木曽義仲の末裔《まつえい》を称する木曽氏の一九代当主。武田信玄の信濃侵攻で降伏したが、木曽谷の戦略的重要性から本領を安堵《あんど》され、信玄の娘 真理姫を正室に迎えた。勝頼の代になると、不安と不満を募らせ、ひそかに織田信長に通じて武田氏から離反した。これが信長の甲斐侵攻のきっかけとなった。このため、甲府に人質として差し出していた母と側室、および嫡男《ちゃくなん》を含む子ども二人を処刑された。

武田氏滅亡後は信長により加増されたが、「本能寺の変」に際してはうまく立ち回ることができず、結局木曽谷へ撤退した。その後紆余曲折《うよきょくせつ》を経て徳川氏の傘下に入り、家康の関東移封に従い下総《しもうさ》国阿知《あじ》戸《と》へ移り、同地で没した。本作では、信虎に秘術を掛けられた一人として名前が挙げられる。

下条《しもじょう》 九兵衛尉《くひょうえのじょう》 氏長《うじなが》
生年未詳~天正一〇年(一五八二)

武田信玄に仕えた信濃先方衆の一人である下条信氏の弟。兄である信氏は信濃国伊奈郡吉岡城の城主で、信玄の信濃侵攻に際しては対抗したが、服従し許されて重用された。信氏は信虎の娘を正室に迎えたため信虎の婿、信玄の義弟になる。

氏長は弟としてこの信氏を支えたが、織田信長の甲斐侵攻に際しては一族で信濃の滝沢要害で織田軍を迎え撃ったものの、突如兄を裏切って織田方に通じた。このため兄の信氏は遠江《とおとうみ》国へ逃亡して同地で死去。信氏の嫡男《ちゃくなん》信正は父に先立って三河国で客死した。「本能寺の変」の後、空き城になった飯田城を占拠するが、信氏の二男頼安と信正の子 牛千代によって殺害された。

本作では、信虎に秘術を掛けられた一人として名前が挙げられる。

葛山《かつらやま》 十郎《じゅうろう》 信貞《のぶさだ》
生年不詳~天正一〇年(一五八二)

武田信玄の六男で、葛山氏元の養子。信虎の孫で、勝頼の弟になる。信玄は、服従させた名族に自分の子を養子として送り込んで懐柔《かいじゅう》するという政策をとっていたが、信貞もその例の一つと考えられる。葛山氏の家督《かとく》は継いだが領国経営は御宿《みしゅく》氏ら家臣が代行し、信貞自身はほとんど甲府にいたと思われる。

本作で、武田勝頼が裏切った者として名を挙げているが、史実では甲斐善光寺で自刃、あるいは殺害された。享年は不明だが二〇歳代前半だったと推定される。また、信虎二三回忌の法要の場面で、信虎に秘術を掛けられた一人として名前が挙げられる。

「大坂の陣」で活躍し討ち死にしたことで有名な御宿勘兵衛政友は、葛山氏の家臣御宿氏の出身だが、信貞の子という伝承があり、また、政友は大坂入城に際し信貞の子貞友を伴っていたともいう。貞友は「大坂の陣」を生き延びて福岡藩の黒田忠之《ただゆき》に仕え、八〇歳まで生きたともいう。また、『福井市史』によれば「葛山六郎信貞」の孫が福井藩に仕え、その子孫三家が武田に姓を変えて明治まで存続したという。

浅野《あさの》 忠吉《ただよし》

天文一五年（一五四六）～元和七年（一六二一）

豊臣政権で重きをなした浅野長政・幸長《よしなが》父子、および徳川氏が覇権を握って後は、幸長の弟で広島藩主になった長晟《ながあきら》の三代に家老として仕えた。血縁でいえば長政の従弟にあたる。豊臣政権下で、五奉行のひとりである長政とその子幸長に甲斐国を与えられたが、忠吉はその命で、甲斐国河内領を支配した。この時、豊臣秀吉の姉である瑞竜院とともに、身延山久遠寺の本堂、大方丈、唐門を寄進している。文禄五年（一五九六）信虎の二三回忌法要が大泉寺で行われたときは、甲斐国は浅野氏が領有しており、本作では忠吉が法要に参列している。

また、主君であった浅野幸長は、浅野長政の嫡男《ちゃくなん》で、猛将として知られる。「文禄・慶長の役」では朝鮮に渡海して転戦し、「関ケ原の戦い」では、東軍の先鋒として西上し前哨戦《ぜんしょうせん》で活躍した。文禄二年（一五九三）、幸長は朝鮮に出征中だったが、甲斐に加増転封となり、さらに「関ケ原の戦い」の功で紀州和歌山に三七万石余で転じた。甲斐を領した際に、信虎が建立した大泉寺を菩提寺《ぼだいじ》としたが、和歌山に移封された際に、大泉寺八代目の陽山宗廣を随伴《ずいはん》させ、和歌山に紀州大泉寺を建立し菩提寺としている。

森《もり》 武蔵守《むさしのかみ》 長可《ながよし》

永禄元年（一五五八）～天正一二年（一五八四）

本作の終盤、武家の娘が町人と結婚することもあり得ることの実例として名前が出される。

長可は織田信長の配下の武将で、有名な森蘭丸の兄にあたる。信長の甲斐侵攻に際しては織田信忠に属して目覚ましい功を挙げ、恩賞として信濃国の四郡と海津城を与えられた。わずか一か月で新領を掌握すると、越後国の上杉景勝と交戦していた柴田勝家を側面から支援するために、上杉氏の本拠である春日山城を窺う位置まで進軍し、景勝を越中国から撤兵させている。

しかし、その最中に「本能寺の変」が勃発し、絶体絶命の窮地に立たされるが、犠牲を出しながらも武勇と知略で旧領の東美濃への撤退に成功する。その後は、豊臣秀吉に味方し活躍するが、「小牧長久手の戦い」で奮戦するも討ち死にした。享年二七歳。その武勇は「鬼武蔵」の異名によく表れている。

戦死する直前に正室である安御院《あんぎょいん》に遺言状を送っており、その中で、娘おこうの結婚相手について「武士ではなく、京の町人で医師などに嫁がせるように」と指示している。

武田神社祈願参拝

こだわりアイテム解説

棋譜《きふ》

本作中で、信虎と横手源七郎信俊が碁《ご》盤《ばん》を囲む場面があるが、これは、永禄九年（一五六六）に武田信玄と春日（高坂）弾正虎綱が行なった対局を再現したもので、文政一二年（一八二九）に刊行された『古棋』という書物に収載されている棋譜の通りである。

ただ、信玄の没後二〇〇年も経って出版されたもので、また、江戸時代以前は棋譜を残すという習慣がなかったともいわれ、真贋《しんがん》は定かではないが、専門家によれば、両者ともに相当の実力で、激しく見ごたえのある攻防はいかにも戦国武将らしいものとされる。勝敗は一六六手で白番信玄の中押《ちゅうお》し勝ちとなっている。

碁(江戸時代のものを使用)

武田典厩信豊の母衣《ほろ》

母衣とは、戦国時代の武者が背中に装着する大きな袋状の指物《さしもの》で、元来は矢を防ぐ防具だったものが、目立つことから個人を識別するための軍装の一つとなった。戦国時代も後期になると、大将の近習《きんじゅう》や使番《つかいばん》など許された者だけが着用し、これを付けて戦場を往来することは大変な栄誉であると考えられていた。武田典厩信豊の母衣は、父である古典厩信繁の遺品で、信玄の自筆で題目「南無妙法蓮華経」が書かれていた。

信繁が「川中島の戦い」で討ち死にする直前、信玄の自筆を敵に渡すのは畏《おそ》れ多いと、遺髪とともに嫡男《ちゃくなん》信豊に渡すよう家臣に命じたという逸話がある。実際は武田勝頼が受け継いでいたらしく、『甲陽軍鑑』によれば、信玄はその遺言の中で、この母衣

を信豊に譲るよう勝頼に命じている。有名な「孫子の旗」などの扱いも同じ遺言で指示しているので、それらと同じく武田氏における名誉と格式を示す品であった。

諏方法性《すわほっしょう》の兜・楯無《たてなし》の鎧《よろい》

諏方法性の兜は、武田信玄から勝頼に伝えられたとされる兜。金の角をもつ獅噛《しかみ》の前立と、白熊《はぐま》（インドのウシ科の動物ヤクの毛を脱色したもの）の兜蓑《かぶとみの》を持つもの（諏訪湖博物館所蔵）がそれとされ、後世に描かれた信玄の武装姿の肖像の多くがこの兜か、それに類した兜を着用した姿である。『甲陽軍鑑』によれば、この兜は武田勝頼が「長篠の戦い」で敗走する際、近習《きんじゅう》が捨ててしまったのを、小山田弥助という者が回収したという。ただし、同書はこの兜について、「諏方法性上下大明神と前立に書かれていた」としているので、前立の形式が異なる。

また、武田氏には「楯無」と呼ぶ鎧があり、新羅三郎義光《しんらさぶろうよしみつ》以来、代々相伝されてきた同家の重宝で、この鎧の前で誓ったことは決して破ってはならないという不文律があった。勝頼が天目山の田野で滅びる際に、嫡子《ちゃくし》信勝にこの鎧を持って逃げるよう命じたが、信勝が拒否したという話が『甲陽軍鑑』にある。甲州市の菅田天神社《かんだてんじんじゃ》に伝来する国宝「小桜韋威鎧《こざくらかわおどしよろい》」が、この楯無に比定されている。

孫子の旗

『甲陽軍鑑』によれば、武田信玄が戦陣で用いた旗は、「赤地に八幡大菩薩」二本、「赤地に勝軍地蔵菩薩」二本、家祖新羅《しんら》三郎義光《さぶろうよしみつ》以来の御旗《みはた》と呼ばれる日章旗一本、そして有名な「孫子の旗」一本である。

「孫子の旗」は「孫子四如《しじょ》の旗」「風林火山の旗」ともいい、黒地に金文字で、中国の兵法書である『孫子』の一節「疾如風　徐如林　侵掠如火　不動如山（疾《はや》きこと風の如《ごと》く、徐《しず》かなること林の如く、侵掠《しんりゃく》すること火の如く、動かざること山の如し）」を記したもの。

『孫子』の原文はもっと長く、なぜこの部分だけを抜き出したのかは明らかではない。おそらく、戦陣の教訓として信玄が最も共感できる部分を抜き出したのだろう。従って後世「甲州流」と呼ばれた「軍学」の極意《ごくい》を端的に表現したものととらえることができる。この旗を用いたのは、上杉謙信と戦った「川中島の戦い」からとされる。

さらに「三方ヶ原の戦い」の翌年、元亀四年（一五七三）三月以降には、この旗に「天上天下唯我独尊《てんじょうてんげゆいがどくそん》」の文字を書き加えたものを用いたとされるが、信玄は翌月死去している。この七文字は、仏教の開祖である釈迦《しゃか》が生まれた時に言ったとされる言葉で、なぜ『孫子』の一節のあとに、関連性のないこの言葉を続けたのかよくわかっていない。

『甲陽軍鑑』によれば、信玄は遺言でこれらすべての旗は勝頼には譲らず、勝頼の子信勝が一六歳で家督《かとく》を継いだら「孫子の旗」以外を継承するように命じている。

焙烙《ほうろく》火矢

本作で、望月六郎が使用した一種の手榴弾《しゅりゅうだん》。焙烙と呼ぶ、豆を炒《い》るなどに用いる素焼き陶器の浅い鍋を打ちあわせ、中に火薬を詰めて導火線（火縄ではない）を付けたもの。火を着けて手で投げたり投石器で投射したりした。火薬の他に石や鉄片なども入れていたので爆発すると飛散して周囲の敵兵を殺傷した。また、付近に可燃物があると延焼も期待できた。

ただ、焙烙はある程度の大きさがある（大きなもので直径三〇センチ程度）ので、本当に焙烙を用いて作ると個人での携行や投擲《とうてき》は困難で、また大きさに関わらず非常に薄く割れやすいので実用的ではない。投げられたとしても遠くまでは届かず、火薬の量が多くなるので投げた本人も死傷する可能性がある。おそらく専用の小さな容器を陶器や木などで作り火薬を詰めていたと思われ、第二次世界大戦末期に日本軍が使用した陶製手榴弾（陶器の容器に火薬を詰め、発煙筒のように摩擦材で点火した）に近いものだったと推定される。

陸上での戦いより海戦で用いられることが多かった。これは、狭い船上では逃げ場がなく、軍船は舷側に楯の役割をする防壁を立てていたので密閉度が高いこともあり、うまく投げ込めれば陸上よりはるかに効果的だったためと思われる。「厳島《いつくしま》の戦い」や「木津川口の海戦」などで毛利氏に仕えた村上水軍が使用している。織田信長の命で九鬼氏が建造し、「第二次木津川口の海戦」で村上水軍を圧倒した有名な鉄甲船は、村上水軍の焙烙火矢に対抗するために作られたとの説もある。

また、発展形として、大筒を用いて発射したものや、ロケットのように推進剤を燃焼させて飛翔するものまで開発されたが、戦国の世が終焉《しゅうえん》し、ほとんど使用されないままに廃れた。

礫《つぶて》打ち・印地《いんじ》打ち

本作では、信虎の家臣、郡内の玉鬼が敵に石を投げているが、この時代、合戦における投石は、鉄砲や弓矢に優るとも劣らない長射程兵器であった。礫打ち、印字打ちなどと言う。なにより落ちている石がそのまま使えるので、鉄砲はもちろん、弓矢に比べてもはるかにローコストであり、様々な戦場で多用された。

ある研究によれば、戦国時代における戦場での負傷の原因は、弓矢、鉄砲、槍、礫の順で多かったといわれ、多用の事実と有効性が証明されている。特に武田氏では「水役之者」の呼ぶ投石専門の部隊を運用していたといわれる。投げ方は、手で投げる場合もあるが、射程距離を延ばすために手拭《てぬぐい》のような長い布や棒の先に縄をつけたものを投石器として使うことも多かった。

また、実戦だけでなく祭礼の行事や子どもの遊びとして、集団が二手に分かれて石を投げあう石合戦《いしがっせん》も、中世から近世にかけて盛んにおこなわれた。幼い日の徳川家康が、安倍《あべ》川の河原で行われていた石合戦を見物し、少人数の方が勝つと予想し的中させた逸話が有名である。しかし、頻繁に死者が出るほどの危険が伴うため、しばしば禁令が出された。

信虎の猿

本作では「勿来《なこそ》」と名付けられた信虎の愛猿が登場する。『武田三代軍記』によれば、信虎は「白山」と名付けた猿を飼っていたが、この猿が脇差《わきざし》を抜いて、当直で詰めていた今井貞邦に切り付け傷を負わせてしまった。怒った今井は猿を切り殺したが、報告を聞いた信虎は、「猿に分別があるわけがない。今井は運が悪かっただけだ。にもかかわらず猿を切り殺したのは主である自分に刃を向けたも同然」と激怒し、今井を切腹させてしまった。（打ち首と言い張る信虎を、他の家臣がとりなして切腹となった。）

また、今井の妹は信虎の側室になって寵愛《ちょうあい》を受けていたが、「殿様を恨んでいるのではないか」と讒言《ざんげん》する者があり、それを真に受けた信虎に殺されてしまった。同書では、信虎のこのような暴虐非道な行いが、信玄による信虎追放のきっかけになったとしている。

もっとも、近年の研究では、当主を追放することで度重なる出征や飢饉《ききん》による領民や家臣団の不満を逸《そ》らそうとした、と考えられており、信虎の残虐行為については、信玄の家督《かとく》相続の正当性を主張するために捏造《ねつぞう》された可能性が指摘されている。

「武田膏薬《こうやく》入道」という信虎のあだ名

本作の信虎と武田勝頼が初めて会見する場面で、信虎が長坂釣閑斎を批判する際に言及している。

『甲陽軍鑑』によれば、永禄六年（一五六三）、嫡男《ちゃくなん》武田信玄によって甲斐を追放されて今川氏に身を寄せていた信虎が、信玄に「伝えたいことがあるので信用できる使いの者を派遣してほしい」と依頼してきた。命じられて日向玄東斎《ひなたげんとうさい》が遠江の圓福寺《えんぷくじ》にいた信虎を訪ねると、「今川氏は遠からず滅亡する。先年（永禄三年（一五六〇））、「桶《おけ》狭間《はざま》の戦い」で今川義元が織田信長に討たれたが、家督《かとく》を継いだ氏真《うじざね》は仇討《あだうち》をする甲斐性もない。また、三浦備後守正俊という奸臣《かんしん》がいて、氏真はそのいいなりになってしまっている。自分は何度も諫言《かんげん》したが聞き入れない。三浦とその一派は自分を憎んで武田膏薬入道と呼ぶ始末だ。この間にも織田信長、徳川家康は着々と勢力を伸ばしている。自分は今川氏に見切りをつけ上洛するが、信玄は今川を攻略し、駿河・遠江・三河の三国を取れと伝えよ」といい、翌々日には上洛したとする。

ここでいう「膏薬入道」の意味はよくわからない。膏薬とは塗り薬であるので、繰り返し氏真に諫言する様子を「べったりひっつく膏薬」と揶揄《やゆ》したものだろうか。

なお、現在では、甲斐追放後の信虎は義元在世中から何度も上洛や上方歴遊を繰り返しており、少なくとも弘治三年（一五五八）以降は、活動拠点を京都に移し、足利将軍家に奉公していたと考えられている。

三浦正俊については、義元が、氏真の補佐役の筆頭に任じた武将で、永禄八年（一五六五）に、氏真が徳川・織田側に寝返ろうとした飯尾連龍《いいおつらたつ》の曳馬《ひくま》城（後の浜松城）を攻撃した際に討ち死にしている。

信虎と鷹

本作の終盤、信虎が禰津松鷂軒《ねづしょうようけん》に鷹狩の鷹を無心する場面がある。当時の武将にとって鷹狩は、軍事演習や鍛錬の側面もあったが、なによりも自らの権威を誇示する場であった。したがって優れた鷹を所持・飼育することは、名刀や茶の湯の名器を所持するのと同じくステータスを示すものであった。織田信長や徳川家康が鷹狩を好んだことはよく知られている。

信虎については、大永五年（一五二五）、上杉謙信の父長尾為景《ためかげ》が北条氏綱に二羽の鷹を贈った際、甲斐国を通行しようとした使者を足止めし、一羽を取り上げてしまったという逸話が残っている。さらに、北条氏綱に渡った残りの一羽のほうが若い鷹であると判明すると、氏綱に強硬に交換を要請している。

信虎の横暴さを示すエピソードであるが、当時は、関東の覇権《はけん》を巡って対立していた信虎と後北条氏が、束の間和睦《わぼく》していた時期だった。しかし、信虎、氏綱は互いに相手を信用せず、和平がいつ破れても不思議ではない危うさをはらんでいた。事実、この直後、氏綱の領内通過の要請を信虎が拒否したことで交戦状態へ逆戻りしている。したがって、信虎の鷹の押収は、相手の出方を測るための意図的な行動、つまり、露骨に過ぎるが一種の外交戦術だったとも解釈できるのである。

左文字の太刀

作中、勝頼と初めて対面する場面で、信虎が武田家重代の左文字の太刀を抜き、一同を威圧するシーンがあるが、この場面は『甲陽軍鑑』に記載のある通りである。同書によればその場の雰囲気を「座中悉く《ことごと》氷り（凍り）、目もあてられぬもやう（模様）」と記す。作中では、この後信虎は、穴山梅雪斎に密命と共にこの太刀を与えている。

左文字とは南北朝時代の筑紫《つくし》国の刀工で、実名 安吉、法名は源慶、左衛門三郎を名乗り、鍛えた刀剣の茎《なかご》の表に「左」の一文字、裏に「筑州住」と銘を切ることが多く、そのため左文字と呼ばれる。作風から相州正宗の門人といわれ、「正宗十哲」の一人に数えられる。現存する作品は比較的多く、在銘品では国宝が三口《ふり》、重要文化財が四口あり、さらに磨上《すりあげ》無銘のうち二口が重要文化財に指定されている。ただし、信虎のいう「武田家重代の左文字」が現存しているのか、現存品のどれに該当するのかは不明である。

現存作の中で、信虎が所持していたという伝承のあるのが、無銘であるが重要文化財に指定されている「義元左文字」あるいは「宗三《そうざ》左文字」と呼ばれる刀である（京都建勲神社 蔵）。これは三好政長（半隠軒宗三《はんいんけんそうざ》）から信虎へ贈られ、信虎が娘婿である今川義元へ引き出物として贈ったもの。しかし、「桶狭間の戦い」で織田信長に分捕《ぶんど》られ、豊臣秀吉、徳川家康と伝わり、以後徳川将軍家に伝来した。信長・秀吉・家康が所持したため「天下取りの剣」と呼ばれる。しかし、「武田家重代」ではなく、本作の天正二年（一五七四）の時点では信長が所持していたはずである。

また、『甲陽軍鑑』の信虎と信玄の親子の確執《かくしつ》について述べている部分で、武田家の家督《かとく》とともに世子《せいし》に譲られるものとして、「楯《たて》なし（の鎧）」「御旗」とともに「義広の太刀、左文字の刀脇指」が言及されている。「義広」とは、同じく正宗十哲の一人で天下三作に数えられる郷《ごう》（江）義弘のことで、この太刀は信玄から勝頼に伝わり、信長、秀吉も一時所持し、のち徳川家に伝来した「甲斐国江」とされている。長らく行方不明となっていたがアメリカで発見された。

左文字の「刀脇指」については、やはり勝頼まで伝わり、「天目山の戦い」で滅びるときも「甲斐国江」とともに佩用《はいよう》していたという。しかし当時の「脇指」という語は現在の「短刀」を指すことが多く、少なくとも太刀ではない。したがって、信虎のいう「武田家重代の左文字の太刀」は、謎に包まれた太刀といえる。

なお、左文字ではないが、信虎が所持していたという銘（所持銘）の入った刀剣が複数現存しているとされ、中にはそれで家臣を手討ちにしたという伝承を持つものもある。

妙見菩薩と北斗七星

本作では、信虎が「妙見の力、つまり『霊光』」を駆使する。この妙見とは、北極星あるいは北斗七星など周囲の星も含めた「北辰」を神格化した妙見菩薩のことである。

本来的には中国の道教の北極星を神格化した神で宇宙の中心とされる北極紫微《ほっきょくしび》大帝《たいてい》、天皇大帝《てんのうたいてい》や北斗真君が仏教に取り込まれ護法神《ごほうしん》となったものである。菩薩とは言うものの大黒天や弁財天と同じ天部の一尊に数えられる。この妙見菩薩への信仰は中国の南北朝時代にはあったとされ、唐の時代には盛んに信仰された。神呪《しんじゅ》を唱えることで国家護持の利益《りやく》が得られると考えられていた。

日本へは飛鳥時代に渡来人によってもたらされ広まり、神道の至高の天空神ともいわれる天之御中主神《あめのみなかぬしのかみ》と同一視されることもあった。陰陽道《おんみょうどう》において霊符を司《つかさど》る鎮宅《ちんたく》霊符神《れいふしん》とも習合された。軍神とされたことで武家の信仰を集めたが、ほかにも水や馬の神としても崇《あが》められた。また、鎌倉時代から関東で覇を唱えた千葉氏は、妙見菩薩を氏神《うじがみ》として信仰することで一族の結束を図った。

千葉氏の末裔《まつえい》である幕末の剣豪千葉周作は、一刀流と家伝の剣法を併せて「北辰一刀流」を樹《た》てた。末裔まで妙見菩薩を厚

く信仰していたことが窺える。ちなみに、北辰一刀流は江戸三大道場に数えられるほど隆盛し、坂本龍馬が学んだことで知られる。現代剣道の基になった流派の一つである。

　この千葉氏が檀越《だんおつ》であった関係で、日蓮宗においては法華経の守護神として重要視された。妙見菩薩を祀った有名な寺院としては大阪府の能勢妙見山《のせみょうけんざん》が有名である。ただし、本作における北斗七星の黒子《ほくろ》や「霊光」は架空の設定である。もっとも、当時は神仏に帰依《きえ》することで加護が得られると広く信じられており、例えば上杉謙信の軍事的才能は、これも軍神である摩利《まり》支天《してん》への信仰の賜物《たまもの》であると言われ、本人もそう信じていたと思われる。

　また、催眠術のような特殊な術については、時代は少し下るが、熊本藩主 細川忠利《ただとし》に仕えた松山主水《もんど》は二階堂平法《へいほう》という武術の使い手であり、「心《しん》の一方《いっぽう》」という術で敵の動きを制することができたといわれが、これは一種の瞬間催眠術のようなものであったと考えられている。

天正二年二月八日の夜空

　本作の終盤、信虎が上杉謙信と北条国王に遺言状にも似た書状を認める場面があるが、この日は二月八日、寅の日であり、現代のグレゴリオ暦に換算すると一五七四年三月一日である。この場面で映し出される夜空は、当日の星の配置を再現したものである。

　星はもちろん時間の経過とともに移動するが、この日の夜八時ごろの西の空には八日月つまり上弦の半月がふたご座にあり、また隣のおうし座には木星、さらにその近くには金星が見えていたはずである。夜空で最も明るい天体は月であることはもちろんだが、二番目が金星であり、次に明るいのが木星である。さらにふたご座にはポルックス、おうし座にはアルデバランという一等星があるので、この日は、狭い範囲に明るい天体が集中していたことになる。さらに全天では、冬であるのでオリオン座のベテルギウスとリゲル、おおいぬ座のシリウス、こいぬ座のプロキオン、ぎょしゃ座のカペラと、他にも五つの一等星が見えていた。

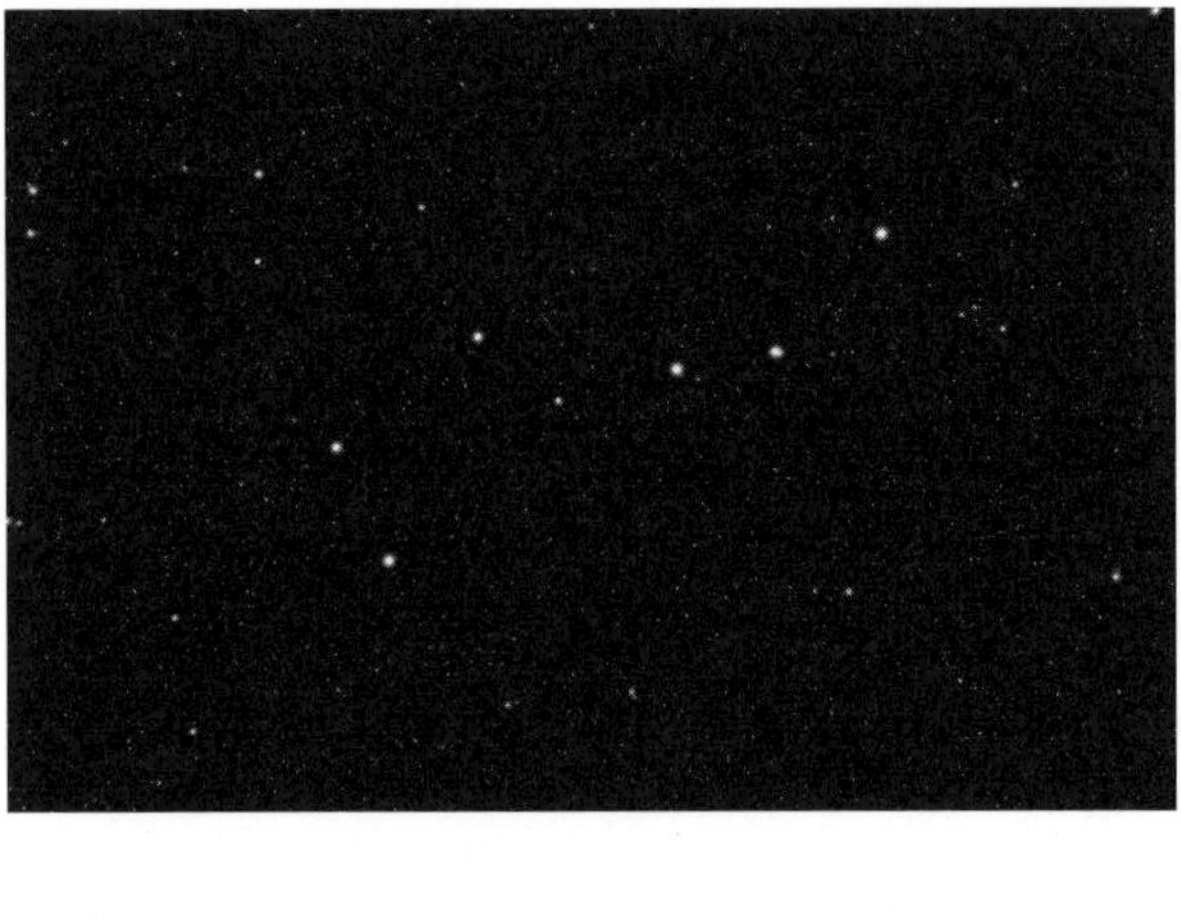

現代と違って空気が澄んでおり、地上に余計な灯火のない時代なので、晴れてさえいれば、無数の星がきらめく素晴らしい夜空であったと思われる。

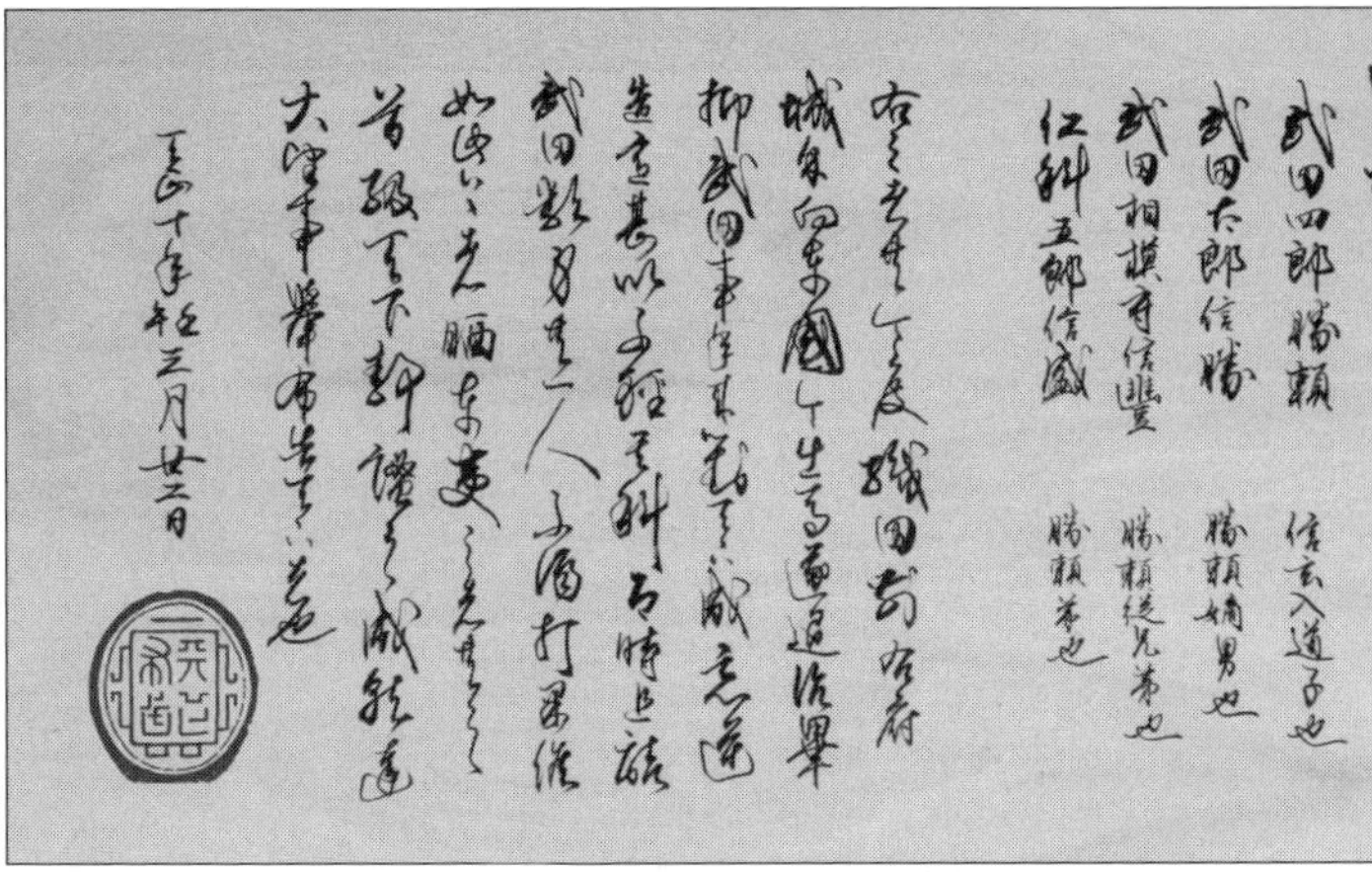

覚
甲州
武田四郎勝頼　信玄入道子也
武田太郎信勝　勝頼嫡男也
武田相模守信豊　勝頼従兄弟也
仁科五郎信盛　勝頼弟也
右之者共、今度織田前右府、城介向東国令出馬、遂退治畢、抑武田事、年来対天下成悪逆造意、甚以不軽其科、即時追詰、武田類身共一人不漏打果候、如此上者、晒東夷之者共之首級、天下静謐之成就、達大望事、挙布告天下者也
天正十年壬午三月廿二日

S#72で使われた立札（平山優 文案・鈴木暁昇 筆耕）

晒し首の高札

信長が武田勝頼・信勝・信豊・仁科信盛を晒し首にする場面で、撮影の小道具として高札を作成した。武田家考証の平山優氏に文案を依頼し、鈴木暁昇氏が筆耕を担当し完成した。完成した高札の写真と読み下し文を掲載する。

覚

甲州

武田四郎勝頼　信玄入道子也
武田太郎信勝　勝頼嫡男也
武田相模守信豊　勝頼従兄弟也
仁科五郎信盛　勝頼弟也

右之者共、今度織田前右府、城介向東国令出馬、遂退治畢、抑武田事、年来対天下成悪逆造意、甚以不軽其科、即時追詰、武田類身共一人不漏打果候、如此上者、晒東夷之者共之首級、天下静謐之成就、達大望事、挙布告天下者也

天正十年壬午三月廿二日

（訓読）

右のものども、このたび織田前右府（信長）・城介（信忠）東国に向けて出馬せしめ、退治を遂げおわんぬ。そもそも武田のこと、年来天下に対し悪逆造意をなす、はなはだもってそのとが軽んぜず、そくじ追い詰め、武田類身どもを一人も漏らさず討ち果たし候、かくのごときうえは、東夷の者共の首級をさらし、天下静謐の成就、大望を遂げること、こぞって天下に布告するものなり

天正十年壬午三月廿二日

『信虎』と武田三代の映画・ドラマ史

娯楽映画研究家　佐藤利明

映画『信虎』の題材には、日本史上にその名を轟かせた戦国の名将・武田信玄（永島敏行）の父・信虎（寺田農）と子・勝頼（荒井敦史）の武田家三代にわたる壮大なドラマが根底にある。信虎は信玄に追放され、信玄は嫡男を自刃に追い込み、勝頼は敵対した織田家によって滅ぼされた。歴史上、名高い武田家三代の物語はこれまでも、小説・映画・ドラマ・ゲームなど形を変え、人々を魅了してきた。信玄の父・武田信虎を主人公とした映画『信虎』をさらに深く味わうために、多様なメディアに登場した「武田三代」を紹介する。

追放された信虎は娘婿で駿河の国主・今川義元の庇護を受けるが、義元敗死ののち、京都に移り、将軍・足利義輝に仕える。義輝が三好・松永に弑され、尾張の織田信長が義輝の弟・足利義昭を擁立して上洛すると、信虎は新将軍・義昭に仕えた。やがて信長と不和となった義昭は、ついに挙兵。信虎は義昭の命令を受けて近江・甲賀で信長追討の兵を募っていた。『信虎』はこうして始まる。追放から三十年が経った元亀四年（一五七三）のことである。

主人公・信虎（初名は信直）は、戦国時代のさなか、永正四年（一五〇七）、父・信縄の死によって武田家の当主となった。群雄割拠の甲斐国（現在の山梨県）にあって、近隣の有力豪族を次々と撃破して支配下に収め、武田家の勢力を拡大していった。永正十五年（一五一八）には、守護所を川田（石和）より甲府へと移転し、躑躅ヶ崎館を建てて武田家の居館とし、城下町を整備して拠点とした。つまり、現在の甲府市にいたる礎を築いたのは信虎である。その後も、「攻めの武将」と評される通り、敵対する勢力を容赦なく撃破していき、天文元年（一五三二）、ついに甲斐統一を成し遂げた。

しかし、その強引で独善的なやり方に対する不満が、領民だけでなく配下の武将たちの間でさえ鬱積していった。度重なる出兵に領内の経済状態も悪化、飢饉もあり領民たちは疲弊する一方だった。昭和四十一年（一九六六）、日本テレビで放映された信玄の青春時代を描いたドラマ『武田信玄』では、往年の時代劇スター・高田浩吉が信虎を演じ、甲斐統一を進めていた時代が描かれた。

やがて、信虎の専制化を「暴走」と恐れた家老たちは、信虎に疎まれていた嫡男・晴信（信玄）を支援して信虎を追放し、当主に仰ぐ。NHK大河ドラマ初のカラー作品『天と地と』（一九六九原作・海音寺潮五郎）では田崎潤が信虎、高橋幸治が信玄を演じた。大河ドラマ史上第二位の平均視聴率三九・二％を誇る『武田信玄』（一九八八・原作・新田次郎）では平幹二朗が信虎役で、死の床についた信玄（中井貴一）と信虎が再会するという虚構のシーンが描かれた。これらの作品に一貫して、劇中での信虎は、ときに狂気じみた悪逆非道の暴君という悪役扱いであり、そのイメージから脱した信虎を主人公に据えた作品は本作がおそらく嚆矢となる。

黒澤明監督の『影武者』（一九八〇）は、信玄亡き後「三年間はその死を伏せる」との遺言を守るために、信玄（仲代達矢）の弟・武田信廉《のぶかど》（本作では武田逍遥軒）が、盗賊（仲代達矢）を信玄の影武者に仕立てるという物語。作中に信虎は登場しないが、信玄が父を追放したことがセリフで語られ、織田信長（隆大介）の差し金で、信虎に仕える田口刑部（志村喬）が、信玄の死の真偽を探りに来るというエピソードが展開されている。

信虎を追放した若き日の信玄が、さらに武田家の領地を拡大していく姿をダイナミックに描いたのが、時代劇の巨匠・稲垣浩監督が井上靖の歴史小説を映画化した『風林火山』（一九六九・東宝）である。信濃侵攻をめざす信玄（中村錦之助）を支える武田家の軍師・山本勘助（三船敏郎）を主人公とした物語。信玄の強引な信濃攻略により、領地を失った北信濃の国衆たちは越後の上杉謙信（石原裕次郎）を頼る。武田家VS上杉家の「川中島の戦い」をクライマックスに、スペクタクルが展開される。

この映画版と原作を同じくするNHK大河ドラマ『風林火山』（二〇〇七）では『影武者』で信玄とその影武者に扮した仲代達矢が信虎を演じ、信玄をテレビドラマ初出演の二代目市川亀治郎（四代目市川猿之助）が演じており、最終回にかけてのクライマックス「川中島の戦い」は放送回数を増話して放映された。

この「川中島の戦い」は、江戸後期の国芳をはじめとする歌川派の武者絵の題材や頼山陽の七言絶句「不識庵機山を撃つの図に題す」によって人口に膾炙していたテーマで、戦前から何度も映画化されてきており、昭和十六年（一九四一）の棟田博原作『川中島合戦』（東宝・衣笠貞之助監督）では信玄を大河内傳次郎、謙信を二代目市川猿之助（のちの初代市川猿翁）が演じている。甲斐の武田信玄と越後の上杉謙信は、信州川中島（長野県長野市）の地で五度にわたって対陣したが、映画やドラマに登場するのは、もっとも激しい戦いだった永禄四年（一五六一）の「第四次川中島の戦い」の場合が多い。

　ＮＨＫ大河ドラマ版（一九六九）と原作を同じくする映画『天と地と』（一九九〇・角川春樹監督）では信玄を津川雅彦、謙信を榎木孝明が演じている。ＮＨＫ大河ドラマ『独眼竜政宗』（一九八七）、『武田信玄』（一九八八）による空前の戦国ブーム（歴代平均視聴率第一位と第二位）の余熱が残るなかで待望された大作で、海外ロケによる「川中島の戦い」の一大シーンが鮮やかに描かれた。本作においてこの榎木孝明が『天と地と』以来、三一年ぶりに上杉謙信を演じているのも見ものである。

　この合戦以降は、信玄が北信濃まで制圧して、武田VS上杉の舞台は西上野から北関東へと移ることになった。「上洛西上《せいじょう》の夢」を抱いていた信玄にとって、長期にわたる川中島での戦いを始めとする上杉謙信との抗争は、いたずらに兵力を損耗しただけでなく、夢が見果てぬ夢で終わった最大の要因だった。隣国に強力なライバルが存在し、互いに牽制しあったために、結果的に上洛は織田信長に先を越されてしまうことになったのである。

　その上洛目的の「西上作戦」の最終作戦のクライマックスから始まるのが、黒澤明監督『影武者』（一九八〇）である。天正元年（一五七三）、東三河で野田城を攻め落とそうとしていた武田信玄（仲代達矢）は、城内から鉄砲で狙撃され「上洛の夢」を抱いたまま陣没してしまう。その死は秘匿し、嫡孫・竹丸（のちの武田信勝）が成長するまでの三年間は、一切動かずに武田家を守って欲しいと遺言を残す。すべてを託された信玄の弟・武田信廉（山崎努）が、信玄の影武者（仲代達矢）を「御館様」に仕立てて、織田信長（隆大介）および徳川家康（油井昌由樹）たちを欺こうとする。信玄の死を隠し通そうとする信廉たち重臣と、武田家を倒そうとする織田・徳川勢の暗闘が描かれている。

　信長と不和になった新将軍・足利義昭による信長追討の下知により、信玄が「西上作戦」を進行させていたのと同じ時期、映画『信虎』の物語の冒頭、義昭の相伴衆をつとめる信虎（寺田農）が伊賀で募兵を行う傍には家老・土屋伝助（隆大介）が近侍する。信虎が厚い信頼を寄せる重臣を演じた隆 大介は、四十一年前の『影武者』では織田信長を演じていた。地位も全く異なる役柄であるが、まさに「戦国の世を生きているかのような」その存在感は両作品を繋いでくれている。

　『信虎』では、永島敏行が信玄と信虎の六男・信廉（逍遙軒信綱）の二役を演じている。信廉は「第四次川中島の戦い」で、次兄・信繁が戦死したため、親類衆筆頭、つまり武田家のナンバー2となり信玄をよく補佐した人物で、その容貌が信玄と瓜二つであったことから信玄の影武者をつとめ、信玄の没後、小田原北条氏の使者として甲斐に赴いた板部岡江雪斎が信玄に扮した逍遙軒と対面した際、影武者と見抜けなかったとされる。

本作では、信虎（寺田農）は甲斐への帰国をめざして逍遙軒の居城・高遠城にたどり着き、逍遙軒の嫡男・平太郎（髙月雪之介）から、思いがけなくも信玄の死を知らされる。

さらに信玄の遺言では、後継者は勝頼ではなく、その長男である武王（のちの信勝）が指名されていた。勝頼（荒井敦史）は信濃の諏方家に養子に出されていたがための措置であると考えられるが、このことが武田家の命運を分かつ大きな波乱の種でもあった。

武田勝頼と長篠の戦いから武田家滅亡を描いた作品はこれまで数多く作られてきた。深沢七郎原作、木下惠介監督『笛吹川』（一九六〇・松竹）は、甲斐に流れる笛吹川のほとりに住む一家の五代に渡る物語。信虎・信玄・勝頼と武田家三代による、数々の戦に駆り出された息子を失う母親たちの悲しさを描いている。若き日の勝頼を武内 亨、晩年を浜田寅彦が演じている。

NHK大河ドラマ『武田信玄』（一九八八）の原作者・新田次郎には、その続編である『武田勝頼』があり、同作品は横山光輝による大河ドラマ版『武田信玄』のコミカライズと同時に漫画化され、大河では描かれなかった武田家の後日譚が補完されている。

このように、これまでさまざまな映画やドラマで綴られてきた「武田家三代」であるが、ダイナミックな武田軍の戦いは、ゲームでも格好の題材となった。アーケードゲーム『武田信玄』（一九八八）では、プレイヤーは武田信玄、あるいは武田信廉となり、「一五四二年・諏訪氏攻撃」から「一五六一年・川中島の戦い」までの四つのステージをすべてクリアして宿敵上杉謙信の打倒を目指した。二〇二一年には、アーケードアーカイブスの一つとしてPlayStation版とNintendo Switch版の配信が開始された。

音楽の世界でも、「武田家三代」のドラマは音楽家たちの創作意欲を刺激しないではおかなかった。

少々古い例だが、信玄と重臣たちの出陣を歌にした三橋美智也『武田節』（一九六一年、作詞：米山愛紫、作曲：明本京静）は、ミリオンセラーとなり、山梨県民の愛唱歌となっている。

こうして、さまざまなメディアで描かれてきた信虎・信玄・勝頼の「武田家三代」の物語。中でも、これまでほとんど描かれてこなかった、甲斐の国を作った男・武田信虎の晩年を描いた『信虎』は「武田三代サーガ」の足りないピースを埋める役割を果たしてくれる。甲斐統一を成し遂げた若き日のパワフルさを感じさせてくれるバイタリティ、武田家再興を願う情熱——寺田農の俳優としてのキャリアの集大成ともいうべき作品となった。

年代	ジャンル	タイトル	監督	原作	製作	主な配役
1941	映画／白黒	川中島合戦	衣笠貞之助	棟田 博	東宝映画	大河内傳次郎（武田信玄）
1960	映画／パートカラー	笛吹川	木下惠介	深沢七郎	松竹	武内 亨（武田勝頼） 8代目松本幸四郎（上杉謙信） 17代目中村勘三郎（武田信玄）
1966	TVドラマ	武田信玄			よみうりテレビ	高田浩吉（武田信虎） 倉丘伸太郎（武田信玄）
1969	大河／カラー	天と地と		海音寺潮五郎		田崎 潤（武田信虎） 高橋幸治（武田信玄） 石坂浩二（上杉謙信）
1969	映画／カラー	風林火山	稲垣 浩	井上 靖	三船プロ	中村錦之助（武田信玄） 三船敏郎（山本勘助）
1980	映画／カラー	影武者	黒澤 明		黒澤プロ／東宝	仲代達矢（武田信玄） 隆 大介（織田信長）
1986	TVドラマ／カラー	おんな風林火山			大映テレビ／TBS	石立鉄男（武田信玄） 隆 大介（織田信長）
1988	大河／カラー	武田信玄		新田次郎		平 幹二朗（武田信虎） 中井貴一（武田信玄）
1990	映画／カラー	天と地と	角川春樹	海音寺潮五郎	角川春樹事務所	津川雅彦（武田信玄） 榎木孝明（上杉謙信）
1991	大型時代劇スペシャル	武田信玄	中島貞夫		TBS／東映	千葉真一（武田信虎） 役所広司（武田信玄） 佐藤浩市（上杉謙信）
1992	年末時代劇	風林火山		井上 靖	日本テレビ	丹波哲郎（武田信虎） 舘 ひろし（武田信玄）
2006	正月ドラマ	風林火山		井上 靖	テレビ朝日／東映	松岡昌宏（武田信玄） 北大路欣也（山本勘助）
2007	大河／カラー	風林火山		井上 靖		仲代達矢（武田信虎） 市川亀治郎（武田信玄）
2008	正月ドラマ	天と地と		海音寺潮五郎	テレビ朝日／東映	渡部篤郎（武田信玄） 松岡昌宏（上杉謙信）

鷹を贈るこころ

諏訪流放鷹術第十八代宗家　大塚紀子

禰津松鷗（鷂）軒常安《じょうあん》は、小県《ちいさがた》禰津城主であり、江戸時代に伝承された禰津流の鷹匠として良く知られている。晩年の武田信虎が身を寄せた縁で、本作品に登場する。

戦国時代、ツルやガンなどの大きな鳥を捕えるため、大きく気性の強いメスの鷹が好まれた。格段に美しく、能力に優れた名鷹を手に入れたいと、諸将はこぞって追い求めた。それは時には金銀に比するほどの宝であった。

いかなる宝物も、扱いには非常に気を遣う。だからこそ贈る側はその価値を理解してくれる人に受け取ってもらいたいものだ。鷹狩は軍略に利用され、敵地を探る手段に使われることがあった一方で、鷹は贈り物として、和議の席に用意されることもあった。信虎より北条氏直に鷹を贈るよう頼まれた際、常安は信虎の意を汲んで特別な鷹を選んだはずであり、北条方の鷹匠もその意を主君に伝えたことだろう。信虎は平和の使者として、鷹に気持ちを託したのではないか。

鷹匠でありながら、常安は徳川家康に仕え、大名になった。戦国武将として多大な名誉であり、鷹術を学んだ門下生らはこぞって自身の名を冠し、吉田流、荒井流、屋代流などを創始した。いわば流派に仕官の価値が生まれた時代を創った人物と言っても良いだろう。鷹術のみならず処世術にも長けていたように察せられるが、人々が求めるものを熟知していたからではないかとも思う。気性の異なる様々な鷹や人を受け容れて、時に助け、生きたいようにさせてやる。時代が変わっても、そのような寛容さは貴重だろう。

蛇足ながら、私は本作の鷹を使うシーンに協力していない。アメリカ大陸で二〇世紀に発見されたハリスホークが登場した瞬間、あまりに現代的に過ぎないかと言葉を失った。が、諸々の事情を鑑みて、その一点で本作全体を断じるのは狭量に過ぎるというものだ。

予想外の結末には夢が溢れた。見終わった後、誰かと語り合いたくなった。

武田の甲冑

甲冑研究家 三浦一郎

武田の甲冑は、胴丸・腹巻・腹当と呼ぶ中世甲冑である。これらは、小札《こざね》と呼ぶ鉄あるいは革の小片を革紐《かわひも》で綴《つづ》って漆で塗り固めて作った板を、組紐・韋紐あるいは布帛《ふはく》で上下に繋いで作られている。この製法は、中世を通じて頑なに守られた。このように小札で作った甲冑を小札物と呼ぶ。

元亀二年（一五七一）に信玄が奉納したと伝えられる甲冑が浅間社《せんげんしゃ》（静岡県富士宮市・富士山本宮浅間大社）にある。このように信虎・信玄父子は、甲斐国の守護としての権威を象徴する堅牢かつ華麗な小札物の甲冑を装着して戦いに臨んだと思われる。

しかし、勝頼が同じ浅間社に奉納したと伝えられる甲冑は小札物ではなく、直接鉄あるいは革の延べ板を各段に使う板物の甲冑である。では、なぜ小札物が板物に変わったのであろうか。

それは、攻撃兵器が太刀・薙刀《なぎなた》・弓から槍・鉄炮に変わったからである。つまり小片の集まりである小札物の甲冑は、槍・鉄炮による一点集中型の攻撃に対して弱いからである。そこで新たに生まれたのが、各段に直接一枚の延べ板を使う板物の甲冑である。勝頼は、この新形式の甲冑に権威を持たせて浅間社に奉納したのである。

これは、他の戦国大名にはみられない画期的なことであり、すなわち勝頼は、槍・鉄炮戦に対応した板物の甲冑に権威を持たせた最初の武将といえるのである。そして親類衆の穴山信君《のぶただ》の甲冑注文状（註1）にみられる桶側胴（「おけかハとう」）も板物の甲冑を意としていると考えられる。つまり武田一族は槍・鉄炮戦を重視し、すでに防御兵器の甲冑にまで変革をもたらしていたのである。

さらに永禄十二（一五六九）年の軍役定書（註2）には「弓《ゆみ》・鉄炮《てっぽう》肝要候間《かんようそうろうあいだ》、長柄《ながえ》・持鑓等略之候《もちやりなどこれをりゃくしそうろう》ても持参」とみられ、当時の主戦武器である槍を略して鉄炮を用意するように指示している。これに、勝頼・穴山の甲冑を考え合わせると、武田は白兵戦だけでなく、すでに鉄炮による銃撃戦を想定した武装を求めていたということになろう。

（註1）「穴山信君条書」『戦国遺文 武田氏編』第六巻　三九三一号

（註2）「武田家朱印状」『戦国遺文 武田氏編』第二巻　一四六一号

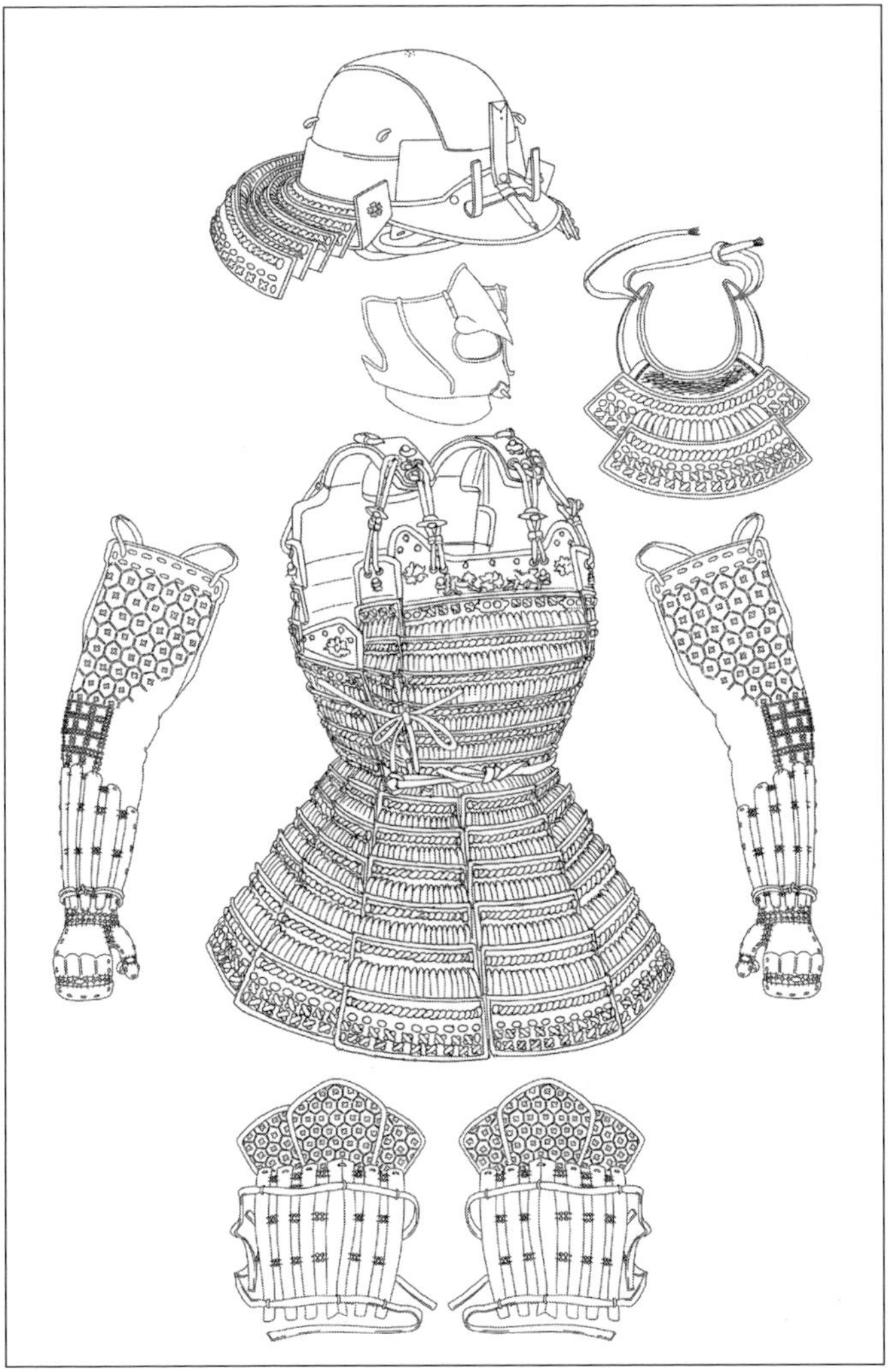

穴山信君具足注文想像図（画・永都康之）
（『武田信玄・勝頼の甲冑と刀剣』宮帯出版社より転載）

『信虎』との不思議な縁

企画・製作総指揮　宮下玄覇

私が演じられた武田信虎を最初に見たのは、一九八八年（昭和六十三年）ＮＨＫ大河ドラマ『武田信玄』の平　幹二朗の演技である。平の信虎は、演技が真に迫りすぎて憎々しさに溢れ、強烈な印象を残した。

それからおよそ十五年の歳月が流れ、私は古美術オークションで、初めて戦国武将の書状を手に入れた。それは、なんと信虎が書いた書状であった。改めて見ると素朴な筆致で、すっかり魅せられてしまった。「書は人なり」である。信虎は、平が演じたような憎々しいだけの人だったのか、私の心に疑問が芽生えた瞬間だった。

しかし、それから数年が経ったある日、父から、お前のコレクションはたまりすぎだから売りなさいと強く言われた。忙しさもあって、あまり考えずに京都の古美術オークションに出品してしまい、あっさり落札されてしまった。

私はすぐに後悔した。向こうから〝友達〟になってくれた人を裏切ってしまったような気持ちになった。信虎という人には、いつか何かしらの形で恩返しをしようと誓った。

それから二十年余りが経ち、ついにその機会が訪れた。私は二〇二二年に迎える「信玄公四五〇回忌」に合わせて映画を作ろうと志した。二〇一八年、その年は甲府市による「こうふ開府五〇〇年」の前年で、甲府の町を作った信虎を再評価しようという運動が起こっており、地元山梨は盛り上がっていた。私は信虎の晩年をモチーフにした脚本を書き、製作総指揮・プロデューサー・

共同監督などに就任して、優秀なスタッフの力を借りて二〇一九年の十一月から十二月にかけてロケを敢行した。

これまでに調べた成果を生かし、憎々しいだけの信虎には描かなかったつもりである。私の意図を理解してくれたのか、信虎役の寺田農さんは、信虎が降臨したかのようなすさまじい演技であった。これまで演じられてきたすべての信虎をはるかに超えたと確信している。

年が明けた二〇二〇年三月、東京町田市に泰巖《たいがん》歴史美術館が開館した。展示されていた多くの素晴らしい美術品や貴重な史料の中に、なんとあの時私が手放した信虎の書状があった。再会できるとは夢にも思っていなかったので、信虎が私を許して、会う機会を作ってくれたのだと感じた。

信虎は、一五七四年（天正二年）に亡くなった。二〇二三年（令和五年）の四五〇回忌は目前である。菩提寺大泉寺での法要に参列し、墓前にて映画『信虎』の報告をしたいと思う。

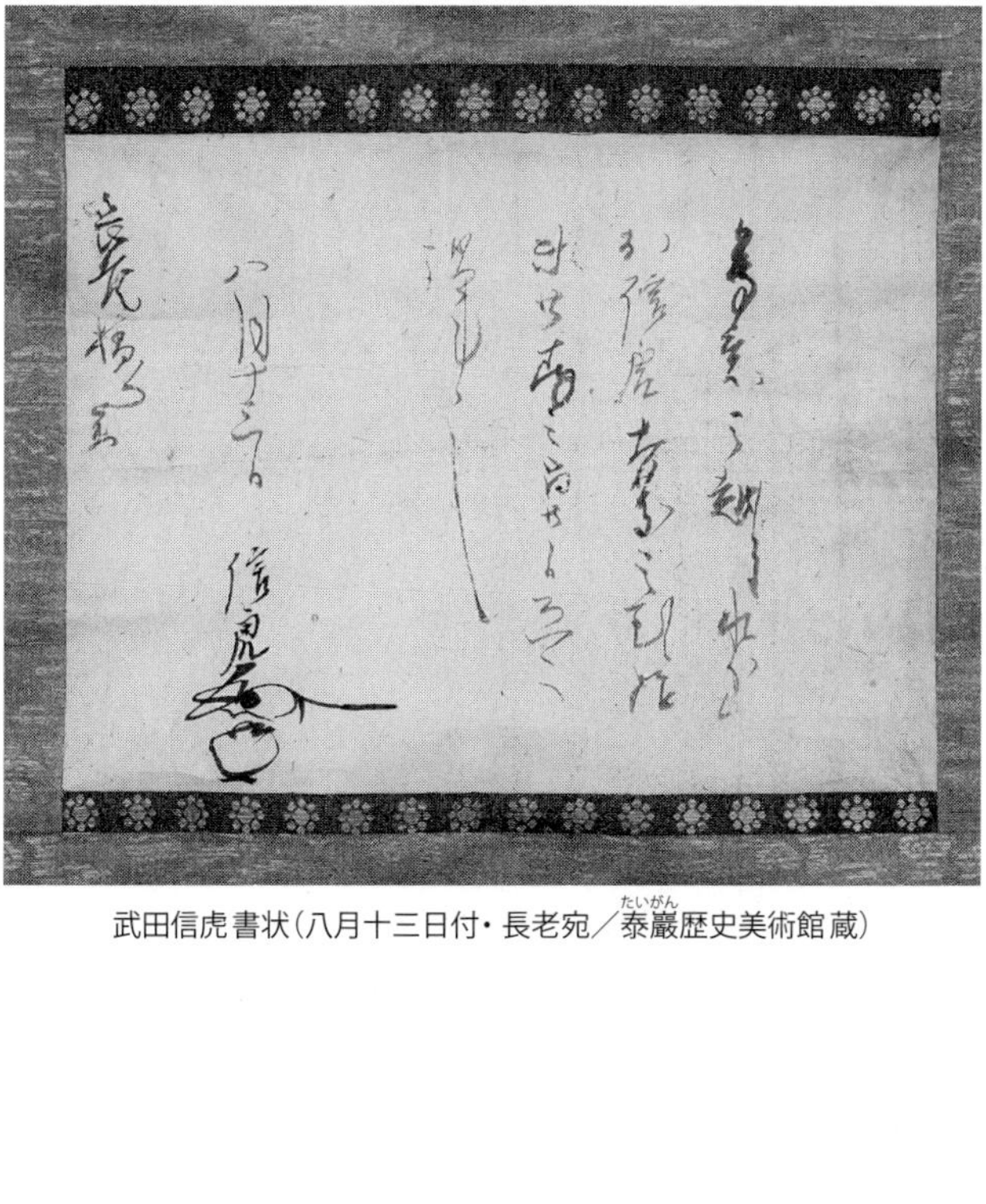

武田信虎書状（八月十三日付・長老宛／泰巖《たいがん》歴史美術館蔵）

特別寄稿

ムスカとわたし

寺田 農

「先生、ムスカ、ムスカやってぇ！」
「……」
「ラピュタのムスカ大佐よ」
「……あぁ、ま、まぁ君たちの成績が良かったら学期末にやりましょう」

十五年ほど前、ある大学で「映画」の授業を受け持っていた時、教壇を取り囲んだ女子学生たちの強いリクエストなのです。

宮崎駿監督・スタジオジブリ製作「天空の城ラピュタ」は一九八六年公開。その時すでに二十年も昔の話。たしかにムスカという名前には覚えがありましたが……。

三十五年前、アニメの声をやりました。

わたしは役者を始めた若い頃から、なにか知らない世界、やったことのない仕事が好きで、知らない世界というだけで首をつっこみたくなる。それは現在もまったく変わりません。そして完成作品にはまったく興味がない、撮影の現場が楽しければそれで良い。それも変わりません。映画とはいうのはしょせん製作者のもの、監督のものだからです。役者がとやかく言うことはないのです。

さて、未知なるアニメの世界。

声の収録は二日間にわたって行われました。台本はあったかどうか、いやもちろん台本はあったのでしょうが覚えてません。とにかくスタジオの正面のスクリーンにかかる映像を観ながら、マイクの前でセリフをしゃべっていくのです。わたしの役はムスカ大佐。念のため申し上げると、こういう場合わたしの出演場面だけをピックアップして収録を行うので、他の自分が出演していない箇所を観ることはありません。これを称して「抜き採り」といいます。

収録初日、鮮やかな美しい色彩に彩られた大きな画面が繰り広げられます。いやぁきれいだなぁなんぞと見とれてると、ムスカ大佐が色々セリフを言ってるじゃありませんか。慌てて口を動かしてももう遅い、画はとっくに他の人物に変わっている、イヤイヤてんやわんやの状態であります。

　このムスカ大佐なる人物、顔や姿がわたしに似てなくもない、メガネもわたしが普段かけている紫の薄いものとそっくり。まるではじめからわたしを想定していたかのようにも思える。だからこそわたしにお声がかかったのかと、なるほどねぇ……。

　ですがね、初日の後半にもなるとさっきのきれいな画面はどこにいったのかと、色も着いてない、しかもサササっと描かれた線だけの映像になる。これを「線画」と呼ぶなんてこたぁ知るはずもない。だんだん不機嫌になっていく自分の顔が、わたしはもちろん周囲の人たちにも分かります。

　そして収録二日目も半ばを過ぎると、もはや線画すらなく、真っ暗な画面にタイムラップという点々のマークが出てくるのみ。つまりこの時間内にセリフを言い終われと。今でこそアニメは作画と声の収録を並行してやらないと公開に間に合わないのだということは分かりましたが……。

　これには驚いたなんでもんじゃありません、もう辞めて帰ろうかと。しかも隣のマイクでは声優さんが(だいたいこの「声優」という、日本独自の呼び名がわたしは嫌いです。声の仕事も俳優の仕事の一部なのだから、わざわざ声優と断る必要はない)もの凄い声でしゃかりきに演じていらっしゃる。どうしてこんな点々のラップで芝居ができるのか、唖然とするばかりでした。

　そうやって「人がゴミのようだっ」や「目がっ！目がっ！」は生まれていったのです。

　わたしはどんな場面かの説明を受けただけですから、後にあのシーンがと言われても記憶に残りようがないのです。

　大学の学期末、幸か不幸か彼女たちの成績も良く、ムスカをやらざるをえない状況になりました。

　教室のマイクを通して「で、なんて言うの？」「『人がゴミのようだっ』『目がっ！目がっ！』ですよう」、大きな声でやりました。

　教室中大ブーイングの嵐……。

「似てないっ！ぜんぜん違うっ！」

　本人がやってるのに違うと言われてもなのですが、その本人が覚えていないのだからしかたがない。わたしは完成作品もまったく観てもいないのです。

　その後、ＤＶＤを観て心から反省をしました。いやぁ素晴らしい。絵も物語も面白い。なるほど世の中で「ラピュタ」が大ウケなワケが分かりました。わたしのムスカもちゃんとやっとるじゃありませんか。それからのわたしは、自分のムスカのものまねを三つほどできるようになりました……。

何年か前、お笑いの年末特番で「笑×演」というのがありました。芸人さんがホンを書き、役者が漫才を演じるというものです。ホンはサンドウィッチマンの富澤たけしさんで、わたしの相方はなんと、今回「信虎」で上杉謙信役で出演している榎木孝明さんです。榎木さんとも長いおつき合いですが、まさか漫才でご一緒するとはねぇ……。

ネタは榎木さんが歯医者で、わたしが患者。榎木さんがわたしの口の中をグリグリやると、わたしがあまりの痛さに思わず「目がっ！目がっ！」と叫ぶ、と、榎木さんが「歯の治療なのになんで『目がっ！目がっ！』なんですか」

会場内の若い観客は総立ち大拍手。おかげさまでわたしらは優勝、初代チャンピオンに輝いたのです。

いやはやムスカ人気は凄い。改めてビックリしましたね。

今回の「信虎」でも、製作総指揮・脚本・共同監督の宮下玄覇さんのご要望で、ラストにムスカへのオマージュとして「武田家は滅びぬ。何度でもよみがえるのじゃ」などと言わせていただいてますが、なんといっても三十五年前ですから、声も歯切れもなかなか昔のようにはいきません。

「トシがっ、トシがっ……」でーす。

信虎

甲府開府五百年 撮影
信玄公四百五十年 遠忌
信玄公生誕五百年 上映

2019–2022
（壬寅）

最終稿

製作 MPミヤオビピクチャーズ
（株式会社宮帯映像事業部）

禁複写

重要文化財 **武田道有(信虎)像**(武田逍遙軒 画、大泉寺蔵)

※シーン部分は、旧暦でなく**新暦**表記

字幕『この物語は、香坂（春日）弾正の／口述書『甲陽軍鑑』に基づき、／可能な限り その再現を試み、／必要な語句は字幕表示した』

字幕『信虎公（大泉寺殿）と信玄公、また／偽書と言われてきた同書に光を／あてた故酒井憲二先生に捧ぐ――』

1 江戸城　本丸御殿　情景

十月　二条城 二の丸 御殿

2 江戸城 本丸御殿 白書院 大広間

十月　（兵庫県）篠山城 書院

N（ニュース）字幕『元禄十四年（一七〇一）九月』

T『江戸城』

将軍のアップからズームバックする。

上段に五代将軍・徳川綱吉、背後に小姓（太刀《たち》持ち）、中段 側面（左側）に奏者番《そうじゃばん》（披露役の奉行）・阿部正喬《まさたか》、その対面に将軍の側用人《そばようにん》・柳澤保明《やすあき》（後の吉保《よしやす》）が座り、中段下座には武田信冬《のぶふゆ》が伏している。

阿部が判物《はんもつ》を読み上げている。

T『五代将軍 徳川綱吉』

阿　部「（途中より）表高家衆《おもてこうけしゅう》に任ず。よってくだんのごとし。元禄十四辛巳年《かのとみのとし》九月二十一日　武田虎之助殿」

字幕『表高家衆』

T『武田虎之介 信冬／後の織部信興』

信　冬「ははーッ」

信冬が深く礼をする。

T『柳澤出羽守 保明／後の吉保』

保　明「・・・（満足げに信冬を見つめている）」

2A　江戸城 西の丸 常盤橋　情景

十月　二条城　隅櫓

T『江戸城 常盤橋』

3　江戸城 西の丸 柳澤邸

十月　篠山城　孔雀の間

保明が息子の横手伊織と話をしている。

保　明「伊織《いおり》よ、こたび、断絶していた『武門の名家《めいけ》』武田家を再興することができた」

字幕『公方（将軍）／初御目見得』

T『柳澤保明の四男 横手伊織安通』

伊　織「正月に公方様《くぼう》に初お目見《はつめみ》えした折にご一緒した、虎之助殿のお家のことにござりましょうや？」

保　明「そうじゃ。かつて信玄公の家臣だったのじじさまは、あるとき、信玄公の父・信虎公から、武田家の行く末を託されたそうじゃ」

伊　織「それは真《まこと》にござりまするか!? 話を詳しくお聞かせくださりませ」

保　明「よし・・・話してしんぜよう。じゃが、長き話になるぞ。（微笑みながら）伊織よ、覚悟いたせ」

伊　織「はッ！」

伊織、興味深々に身を乗り出す。

メインタイトル『信 虎』

【M1「信虎・メインタイトル・ショートバージョン」スタート】

キャスト・スタッフ字幕

4

(和紙地)

字幕『天文十年(一五四一)、甲斐国を統一した武田信虎は、突然、嫡男信玄(晴信)によって駿河国に追放された/後に駿河国主・今川義元の元を離れた信虎は京に移り、将軍・足利義輝に仕える/義輝が三好・松永に討た後、尾張国の織田信長が義輝の弟・義昭を擁して上洛すると、信虎は新将軍・義昭に仕えた/信長と不和になった義昭は、ついに挙兵/信虎は将軍の命を受けて甲賀で兵を募っていた――』

5

近江国 甲賀の里 ご神巨石の前

五月上旬 わらびの里 巨石のところ

N字幕『元亀四年(一五七三)四月上旬』

T『近江国 甲賀』

風にはためく足利桐・花菱紋の旗。

頭巾姿の信虎は、ご神巨石の上で望月六郎・太吉《たきち》ら透破《すっぱ》(忍びの者)五人を左右に従え、意気込んで兵を募っていた。地侍《じざむらい》など十名ほどが聞いている。

【M1エンド】

信　虎「公方《くぼう》様が、とうとう信長を打倒なされる。甲斐の倅《せがれ》・信玄や越前の朝倉殿らが、諸国から続々と上洛いたそう。早くに我らに従えば、恩賞は思いのままじゃ」

字幕『公方（足利義昭）』

字幕『越前国守護　朝倉義景』

T『幕府相伴衆　武田陸奥守信虎入道』

そこへ家老の土屋伝助がやってきて、

T『甲斐より帰参した家老　土屋伝助昌遠』

伝　助「殿、あちらに使者が控えております る。お出まし下さりませ」

信虎が裏にまわると、そこには、信濃から来た日向《ひなた》玄東斎《げんとうさい》がすでに控えていた。

T『武田家　御使衆　日向玄東斎宗立』

5A

勢力図　インサート

玄東斎「徳川方の長篠城、二俣城などを攻略、いよいよ」
部分に挿入

玄東斎「入道様、わが武田勢にござりまするが、徳川方の長篠城、二俣城などを攻略、いよいよ遠江《とおとうみ》・三方原《みかたがはら》という所にて、徳川と、織田の援軍にぶつかりあい――」

6

遠江国 三方原　信玄本陣　インサート　五月上旬　嵯峨酵素 下の広場

【M2「信玄・勝利祈願」スタート】

T『遠江国 浜松城 北方 三方原』

天空バックに風になびく孫子の旗・諏方明神・天上天下・八幡大菩薩の旗からパンダウンして信玄にフォーカス。

信玄（顔色が悪い）は八幡大菩薩に勝利祈願の御歌《お》を献ずる。

N字幕『八幡大菩薩への献歌』

T『武田法性院信玄』

信　玄「ただ頼め 頼む八幡《はちまん》の 神風《かみかぜ》に 浜松が枝《え》は 倒れざらめや」

字幕「ただ頼め 頼む八幡の 神風に 浜松が枝【え】は
手折【倒】れざらめや」

そして、陣太鼓が四回大きく鳴らされ、
雑兵《ぞうひょう》たちの九字護身法《くじごしんぼう》を唱える声が聞こえてくる。

N字幕『九字護身法』

武田軍「臨《りん》・兵《ぴょう》・闘《とう》・者《しゃ》・皆《かい》・陣《じん》・列《れつ》・在《ざい》・前《ぜん》」
「臨・兵・闘・者・皆・陣・列・在・前」

字幕「臨　兵　闘　者　皆　陣　列　在　前
臨　兵　闘　者　皆　陣　列　在　前」

軍勢の突撃の声が響く。

7　近江国 甲賀の里 ご神巨石の前（イメージ明け）　五月上旬　わらびの里 巨石のところ

玄東斎「―― 大勝し、そのまま三河に攻め入り野田城を落としましたが、まもなく甲斐に向けて兵を引きましてござりまする」

信虎は仰天する。

【M2エンド】

信　虎「あり得ぬ・・・もしや、信玄に何かあったのか⁉」
玄東斎「（やや小声で）御屋形様《おやかた》は、ご危篤《きとく》にございまする」
信　虎「なんと！」
　　信虎は呆然とする。
信　虎「・・・信長を倒せるのは、信玄しかおらぬではないか！　今や信長は公方様《くぼう》に背《そむ》き奉《たてまつ》り、北は朝倉・浅井《あざい》・六角、南は松永・長島の本願寺、西は三好・石山本願寺と、三方で戦いながらも、なお優位に立とうとしておる」
　　字幕『朝倉　浅井　六角／松永　長島本願寺／三好　石山本願寺』
信　虎「東から信玄が、朝倉と軍を都へと進め、一気に信長の息の根を止めようというのが、こたびの作戦じゃ。その肝心の信玄が倒れて、何とするのじゃ」
　　と、玄東斎を叱りつけるようにまくしたてる。玄東斎が携えてきた木箱を取り出して、
玄東斎「こちらは、御屋形様よりお預かりしたお品にございまする」

玄東斎が箱を開けると　それは北斗七星の軍配であった。

信　虎「これはわしの軍配ではないか！　なるほど、信玄はわしに武田の家を託すというのか⁉」

玄東斎はその発言に驚く。

信　虎「相わかった、わしが甲斐へ戻り、三万の兵を率いて上洛致せばよいのじゃな⁉」

そう言って立ち上がる信虎。玄東斎は首を横に振る。

信　虎「伝助、この地は六角《ろっかく》殿にお任せして、まずは都に戻らん」

【M3「信虎・帰郷を決意」スタート】

字幕『近江国守護　六角承禎』

8　京・信虎邸の門　情景

五月上旬　（山梨県）雲峰寺　赤門

T『京　信虎入道邸』

9　京　信虎邸の庭

五月上旬　本法寺　書院

留守居をしていた黒川新助と小者（中間《ちゅうげん》）の小助が、蹴鞠《けまり》の練習をしている。信虎の末娘・お直《なお》が縁《えん》側でそれを見ている。縁の隅には武田雅楽助《うたのすけ》と信虎の愛猿・勿来《なこそ》もいる。

T『信虎の末娘 お直 この時十五歳』

T『京召し抱えの家臣 黒川新助 詮成』

T『信虎の小者 小助』

T『勿来《なこそ》』

新 助「あッ！」

小助の蹴り損ねた蹴鞠が飛んできて、お直の体にポンと当たる。

お 直「痛ー」

【M3エンド】

慌てて駆け寄る新助。

新 助「お直様、すみませぬ」

お直は（怒らず）微笑む。顔を見合わせて、笑う二人。

そこに、信虎と伝助、六郎が早足で戻ってくる。

式部丞「お帰りなさりませ」
信　虎「明日、甲斐へ向けて出立《しゅったつ》する！」
お　直「（不満）ええ～？」

仰天する新助、お直たち。

T『駿河召抱えの家老 清水式部丞』

式部丞「織田の領内を、通り抜けできましょうや？」

信虎は武田雅楽助《うたのすけ》、そして六郎の方を見て、

信　虎「志摩《しま》の海賊・武田雅楽助と、こたび加わった甲賀《こうか》の透破・望月六郎がおる。大丈夫じゃ」

字幕『志摩国』
T『志摩甲賀城主 武田雅楽助』
字幕『甲賀（近江国）』
T『甲賀透破の頭 望月六郎』

10 信虎邸　お直の部屋

五月上旬　本法寺　書院

部屋には化粧道具が置かれ、お直《なお》と伝助が座ってい

る。侍女《じじょ》A（お花）が控える。

お　直「山深き甲斐なぞ、行きとうござりませぬ」

伝　助「御料人《ごりょうにん》様、殿がすぐにご上洛なさるので、これは一時《いっとき》の旅とお考えくださりませ」

お　直「母上の故郷から離れとうない」

伝　助「母君《ははぎみ》は、帝《みかど》に仕えた位《くらい》高き女官《にょかん》でありましたな。御料人《ごりょうにん》様の名付け親は母君。『直』の字は父君の若かりし頃のお名・・・」

お　直「信直・・・？　父上は、まっすぐに進むよりも、『虎』のごとく右へ左へと、動かれる方が お好きなのじゃ」

字幕『信直』（オーバーラップ）『信虎』

と言って冷笑する。

11　京郊外の街道

五月上旬　（京都府）亀岡　山室

信虎一行は、勘太夫《かんだゆう》・玉鬼《たまおに》を先頭に、六郎・太吉が続き、雅楽助《うたのすけ》・藻右衛門《もえもん》・鮫次郎《さめじろう》・蟹蔵・磯丸の海賊衆五人、伝助、信虎（馬上）、新助、式部丞《しきぶのじょう》、お直《なお》（輿《こし》）、中間四人（輿持ち）、侍女《じじょ》ＡＢＣ、小助と中間一人（荷車）、牢人《ろうにん》四人、透破三人、馬の口取り三人の計三十四人。道を進んでくると、信虎の姿を見て煙管《キセル》でたばこをふかしている古田左介が、

T『長岡藤孝の若衆　古田左介景安　後の織部』

左　介「婿《むこ》入りを　まだせぬ先《さき》の舅《しゅうと》入り　聞く体《てい》よりは　猛《た》けだ入道」

字幕『婿入りを　まだせぬ先の舅入り　聞く体（菊亭）よりは　猛けだ（武田）入道』

と歌って　はやし立てる。追いかけようとする式部丞と伝助を制し、

信　虎「まぁ待て！　新助、叱ってまいれ！」

と新助に命じて鞭《むち》を渡し、新助は左介の元にを追いかける。

左　介「猛けだけしや～」

と言って左介は逃げていく。

輿の御簾をあげ、

お　直「何事じゃえ？」

侍女A「大事ござりませぬ」

伝　助「構わぬ、進め！」

式部丞「参るぞ」

T『甲賀透破　太吉』

太　吉「いまの歌は、何でござりまするか？」

伝　助「もう十年も前の話じゃが、お直御料人の姉君《あねぎみ》が菊亭大納言様に嫁がれる前に、殿が婿《むこ》に会いに何度も押しかけたもんじゃから、都で噂になってしもうたのじゃ」

字幕『信虎の娘婿　菊亭大納言晴季』

太　吉「都は大変な所にござりまするなー」

12　地図による信虎一行の京〜飯羽間への道程　五月上旬（京都府）亀岡　山室

一行の映像オーバーラップ

信虎一行《いっこう》は、京〜近江《おうみ》〜伊勢〜尾張〜美濃へと順調に進む。その距離感が地図で示される。

13

美濃国　飯羽間の街道

五月上旬　嵯峨酵素　奥の広場

T『美濃国 飯羽間《いいはざま》』『織田方の陣所』

伊勢から尾張に入り、順調に美濃国の飯羽間《いいはざま》まで進むが、織田方の遠山友信が三十人あまりの兵（武士五人・弓隊五人・長槍隊十人・鉄炮隊五人・小物五人）を従え陣を敷いていた。

T『美濃飯羽間城主 遠山右衛門尉友信』

遠　山「これより先は、武田領にござる。荷をあらためるぞ」

伝助が信虎に尋ねる。

伝　助「殿、いかがいたしましょうや？」

信　虎「伝助、ここは突破するしかなさそうじゃな」

信虎は馬から下りる。

伝　助「玉鬼よ、礫《つぶて》じゃ！」

【M４「街道の戦い」スタート】

T『甲斐の投石兵／郡内の玉鬼』

玉鬼は、持参していた小石を織田の鉄炮隊に投げつけ、また他の三人も石を投げ、それが敵に当たり、鉄炮隊、弓隊が倒れる。その後、織田の鉄炮隊が発砲し、玉鬼のほか侍女Cが当たって死ぬ。六郎が焙烙玉《ほうろくだま》（土器製の火縄付きの手榴弾）を投げつけ、鉄炮隊を壊滅させる。信虎自慢の牢人CDらは弓を引き、しばらく弓同士の戦となる。織田の長槍隊が槍衾《やりぶすま》を作り向かってくる。そこで、六郎が再び焙烙玉を投げて長槍隊を粉砕する。接近戦になると、太吉《たきち》ら甲賀《こうか》衆（透破）は棒手裏剣《しゅりけん》を放ち、遠山友信の弟の目に刺さる。

遠山弟「（「天空の城ラピュタ」ムスカ大佐風に）目が目がー」

遠　山「おのれー」

雅楽助「かかれー」

式部丞「殿、こちらへ」

信虎と、輿より出たお直らは、伝助・式部丞らに守られて山の斜面を伝って通り抜ける。鮫次郎《さめじろう》と蟹蔵（海賊）は投網《とあみ》で織田勢を搦め、磯丸（海賊）と勘太夫《かんだゆう》が槍と刀で突く。牢人五人は刀で激しく戦い、大いに活躍するが討死する。

Ｔ『志摩海賊　蟹蔵』『志摩海賊　鮫次郎』

Ｔ『志摩海賊　磯丸』

式部丞「勘太夫、門をあけろ！」

雅楽助《うたのすけ》は長巻、磯丸は十字槍で奮戦するも討死する。

信　虎「雅楽助《うたのすけ》！」

伝　助「殿、それがしはここに残り、殿《しんがり》になりまする。御料人《ごりょうにん》様と先をお急ぎくださりませ」

信　虎「伝助・・・」

伝　助「甲斐より都に駆けつけ、良き夢が見られ申した。いざ、故郷《ふるさと》へ」

と言って向きをかえ、長巻を左右に払い、道を封鎖する。それを見た太吉《たきち》も残る。

信　虎「大儀《たいぎ》じゃ。伝助、大儀じゃー」

と言って信虎らは去ってゆく。後ろを振り返るお直《なお》。そして、遠くから伝助の声が聞こえる。

伝　助「我が首を手土産にせよ！」

信　虎「大儀じゃ」

太吉《たきち》は討死し、伝助は槍で突き刺され絶命する。

14　岩村霧ヶ城の砦

五月上旬　嵯峨酵素　松茸広場

【M4エンド】

字幕『美濃国 岩村 霧ヶ城下 武田方の砦』

信虎一行《いっこう》十七人は、疲れ果てて岩村霧ヶ城の手前の柵まで辿り着く。武田兵二十人が、柵越しに一斉に鉄炮・弓をつがえる。

式部丞「武田信虎入道の家臣・清水式部丞《しきぶのじょう》である。入道様は、故あって、甲斐にお戻りになられる。ここをお通しくだされー！」

兵　A「通していいずらか?」

兵　B「先代様は、お国を追われた身のはずだでな?」

と、動揺する武田の兵たち。柵扉が開き岩村城代・秋山伯耆守の家臣 片切昌為が出てくる。信虎ら皆、も

う駄目だと、あきらめた時、

T『秋山虎繁家臣 片切源七郎昌為』

片　切「どうぞ、お通りくださりませ」

式部丞「かたじけない、殿」

信虎一行は慌てて、柵の中に入る。

織田軍が近づいてきて武田軍が鉄炮五挺を発砲し、織田方が三人倒れる。

遠　山「待て、待て待て。深追いいたすな。ひけー、ひけー」

織田勢は磬《けい》を鳴らして退却していく。

15　地図による信虎一行の飯羽間から高遠城への道程　五月中旬　嵯峨酵素

一行の画像オーバーラップ

N　『信虎様一行《いっこう》は、岩村霧ヶ城に入るも休む暇もとらずに甲斐国を目指されたのじゃ』

信虎一行《いっこう》は、岩村霧ヶ城～（清内路口《せいないじぐち》）～飯田城～大嶋《おおじま》城～高遠《たかとお》城へと進む。その距離感が地図で示される。

16　高遠城　（空堀・櫓）情景

五月中旬　（静岡県）高根城

字幕『信濃国 伊奈郡 高遠城』

17　高遠城　本曲輪《ほんくるわ》 広間

五月中旬　妙心寺　庫裏

本曲輪《ほんくるわ》の広間の上座に座している袈裟《けさ》の信虎。手には愛用の芭蕉扇。下座に式部丞。逍遥軒《しょうようけん》と家老（千野円室）が入ってくる。

T『信虎の六男 武田逍遥軒信綱 出家前は信廉』

逍遥軒「お父上、再びお会いでき嬉しゅうござりまする。こちらまでようご無事に参られました」

信　虎「おぉ、久しいぞ！ 昔から信玄に似ておったが変わらんのう。（間をおいて）わしは、そなたに聞きたいことが山ほどあるのじゃ」

逍遥軒「（顔が、一瞬曇る）それがしは、これより、甲斐府中《ふちゅう》に参らねばなりませぬ」

信　虎「なれば、わしも参ろう」

逍遥軒「それは無理にござりまする」

信虎は慌てて、

信　虎「なんと！　して信玄の容体はいかがじゃ？」

逍遥軒「（無視して）お父上、急ぎまするゆえ、これより、嫡男・平太郎《へいたろう》がお相手つかまつりまする」

18　高遠城　廊下

五月中旬　妙心寺　庫裏　外廊下

廊下で、歩みを止めた逍遥軒《しょうようけん》、独り言を言う

逍遥軒「驚きじゃ。お父上は、まだしっかりされておる。国が乱れねばよいが・・・」

19　高遠城　本曲輪　広間〈夜〉

五月中旬　妙心寺　庫裏

上機嫌の信虎。その他に、逍遥軒《しょうようけん》の子・平太郎《へいたろう》と家老一人、お直《なお》、式部丞《しきぶのじょう》が参加している。平太郎の小姓（小井弓藤丸）、同朋（辰阿弥）が下座に控えている。

T『逍遥軒の嫡男　武田平太郎　後の信澄』

平太郎「甲斐の国を統一なされたお爺様《じじ》のご武勇、父より聞き及んでおりまする」

そう言いながら、平太郎が信虎に酒を注ぐ。

信　虎「（笑って）さようか。平太郎、そちは、いまいくつじゃ？」

平太郎「十四《じゅうし》にござりまする」

信虎は平太郎の体を見て、

信　虎「いささか不摂生《ふせっせい》のようじゃな？」

平太郎は、蜂の子・イナゴを食べながらうなずく。それを気持ち悪そうに見ているお直。

信　虎「そうじゃ、平太郎。御屋形《おやかた》・信玄は、いかがいたしておる」

平太郎「（深刻な顔で）人払いを…」

式部丞、お直、家老が退座してゆき、信虎と平太郎の二人だけになる。

平太郎「お爺様《じじ》には、すぐにお耳に入ることゆえ、お話いたしまする」（かしこまって）『大抵《たいてい》は他《た》の肌骨《きこつ》の好《よ》きに還《かえ》す　紅粉《こうふん》を塗《ぬ》らず自《おのず》から風流《ふうりゅう》』」

字幕『大抵は他の肌骨の好きに還す　紅粉を塗らず自

から風流』

信　虎「それは誰の句じゃ？」

平太郎「御屋形様が、信州伊奈《いな》の駒場《こまんば》というところで詠まれたもので、飾りなく ありのままに生きるのが良いという、生涯を達観した辞世の句にござりまする」

字幕『伊奈郡 駒場』

信　虎「な、なんじゃと!?」

信虎は、驚く。

平太郎「御屋形様は四月十二日、ご帰陣のさなかに ご他界されたのでござりまする」

【M5「信玄死去の報」スタート】

N字幕『武田法性院信玄 陣没／享年 五十三』

信　虎「そ、それは真《まこと》か!?」

平太郎「真《まこと》にござりまする」

信虎は呆然《ぼうぜん》とする。

信　虎「そうか……（すぐに気を取り直して）遺言はあったのか？」

平太郎「ござりました。（間をおいて）それでは申し上げまする・・・

（改まって）一つ、越後の長尾謙信殿と和睦《わぼく》し、頼ること」

字幕『越後 上杉（長尾）謙信』

かすかにうなずく信虎。

平太郎「一つ、勝頼様のご嫡男・武王《たけおう》様が ご成人するまで、勝頼様は『陣代《じんだい》』とすること」

字幕『勝頼の嫡男 武王』

字幕『陣代』

首をひねる信虎。

【M5エンド】

信　虎「何？陣代じゃと？・・・（しばらくして）信州・諏方《すわ》の家に養子に出した子じゃから、武田の家督を認めぬということか。あくまでも勝頼は、代理」

独り言を言う信虎。

19A

諏方社の情景　インサート

一月　（群馬県）下仁田諏訪神社

T『信濃国　諏方社』

平太郎「一つ、自らの葬儀はせず、死を三年の間は隠すこと」

信　虎「三年？・・・」

平太郎「そして、自らの遺骸《いがい》に甲冑を着せ、諏方《すわ》の海に沈めること」

信　虎「信玄が神となって諏方の海に鎮座すれば、信濃の侍《さむらい》どもは背かぬと考えたのか・・・」

19B

諏方湖の情景　インサート　一月（群馬県）田代湖

T『諏方湖』

平太郎「それがしも、そう思いまする」

信　虎「信玄の人心掌握《じんしんしょうあく》の術《すべ》は見事であった。（思い出す）わしはかつて、信玄に国を追われた・・・わしが二男・信繁《のぶしげ》をあまりにかわいがり、信玄を廃して信繁《のぶしげ》に跡を継がせようと

25

考えたからじゃ」

字幕『次男 典厩 信繁（戦没）』

平太郎はうつむく。

信　虎「国を追われた あの日・・・わが家臣どもで、わしに付く者は一人もおらなんだ。甲斐の太守《たいしゅ》というのに『無人』、わしには家来が一人もおらんようになったのじゃ」

平太郎「無人・・・」

信　虎「わしはな、いま、『無人斎《むじんさい》 道有《どうう》』と号しておる。無人となりて道あり。わしの周りには誰もおらんようになったが、道はかえって開けた」

字幕『無人斎 道有』

信　虎「今では公方《くぼう》様の外様《とざま》大名衆の筆頭ぞ！」

平太郎は感心する。

平太郎「爺《じじ》様は、ご武勇だけではなく、政《まつりごと》にも長けておられるのですな」

信虎は、やや照れる。

信　虎「そうじゃな。国を追われていなければ、わしも謙信殿のように上洛していたであろうのう」

と言って誇らしげに笑う。平太郎が信虎に酒を注ぐ。

平太郎「御屋形様は凄きお方でしたが、お爺様《じじ》を追放し、またご嫡男・義信《よしのぶ》様を謀叛《むほん》の咎《とが》で切腹させました。そして、み仏《ほとけ》を恐れぬ大いなる過ちを、犯されたのでござりまする」

字幕『信玄の嫡男　武田義信』

信　虎「それはなんじゃ」

平太郎「お爺様《じじ》は、妙心寺の希菴《きあん》和尚をご存知《ぞんじ》でしょうや？」

字幕『前妙心寺住持　希庵玄密』

信虎はうなづく。

平太郎「御屋形様は、美濃の大円寺《だいえんじ》におられた希菴様を甲斐に招こうとなさりましたが、和尚はお断りになった。そこで、お討ちになったのでござりまする」

字幕『美濃国　大円寺』

信　虎「なんと！　あれほどの高僧《こうそう》を成敗したというのか？」

平太郎「和尚を討った者は信州伊奈《いな》の透波《すっぱ》三人でしたが、すぐに狂い死にしたよしにござりまする。御屋形様も同じく、

27

これで命運が尽きたのだと、それがしは思いまする」

【M6「信虎の夢」スタート】

信　虎「さほどに強き、み仏《ほとけ》の力があるのか・・・」

信虎はピン（妙見の秘術の話）ときた表情。

19C

身延山 久遠寺　本堂内　（回想）　インサート

立本寺　本堂

若き信虎（S#27と同じ）と日伝上人。

T『武田五郎 信直／信虎 二十六歳』

T『久遠寺住持 日伝上人』

何食わぬ顔で食べ始める平太郎。

N　『平太郎様は後に、肥満のため早死にされたのじゃ』

19D

信虎の夢

五月中旬　嵯峨酵素

天空バックに風になびく桐と花菱の信虎の旗からパンダウンして信虎フォーカス。

T『遠江国 浜松城下』

大鎧姿の信虎が、丘の上から信長・家康の布陣を見ている。脇には甲冑姿の式部丞、雅楽助がいる。

信　虎「信長が兵を引きそうな気配じゃ。家康が浜松城に入る前に先回りして討ち取れぃ！」

式部丞「はッ」

雅楽助「はッ」

×　　×　　×

時間経過あり。

百足衆「申し上げます。四郎勝頼様、家康を討ち取りましたー！」

信　虎「ようし！」

信虎は、豪快に笑う。そして「オー」「オー」という武士たちの声が聞こえてくる。

【M6エンド】

19E	高遠城　信虎の部屋　〈早朝〉	五月中旬　妙心寺　庫裏　食堂

信虎は上体を起こし、我に返る。

信　虎「夢か・・・」

20 高遠城から見える山並み

五月中旬　本法寺 本堂　広縁／南アルプス（長野県松川町）

山並みと空を眺めている信虎。そこへ逍遥軒《しょうようけん》が来る。

信　虎「わしはいつ甲斐に行けるのじゃ？」

信虎が逍遥軒に食ってかかる。

逍遥軒「申し訳ござりませぬが、お父上の甲斐ご入国は、いまは混乱の元になるゆえ、お控え頂くように との、奉行衆からの申し出にござりまする」

信　虎「な、なんじゃと!? わしは、信玄から武田の家を託されたのじゃ！」

逍遥軒「それは ありえませぬ。勝頼様はいま『信玄隠居における家督相続』の書状を各所に発せられ、ご多忙にござりまする。それが落ち着かれましたら、こちらに参られるよしにござりまする」

信　虎「何!? 家督と申したか？」

逍遥軒「はッ」

信　虎「信玄の遺言では、勝頼は『陣代』であり、家督はまかりならぬとのことではなかったか⁉」

逍遥軒「よう、ご存じで・・・」

信　虎「それは勝頼の意思か？　それともそのかす者が誰《たれ》かおるのか？」

逍遥軒「跡部大炊助《おおいのすけ》殿と長坂釣閑斎《ちょうかんさい》殿にございましょう」

信　虎「跡部と長坂か・・・勝頼に一時も早く会わねばならぬ」

と言って唇を噛みしめる。

21

欠番

22

欠番

23

高遠城　本曲輪　大広間

五月下旬　妙心寺　庫裏

N字幕『十日後／四月下旬』

とうとう勝頼と家老衆が高遠城に来ることになった。信虎は一畳台の上で待つ。逍遥軒、武田家中《かちゅう》一の伊達者・一条信龍、勝頼の寵臣《ちょうしん》・跡部、長坂、山県、内藤、春日、馬場の家老衆が着座している。そして、小笠原憩庵《けいあん》が下座側に現れ、

憩　庵「御屋形様のお成《なり》にござりまする」

と言って、下座に座る。そして、小姓《こしょう》（太刀《たち》持ち）を連れた勝頼が下座側より現れ、皆は ひれ伏す。信虎は立ち上がり、

信　虎「おぉ、勝頼殿、会いたかったぞ！」

と言って、勝頼を出向かえるが、勝頼は、軽く会釈してすり抜け一畳台に腰を下ろす。小姓は勝頼の後方に控える。信虎は座る所がなくなり脇息に腰掛ける。

T『信玄の四男　武田四郎勝頼』

勝　頼「爺様《じじ》、信玄が嗣子《しし》・四郎勝頼にござる」

字幕『嗣子』

信虎はうなずいて、

信　虎「勝頼殿、こたび信玄が亡くなったことは一大事！　わしも
こうして都よりかけつけてまいった。織田・徳川の事、
早急に手を打たねばならぬ」
T『跡部大炊助勝資』
跡　部「信虎様、跡部大炊助《おおいのすけ》にござりまする。その件につき、お
考えを承りとう存じまする」
信　虎「その方が跡部か・・・」
T『長坂釣閑斎光堅　出家前は虎房』
長　坂「ご無沙汰いたしております、長坂筑後守《ちくごのかみ》虎房《とらふさ》にござりま
する。信虎様はご追放の身。その事をわきまえてお話く
ださりませ」
信　虎「(少し怒って)なんじゃと!?」
T『信虎の九男　一条右衛門大夫信龍』
信　龍「父上、いや入道様、まずはここにおる家老衆を紹介いた
しまする」
長　坂「信龍《のぶたつ》様、『入道様』の名は前《さきの》御屋形様ともかぶり、ややこ
しゅうござる。『信虎様』のお名か、ご法名《ほうみょう》でお呼びくだ

さりませ」
信　虎「今のわしの名は、『無人斎《むじんさい》』じゃ」
T『信濃海津城代 春日弾正忠虎綱 旧姓香坂』
春　日「（小声で）無人・・・」
その途端、信虎の号の意味がわかった春日弾正《だんじょう》が噴き出して笑ってしまう。
春　日「これは申し訳ございませぬ」
信　虎「そちは誰じゃ！」
信虎は春日の正面まで進む。
春　日「それがしは春日弾正《だんじょう》と申しまして、北信濃・海津城代《かいづじょうだい》・・・」
信虎は春日の発言を制して、
信　虎「聞き及んでおるぞ。百姓の倅《せがれ》を家老にまで引き立てるとは信玄の分別《ふんべつ》を疑ったが、（やや声高に）越後の『上杉』を抑えておるそうじゃの！」
春日は礼をする。
長　坂「信虎様、当家では、謙信殿の『関東管領《かんれい》・上杉家』の相続を認めておりませぬ。『長尾《ながお》』でお呼びくださりませ」

字幕『関東管領』

信　虎「（長坂の発言を無視して）信龍《のぶたつ》よ、ここにおる他の者の父の名も教えてはくれぬか？」

信　龍「はッ。『教来石《きょうらいし》遠江守《とおとうみかみ》』殿の子で、『馬場伊豆守虎貞《とらさだ》』殿の名跡《みょうせき》を継いだ、美濃守信春殿」

字幕『教来石遠江守／馬場伊豆守虎貞』

T『信濃牧之嶋城代　馬場美濃守信春』

馬場は礼をし、信虎はうなずく。

信　龍「次に、『工藤下総守《しもうさのかみ》虎豊《とらとよ》』殿の子で、『内藤相模守虎資《とらすけ》』殿の名跡《みょうせき》を継いだ、修理亮《しゅりのすけ》昌秀《まさひで》殿」

字幕『工藤下総守虎豊／内藤相模守虎資』

T『上野箕輪城代　内藤修理亮昌秀』

内藤は礼をし、信虎はうなずく。

信　龍「『飯富《おお》兵部少輔《ひょうぶのしょう》』殿の弟で、『山県河内守《かわちのかみ》虎清《とらきよ》』殿の名跡《みょうせき》を継いだ、三郎《さぶろう》兵衛尉《びょうえのじょう》昌景《まさかげ》殿」

字幕『飯富《おお》兵部少輔虎昌／山県河内守虎清』

T『駿河江尻城代　山県三郎兵衛尉昌景』

信虎は山県の前に来る。

信　虎「おぉ、飯富《おお》兵部少輔《ひょうぶのしょう》か。懐かしや・・・。皆、知らんと思うが、美濃の太守・土岐《とき》殿の小姓であったのを、わしが甲斐で一番の知行《ちぎょう》を与えたのじゃ。（微笑んで）そなたは弟か。ならば、良き働きをするであろう」

山　県「恐悦至極に存じまする」

山県は礼をする。すると、信虎は顔をしかめ、

信　虎「しかし、山県といい馬場、内藤、工藤、こやつらはかつてわしが成敗した者どもではないか！　そやつらには、わしの『虎』の一字を与えたというに、背きおった輩《やから》じゃ。その家を信玄は再び興したというのか・・・」

信虎の発言で、微妙な空気が流れる。

信　虎「（笑）・・・まあ、よいわ」

跡　部「御屋形様は、夕刻までに甲斐府中《ふちゅう》に戻らねばなりませぬ。ご口上をお急ぎくださりませ」

信　虎「跡部とやら、わが武田家存亡《そんぼう》に関わる重大なる評定《ひょうじょう》なる

ぞ！」

勝　頼「爺《じじ》様、当家の『存亡』とは、深刻に過ぎまする」

信虎、勝頼のほうに向きなおって、

信　虎「なんと⁉」

勝　頼「織田の領国は広いものの その兵は たいしたことありませぬ」

意外な発言のため、信虎はやや呆れる。

勝　頼「徳川も、前《さき》の三方原《みかたがはら》の戦《いくさ》で上州《じょうしゅう》・小幡《おばた》の赤武者《あかむしゃ》が馬で突撃したのを見て、狼狽《ろうばい》していた様子。爺様は、わが兵の力を見くびられておりまする」

字幕『上野国 小幡家 赤備えの武者』

長　坂「当家は、北信濃の村上、越後の長尾などと、激しき戦《いくさ》をしてまいりました。いまや、我が軍は日《ひ》の本《もと》一の強さにござりまする」

字幕『元北信濃領主 村上義清』

信虎は納得いかない顔をして、話題を変える。

【M7「荒大将信虎」スタート】

信　虎「勝頼殿の母は誰ぞ？」

長　坂「諏方《すわ》刑部大輔《ぎょうぶのたいふ》様の ご息女《そくじょ》にござりまする」

字幕『諏方 刑部大輔 頼重』

信虎はうなずいて、

信　虎「勝頼殿の爺は、我が婿の諏方殿か・・・（やや小声で）あの
猪武者に よう似ておるな」

信虎による動揺作戦に、跡部・長坂は怒りに震える。

信　虎「本年で いくつになる？」

長　坂「二十八にござりまする」

信　虎「諸国を見聞してきたわしにとって、勝頼殿はまだまだ経
験不足に見える」

跡部はいきり立って、

跡　部「聞き捨てなりませぬぞ！」

ここで信虎は勝負に出る。ゆっくりと立ち上がり、

勝頼のほうを歩き、

信　虎「信玄の遺言では、三年間は戦をするなということだそう
じゃが、これは勝頼殿が『陣代』としての話。わしが再び

家督を継げば、信玄の死を秘する必要はない。そして三年を待たず、戦も出来る。わしが当主の座に返り咲くというのは、いかがじゃ？」

跡　部「何を仰せになられます！」

信　虎「今は、越前朝倉殿及び諸大名、本願寺殿と連携し、織田の領内に攻め込むべき時なのじゃ！」

字幕『本願寺法主 顕如』

23A

勢力図　インサート

信虎は勝頼の方を向き、

信　虎「三年経てば、織田の天下は決まりぞ！」

と言う。勝頼は顔をそむける。

信　虎「いま勝頼殿が、信玄の遺言に背いて織田・徳川と戦うは、家老衆が納得せぬじゃろう。いかがじゃ？」

信　虎「信玄は　とにかく慎重な男で、千の兵が籠もる城を五千で攻めるは危ういと言い、十里攻められるところを三里しか進ませなかったと聞く。じゃから時ばかりくって、寿命が尽きたのじゃ」

信　虎「いまの武田には、甲斐国の統一を成し遂げた、この『虎』のごとき素早き わしの戦術が必要なのじゃ！」

信　虎「今一度聞く。わしに、再び家督を継いで欲しいと願う者は、ここにはおらぬのか⁉」

信虎は、家老衆を見る。信虎は太刀を抜き、

信　虎「この太刀で、先ほどの馬場・内藤・山県を成敗《せいばい》したものであったな」

と言いながら、袈裟《けさ》斬りのように太刀を振り下ろす。

一同、凍り付いた途端、下座にいた小笠原憩庵《けいあん》が御前《ごぜん》まで進み出て、太刀を見る。

T『御咄衆 小笠原憩庵』

憩　庵「ほー、名刀にござりまするなー」

信　虎「武田家重代《じゅうだい》の太刀『左文字《さもんじ》』じゃ」

字幕『左文字』

憩　庵「お見せくださりませ」

と、強引に太刀を受け取り、鞘に収め、しばらくしてから長坂に渡す。

長　坂「信虎様は、お年を召されても、尋常《じんじょう》ならざる荒大将にございまするな」

【M7エンド】

信虎は長坂のほうに近づき、

信　虎「長坂、そちは今川の邪《よこしま》なる家臣・三浦備後守《びんごのかみ》そっくりじゃの。備後守はの、わしが孫である氏真の、いいかげんな政にいろいろ意見を言うたもんじゃから、わしのことを、塗り薬のようじゃ、武田の『膏薬入道《こうやく》』じゃ、とぬかしおった。氏真は、あの三浦備後の言いなりになったから、国を失ったのじゃ！」

字幕『今川家家老　三浦備後守正俊』

字幕『信虎の外孫　今川氏真』

字幕『武田膏薬入道』

長坂は怒る。

逍遥軒「せっかくの祖父と孫の初の対面なのに、このような話は、信玄様もお喜びにはならぬ」

勝　頼「爺《じじ》様の手を借りずとも、それがし が すぐにでも上洛し、公方《くぼう》様をお助け申す」

馬　場「（慌てて）勝頼様、軍を動かすことだけは なりませぬ。三年お待ちくださりませ。それがしは信玄様より、きつく言いつけられておりまする」

長　坂「逆に織田・徳川が攻めてきたら、いかがされるおつもりか？」

内藤が、長坂に向かって怒鳴る。

内　藤「長坂！　そなたが勝頼様に、上洛などと吹き込んだのか！」

内　藤「国境《くにざかい》の城に援軍を怠らず、敵に奪われぬようにすれば、三年はなんとかなる！」

山　県「かつて信玄様は、こう お命じになられた。信長が信濃に出兵してきたら、難所《なんしょ》に陣を張り持久戦に持ち込むべきじゃと。そして機を見て一撃を加えよ と」

42

家老衆一同が、うなずく。

春　日「まずは信玄様の仰せの通り、北の謙信と和議を結び、南の国境に兵を移されるのが、宜しかろうと存じまする」

跡　部「あの憎き長尾謙信との和議には、賛同いたしかねる。まずは、五カ国の総軍勢を出すのはやめ、御屋形様ではなく、家老衆が国境に対して甲斐より援軍を出す、というのは いかがでござりましょうや?」

勝頼はうなずき、

【M8「勝頼の自信」スタート】

勝　頼「よき考えじゃ。そのようにいたす。家老衆、異論はないな?」

一同、ひれ伏す。

勝　頼「爺様、信長・家康は、我らの先陣を見ると軍を引いてしまうゆえ、捉えることが出来ませぬが、三年後に野戦《やせん》に引きずり出し、必ずや素っ首を討ち取ってみせまする!」

信　虎「勝頼殿は、すごい自信じゃが、仮に戦で大敗し、そのまま領内に攻め込まれたら、いかがいたす?」

勝　頼「先ほど山県三郎兵衛《さぶろうびょうえ》が申した通り、そうやすやすとは信濃は通れませぬ。信濃の侍どもは強く、逃げる者もおりませぬ」

信　虎「仮に信濃が突破され、甲斐に攻め込まれるようなことがあれば、いかがいたす？　織田に降《くだ》るのか？」

勝　頼「『御旗《みはた》』・『楯無《たてなし》』の鎧《よろい》に誓っても、決してあり得ぬことにござる。奥州へ逃れ再起をはかりまする」

【M8転調】

字幕『御旗　楯無（武田家重代の旗・鎧）』

家老衆たちはこれを聞いて、絶句する。

信　虎「八戸《はちのへ》の南部《なんぶ》殿のところか？　九郎判官《くろうほうがん》義経のようじゃな」

字幕『陸奥国八戸根城主　南部政栄』

信虎は侮蔑の表情で苦笑する。

長　坂「御屋形様は、越後の長尾謙信とともに、日《ひ》の本《もと》を代表する武士《もののふ》にござりまする。戦《いくさ》の計画を　あらかじめせずとも、なりゆきで勝利を収めることが出来る、稀有《けう》なお方なのでござりまする」

44

信　虎「何？ なりゆきで戦をするじゃと？」
長　坂「御屋形様のお力を お信じくださりませ」
勝　頼「爺様《じじ》、いずれ上洛の軍を興し、美濃・尾張・三河《みかわ》三国の内で信長と決戦し、必ずや退治してみせまする！」
信虎は、これ以上言ってもだめだという表情をする。
逍遥軒「こたびは、お開きとしよう。お父上もお疲れにござる」
皆が平伏し、勝頼が立ち上がり（小姓と共に）部屋を去る。そして、逍遥軒、跡部、長坂以外の一門・家老も退席する。長坂は信虎のところまで来て、無言のまま太刀「左文字《さもんじ》」を信虎に返す。
跡　部「御屋形様のご領内におられたければ、この高遠《たかとお》にて お静かになさってくださりませ」
と言って去っていく。
信　虎「（吐き捨てるように）強気となりゆきだけでは、信長を倒すことは出来ぬわ」
【M8エンド】

24

高遠城　信虎の部屋

五月下旬　妙心寺　庫裏　食堂

憔悴《しょうすい》した様子の信虎。芭蕉扇をあおぎながら（初対面の）横手（後の柳澤）源七郎と碁を打っている。

T『甲斐武川衆 横手源七郎信俊 柳澤吉保の祖父』

源七郎「さきほどは、部屋の裏で聞いておりましたが、それがしは入道様に御屋形様として返り咲いていただきたい一心にござりました」

信　虎「そうは思わぬ者が、武田家を滅ぼしてしまいそうなのじゃ」

源七郎「こたびは、『信長』の人となりをはじめ、田畑《でんばた》に関わらぬ織田の侍のこと、公方《くぼう》様や大名衆のご様子、色々学ばせて頂き、恐悦至極《きょうえつしごく》に存じまする」

信　虎「碁というものは、その打ち手の人となりを表すものじゃ。そなた、なかなかの侍じゃな。どうじゃ、今後、わしと家老衆との『かけ橋』となってはくれぬか？・・・わしはもう長《なご》うはない。わが武田家の行く末を、頼まれてはくれぬか?」

源七郎「ははッ、(平服しながら)もったいなきお言葉!」

25 高遠城 信虎の部屋脇の広い廊下

六月下旬 本法寺 本堂 外廊下

N字幕『ひと月後』

信虎は新助と廊下に円座を敷いて、中将棋を指している。そこへ来る式部丞《しきぶのじょう》。

式部丞「殿、今井兵庫助《ひょうごのすけ》殿が、お目通りを願い出ておりまする」

信　虎「今井兵庫助?」

すると、ヨボヨボの老人が近づいてきた。新助は円座より退く。

T『元 甲斐国 浦城主 今井 兵庫助 信元』

今　井「信虎殿、お懐かしゅうござる。わしのことを覚えておいでか?」

信　虎「浦の兵庫、忘れる訳がない。生きておったのか」

今　井「本年で、齢九十《よわいくじゅう》になる」

今井は円座に腰を下ろす。信虎は、遠くを見つめる。

信　虎「五十年以上も前になる。わしは川田《かわだ》から、いまの府中《ふちゅう》に館を移した時。そうじゃ、あの時・・・」

字幕『甲斐国 川田』

【M9「霊光」スタート】

26　身延山 久遠寺（長階段・本堂）情景（回想）

雲峰寺 階段／（滋賀県）善水寺 本堂

N字幕『五十四年前／永正十六年（一五一九）』

T『身延山 久遠寺』

27　身延山 久遠寺　本堂内（回想）

立本寺　本堂

壮年時代の信虎（まげあり）と日伝上人《にちでんしょうにん》が対座している。

T『武田五郎 信直 後の信虎』

日伝《にちでん》上人は（易者のように）信虎の右手首の上に自身の手を添えて、そこに点在する七つの黒子《ほくろ》（北斗七星の形に見える）に目をやりながら、

日　伝「（つぶやくように）北斗七星・・・なるほど。御屋形《おやかた》様は『妙見《みょうけん》』の力、つまり『霊光《れいこう》』を、生まれながらにして秘めておられまする」

T『久遠寺十三世住持 日伝上人』

信　虎「『妙見』？・・・」

27 A
妙見菩薩　インサート
妙覚寺蔵

字幕『北斗七星の化身 妙見菩薩』

信　虎「『霊光』？・・・」

27B
仏像　数カット　インサート
立本寺蔵

日　伝「はッ、それは『霊妙なる眼力《がんりき》』による力のことにございまする。御屋形様の眼《まなこ》の力は、常人のものではございませぬ。『霊光《れいこう》』を放てば、自らの願いを相手に移す、すなわち人の心を自分の思うがままに変ずることができるのでございまする」

信　虎「なんと!? そんなことが、この世にあろうか?」

日　伝「かつて、鎌倉の尼御台《あまみだい》・北条政子《まさこ》様が、この秘術を身に着けておられました。後鳥羽上皇《ごとばじょうこう》より朝敵《ちょうてき》とされた時、政子様は有力な御家人《ごけにん》に対して その秘術を用いて、鎌倉幕府は存続したよしにござりまする」

字幕『後鳥羽上皇』

信　虎「いかがいたせば、それが出来るようになるのじゃ?」

日　伝「本年『己卯《つちのとう》』の年に、北斗の『天門《てんもん》』、すなわち『戊亥《いぬい》』の方向に居を移し、み仏《ほとけ》の悟りを得ますれば、お力を顕《あらわ》すことが出来ましょう」

字幕『己卯《つちのとう》/天門/戊亥(北西)』

信　虎「今年か・・・なんと急な。されど、館の移転ともなると、国衆《くにしゅう》が反対するであろう・・・」

と言って、渋い顔をする。

【M9エンド】

28

高遠城 信虎の部屋脇の広い廊下(回想明け)

六月下旬 本法寺 本堂 広縁

信　虎「あの時、そなたの父は、栗原・大井とともに　わしに謀叛《むほん》を起こしよった。上人《しょうにん》の教えどころではなかったわ」
字幕『栗原信重／大井信達』
今　井「昔の話じゃ。水に流そうぞ」
信　虎「その十年後、今度はそなたが　わしに背いた。わしはそなたの浦城を落とし、甲斐の統一を成し遂げた。フン！　一年半以上遅れたがの・・・」
今　井「では信虎殿、達者でな。そなたの子らが天下に号令をするのを、今しばらく待つとしよう。さらばじゃ！」
杖を突き　廊下を去ってゆく今井の後ろ姿をみつめ、
信　虎「信玄はもはやこの世におらぬ」
と言って信虎は苦い顔をする。

29　高遠城　信虎の部屋　八月　妙心寺　庫裏　食堂

N字幕『ふた月後』
信虎は絵図を見ており、式部丞《しきぶのじょう》が控えている。勿来《なこそ》

が、鞘《さや》より抜いた（木製の）短刀を持っている。使者
Aが来る。
使者A「申し上げまする。去る七月十八日、公方《くぼう》様、織田殿に降《くだ》り、
山城国より退去されたよしに、ござりまする」
N字幕『十五代足利義昭で／室町幕府滅亡』

29A

勢力図　インサート

信　虎「なに、公方《くぼう》様が・・・」
信虎は、腰から崩れ落ち、勿来《なこそ》に話しかける。
信　虎「わしは、公方様のお力になれんかった。勿来《なこそ》よ、老いぼ
れのわしは、非力《ひりき》じゃな」
うなずく勿来《なこそ》。
式部丞「こらッ」
式部丞《しきぶのじょう》が叱る。
使者A「今一つござりまする。織田殿が帝《みかど》に上奏《じょうそう》し、『元亀《げんき》』より
『天正』と、改元したよしにござりまする」

字幕『元亀』（オーバーラップ）『天正』

信　虎「もはや、信長の勢いは誰にも止められぬな・・・」

【M10「信長の勢い」スタート】

30　高遠 遠照寺　情景　　八月　（滋賀県）長寿寺 本堂

字幕『高遠 遠照寺』

31　高遠 遠照寺　妙見堂内　　八月　立本寺　本堂内の左端　十六羅漢・大厨子の前

十六羅漢の絵バック

N　『自《みずか》らの非力《ひりき》を悟った信虎様は、かつて身延山《みのぶさん》・日伝上人《にちでんしょうにん》より聞いた『妙見』の力を会得するため、遠照寺《おんしょうじ》・妙見堂に籠もり、日夜、仏を拝むようになった。ある日、日伝上人の弟子・日叙上人《にちじょしょうにん》が訪れたのじゃ』

T『久遠寺十五世住持　日叙上人』

【M10エンド】

信　虎「上人、ようお越しくだされた。昔、日伝《にちでん》上人より教えを請《こ》うたが、甲斐の太守《たいしゅ》としての当時のわしは、悟りの境地には至らなんだ。これより性根《しょうね》を入れて、み仏《ほとけ》に帰依《きえ》しよう思うが、悟りを得るためには いかがすればよいのじゃ?」

日　叙「それには、お釈迦《しゃか》様のお教えである、『諸行無常《しょぎょうむじょう》』『諸法《しょほう》無我《むが》』『涅槃寂静《ねはんじゃくじょう》』『一切行苦《いっさいぎょうく》』の『四法印《しほういん》』を、ご理解なさることにござりまする」

字幕『諸行無常』『諸法無我』『涅槃寂静』『一切行苦』
『四法印』

信　虎「んー・・・」

信虎は首をひねる。

日　叙「さらに、この世を生きるということが『苦しみ』であるということに気がつけば、『煩悩《ぼんのう》』を消し去ることができ、静かで安らかな心を持つことができるのでござりまする」

信虎は難しい顔をする。

31A

高遠 遠照寺 妙見堂看板 情景

八月 立本寺

N字幕『数日後』

T『北辰殿（妙見堂）』

32

高遠 遠照寺 妙見堂内

八月 立本寺本堂 十六羅漢前・厨子前

勿来《なこそ》が妙見堂に入ってくる

信 虎「勿来、おまえに悟りは無理じゃ。新助」

新 助「はっ」

新助が勿来を連れ出す。

【M11「秘術会得」スタート 戸を閉めた後から】

厨子の前に座す信虎。

33

高遠 遠照寺 妙見堂内

八月 立本寺 本堂内の左端 大厨子の前

（悟りを得るまでの時間経過の表現カットをいくつか重ねる）

34

高遠 遠照寺　妙見堂内

八月　立本寺　本堂内の裏側　十六羅漢の壁画前

香に煙る堂内。早朝の光が斜光線となって差し込んでいる。信虎は閉じていた眼を開けて、

信　虎「おおぉ、これが霊光か・・・そうじゃ。わかったぞ。いまのわしの望みはただ一つ。新羅三郎義光公以来の武田家を残すことじゃ。これだけを考えて、他の煩悩は一切捨て去ろう・・・」

字幕『源義家の弟 新羅三郎義光』

【M11エンド】

35

高遠城　信虎の部屋・脇の広い廊下

九月 本法寺　本堂 外廊下

蝉がないている。信虎は、愛刀「左文字《さもんじ》」を鑑賞している。側には式部丞《しきぶのじょう》がいる。そこに、使者Bがくる。

N字幕『天正元年（一五七三）八月』

使者B「申し上げまする。越前の朝倉殿、北近江《おうみ》の浅井《あざい》殿、先月下旬、織田殿に攻め滅ぼされたよしにございまする」

字幕『越前 朝倉義景／北近江 浅井長政』
式部丞「真《まこと》か!?」
使者B「間違いございませぬ。越前・一乗谷《いちじょうだに》の町は、三日三晩、燃え続けたよしにございまする」
字幕『朝倉家 本拠地 一乗谷』
信虎、式部丞は呆然とし、信虎はよろけながら去る。

35A 小さな諏方社の室内（夜）　妙覚寺 華芳堂

T『信濃国 諏方社』
辺りは香の煙がたちこめている。憑依《ひょうい》している山伏《やまぶし》姿の安左衛門尉《やすざえもんのじょう》。
字幕『勝頼の武運長久祈願』
安　左「諏方明神《すわみょうじん》 たゆる武田の子と生まれ 代《だい》を継ぎてこそ家を失へー」
字幕『諏方明神 絶ゆる武田の子と生まれ 代を継ぎてこそ 家を失へ』
T『元僧侶の 武田家家臣 安左衛門尉』

（頭を左右に振り）しばらくして、安左衛門尉は我に返る。

安左「武田は、滅びる」

N字幕『この神託は家臣たちに広まった』

35B

三河出陣の山道

九月　嵯峨酵素

出陣する馬上の典厩信豊（甲冑に母衣《ほろ》）。

T『信繁の嫡男 武田典厩信豊』

保明「勝頼様は、三河国に、次郎信繁様の御子・典厩《てんきゅう》信豊様を大将に、遠江国《とおとうみのくに》には逍遥軒《しょうようけん》様を大将に、穴山様、一条様を出兵させたが敗れてしまったのじゃ」

36

高遠城 信虎の部屋

九月　妙心寺　庫裏

N『その帰りに、一条信龍《のぶたつ》様と、もう一人、大切なお方が訪れたのじゃ』

信虎がいて新助が控えている。信龍が信虎に質問する。背後には龍虎図屏風がある。

T『一条信龍』

信　龍「入道様。父上。長らくお尋ねしたき儀がござりました」

信　虎「申せ」

信　龍「されば・・・（ニヤけながら）父上は『虎』ですが、それがしは『龍《りゅう》』にござりまする。どちらが強いか、おわかりでござりまするか？」

信虎が笑う。

信　虎「そうじゃな。昔、都の公家《くげ》衆に聞いたことがある。『龍《りゅう》』は、唐《から》の国のもので、『虎』を倒すための生き物じゃそうな・・・ということは、『龍《りゅう》』じゃな」

信　龍「それがしの方が強い、ということになりまするな」

と言って膝を叩いて大笑いする。そこに、廊下より声がする。

新　助「穴山様が参られました」

穴　山「ご免つかまつりまする」

信　虎「おお、待っておったぞ」

信　龍「では、それがしは・・・」

と言って信龍《のぶたつ》が去ってゆく。入れ替わりに入ってきた穴山。

T『信虎の外孫 穴山玄蕃頭信君 後の梅雪斎』

穴　山「お初にお目にかかります。穴山玄蕃頭《げんばのかみ》信君《のぶただ》にございまする」

信　虎「そなたは、わが二女のお誠《せい》の子であったな?」

穴山がうなずく。

信　虎「わしが一番会いたかったのは、そなたじゃ・・・」

――夕焼けの空（時間経過あり）。

酒の用意がされている。

信　虎「（改まって）もし、武田が滅びそうになれば、いち早く勝頼を見限り、そなたが跡を継ぐのじゃ」

穴　山「滅相もございませぬ。それがしが勝頼様に弓をひくなど、あり得ぬことにございまする」

信　虎「武田には、そなたしかおらぬのじゃ。頼む!」

穴山は首を横に振る。そこで信虎は霊力を使い、穴山の目を射貫くように見る（妙見の真言『オン　ソヂリシュタ　ソワカ』が呪文のように繰り返し聴こえてくる）。

穴山は目を拡げ、顔をビクビクっと震わせる。

穴　山「それがしには、信玄様のような器量はございませぬが、粉骨砕身《ふんこつさいしん》、励みまする」

穴山は平伏する。

信　虎「武田家重代《じゅうだい》の太刀《たち》『左文字《さもんじ》』じゃ。遣わす」

と言って、穴山に太刀を渡す。

穴　山「ははーッ」

穴山は受け取る。

信　虎「武田の家を滅ぼしてはならぬ。わしが作った甲斐府中《ふちゅう》が、越前一乗谷のような廃墟《はいきょ》になるのは、耐え難きことじゃ」

37

勢力図　インサート

九月

【M12「信長の決意」スタート】

浅井・朝倉の滅亡直後の地図。河内若江城・三好義継、大坂《おおざか》本願寺・顕如、大和《やまと》多聞山城・松永久秀を示す。

N 「信長殿は、河内《かわち》の三好義継《よしつぐ》殿を討ち取り、大坂《おおざか》本願寺様と和睦《わぼく》、大和の松永久秀殿を降《くだ》したのじゃ」

字幕『河内　三好義継／大坂本願寺　顕如／大和　松永久秀』

38 京 妙覚寺 庭（紅葉） 情景

十二月　妙覚寺　本堂の庭

N字幕『三月後　十一月』

N 『この時には、信玄様の死は信長殿の耳にも入っていたのじゃ』

T『京　妙覚寺』

39 京 妙覚寺 広間

十二月　妙覚寺　本堂　左座敷

紅葉が見える部屋には茶道具が飾られた台子があり、その前に茶堂・不住庵梅雪がいる。信長の前に天目茶碗（台付き）が置かれ、天目の茶を飲み干し、信長は置いた茶碗の口を清める。そして、引きつった顔で独り言を言う。

T『織田弾正忠信長』

信　長「これで、公方《くぼう》に味方する者どもは いなくなった・・・」

茶堂はうなずく。

T『織田家茶堂 不住庵梅雪』

信　長「フフ・・・次は武田の小倅《こせがれ》・四郎の番じゃ。信玄坊主には煮え湯を飲まされた。いまこそ この借りを、返す時じゃ！」

【M12エンド】

40　春日山城（雪）　情景

二月（長野県）荒砥城

N字幕『天正二年（一五七四）正月』

T『越後国 春日山城』

41　春日山城　大広間

二月　妙覚寺　本堂　右座敷

T『上杉不識庵 謙信』

謙　信「勝頼には軍略などないようじゃ。南より徳川殿、西上野《こうずけ》には我らが出陣し、勝頼を挟み撃ちにいたそう」

正　麟「ははッ」

T『元 信濃国守護 小笠原正麟 出家前は長時』

42 高遠城へいたる街道　三月　嵯峨酵素　道A

馬上の勝頼（鉢巻に鎧姿）が、意気揚々と行軍している。

N『天正二年二月、勝頼様は家老衆の反対を押し切って、自《みずか》ら大軍を率いて東美濃に侵攻、諸城を次々に落とされた。そして、その帰りに高遠城《たかとお》に寄られたのじゃ』

43 高遠城 本曲輪 大広間　三月　妙心寺　庫裏

二畳台に、信虎と勝頼が並んで座る。そして、跡部、長坂、山県、内藤、春日、馬場、末座に勝頼側近の安倍宗貞が座る。

信　虎「勝頼殿、こたびの出陣はいかがであったか？」
勝　頼「東美濃へ出陣し、岩村周りの城十八を落としました」
信　虎「それは祝着《しゅうちゃく》。だが、分かっておるように、情勢は極めて厳しい。もはや、我ら単独では織田には立ち向かえまい」
春日が相づちを打ち、跡部がにらむ。
信　虎「わが武田の領国は、三カ国と半国が二つ。併せて四カ国じゃ。対する織田は十二カ国。徳川とあわせて十四カ国じゃ」
春　日「御屋形《おやかた》様、よき機会ゆえ、はばかりながら それがしの考えを申しあげまする」
勝　頼「申せ」
春　日「城を落としたばかりで恐縮にござりまするが、織田・徳川様と和議を結んでは いかがかと存じまする」
勝　頼「（大声で）何!?」
長　坂「そなた！」
跡　部「何を申されるか！」
勝頼と、長坂・跡部が怒る。

65

春　日「東美濃・岩村霧ヶ城を信長様の子・『御坊《おぼう》』に、東遠江《とおとうみ》を家康様の弟・『松平源三郎』に差しあげ、婚儀を結ぶのでござりまする。その後、矛先《ほこ》を東に転じ、小田原の北条殿を攻めればよろしいかと存じまする」

字幕『信長の五男　遠山御坊』

字幕『家康の弟　松平　源三郎　康俊』

長　坂「御屋形様が苦労して攻略した国を、明け渡すだと・・・」

春　日「もともと織田様は、お味方ではござりませぬか？　御曹司《おんぞうし》・武王《たけおう》様の義理の祖父は信長様・・・」

字幕『武王　後の武田信勝』

信虎は、ひらめいた（勝頼を隠居させ武王に家督を継がせる）という顔をする。

春　日「信玄様は公方《くぼう》様の要請により、信長様を敵とされましたが、公方《くぼう》様が都落ちされた以上、方針を転換されるべきにござりまする」

【M13「勝頼強気」スタート】

勝　頼「それは出来ぬ。小田原の氏政殿は義理の兄ぞ」

春　日「信玄様は、北条はいずれ裏切ってくる。氏政殿は城を落とすと、猫が鼠を捕って見せびらかすように自慢する大将。あのような『猫大将』は、すぐにでも討ち取れると」

信　虎「春日弾正《だんじょう》の案は妙案ぞ。一時的に国は減るが、関東が手に入ろう」

長　坂「それでは、猫にかつお節を与えるようなものではございませぬか！」

勝　頼「敵はあくまで、織田・徳川じゃ。その方針は変わらぬ」

勝頼は席を立ちながら、

勝　頼「爺様、それでは失礼つかまつる」

と言った瞬間、信虎は、勝頼に「妙見の秘術」をかけようと試みる。

（妙見の真言『オン　ソヂリシュタ　ソワカ』が聴こえる）

勝頼は何くわぬ顔で礼をし、去っていく。

信　虎「かからぬ…。勝頼には、諏方大明神の格別なる御加護があるというのか…」

【M13エンド】

44

高遠城　信虎の部屋

三月　妙心寺　庫裏　食堂

　勝頼が城を出た後、山県、内藤、春日、馬場、安倍が横手源七郎（下座に控える）の仲介により信虎の部屋に集まった。床には逍遥軒筆の仏画が掛かっている。

保　明「爺様・横手源七郎の声がけにより、山県、内藤、春日、馬場殿の家老衆と、勝頼様の側近・安倍宗貞殿が、信虎様の部屋に集まることになったのじゃ』

信　虎「本日、わしの疑問が解けた。なぜ信玄は、勝頼を『陣代』としたのか」

春　日「是非、お聞かせくださりませ」

信　虎「信長は、いまや都と堺を押さえ、その勢力は強大。信玄が戦っても勝てるかどうか、わからぬ相手。そこで一か八か、神がかり的な勇猛さを持つ勝頼に賭けたのではないか」

　一部の家老衆がうなずく。

信　虎「唐《から》の古い書物に『韓信《かんしん》』という無敵の大将軍《だいしょうぐん》が出てくる

と、信玄が申しておったことがあった。信玄は、勝頼をその韓信に重ねたのではあるまいか」

字幕『前漢の大将軍 韓信』

T『反跡部・長坂の勝頼側近 安倍五郎左衛門尉 宗貞』

安　倍「御屋形様は、今までの合戦のほとんどが先陣でござりました。ただあまりに無謀ゆえ、近々お討死なさるだろうと考えておりましたが、そうはならないので ござりまする」

馬　場「そなた、勝頼様に目をかけていただいているというのに、よう言うのー」

春　日「御屋形様には、神仏のご加護があると申したいのか?」

安　倍「いえ、そこまでは・・・御屋形様は、武士《もののふ》として立派であられるが、あまりに危ういと存じまする」

内　藤「こたび勝頼様は、信玄様の命に背き、軍を進められた。この様子では、織田・徳川と無理な一戦をされるであろう…」

山　県「勝頼様にとって、強すぎるのは大きな疵《きず》にござる。強大な敵に対しても戦いを挑んでしまう。かえって、弱きに劣るのでござる」

信　虎「勝頼が織田・徳川と決戦したければ、気が済むまで戦えば良いのじゃ。それで負ければ、勝頼は目を覚ますであろう」

一部の家老衆は顔をしかめる。

信　虎「その時にこそ、そなたらが揃って勝頼を『隠居』させて織田に降り、信長の孫でもある武王《たけおう》に家督を継がせれば良いのじゃ」

春　日「しかし、織田・徳川に大敗しても なお敵対しつづけるのであれば、駿河《するが》と東遠江《ひがしとおとうみ》を小田原の氏政殿に差し上げて、その傘下になるしかありますまい。さもなくば、滅亡は避けられなくなりまする」

一同、うつむく。

44A

勢力図　インサート

45

信虎の部屋裏の広い廊下

三月　妙心寺　庫裏　食堂横　大廊下

式部丞《しきぶのじょう》が部屋前に来ると、透破Aが盗み聞きしているのを見つける。

式部丞「何者か!?」

【M14「忍者成敗」スタート　開けた後から】

と、問いただすと、斬り掛かってきた。

式部丞「であえ、であえー」

式部丞「六郎ー！」

と叫んで加勢を呼ぶ。藻右衛門《もえもん》と鮫次郎《さめじろう》の海賊衆が駆けつけるが、いつもの望月六郎は来ない。

T『甲斐での家臣の子 白畑助之丞』

式部丞「勘太夫《かんだゆう》ー」

と大声で叫ぶ。助之丞《すけのじょう》が駆けつけるが、勘太夫は来ない。透破は強く、助之丞は、いとも簡単に殺されてしまう。海賊・鮫次郎《さめじろう》は腕を負傷する。

T『甲斐での家臣の子 矢作勘太夫』

すると、厠《かわや》から出てきた勘太夫が現れて参戦し、透破Aを斬り伏せる。そして式部丞が覆面をはずし問いかける。

式部丞「誰の手の者ぞ!?」

【M14エンド】

透破Aは絶命する。そこに、逍遥軒がかけつける。

逍遥軒「何事にござりまするか!?」

式部丞「透破にござりまする」

逍遥軒「おそらく、差し向けたのは跡部殿・・・」

と言ってうつむく。

逍遥軒「透破が戻らぬ訳じゃから、お父上の元に、詰問《きつもん》の使者が参ろう・・・」

そして、信虎が部屋から出てくる。

逍遥軒「お父上、このままでは幽閉《ゆうへい》されまする。ここ高遠をお出になられませ」

驚く信虎。

46

高遠城　信虎の部屋〈夕刻〉

三月　妙心寺　庫裏　食堂

――黒雲が流れ、夕方の太陽が顔を出す。

酒を酌み交わす信虎と、逍遥軒《しょうようけん》。

逍遥軒「小県《ちいさがた》の禰津《ねづ》松鷂軒《しょうようけん》のところが よろしいかと」

字幕『小県禰津城主 禰津松鷂軒』

信　虎「その者は誰じゃ?」

逍遥軒「五年前に亡くなった、お父上の娘・お泰《やす》の嫁ぎ先にござりまする。明朝、ご出立《しゅったつ》くださりませ」

信　虎「それほど急に、行かねば ならぬのか?」

逍遥軒「勝頼様には、お逃げなされたと、伝えまする。(かしこまって)この機会に、お父上におたずねしたき儀がござりまする」

信　虎「申せ」

逍遥軒「いま、兄・信玄のことを いかがお考えにござりまするか?」

信　虎「そうじゃな。信玄には恨みもあるが、過ぎ去ったことじゃ。今となっては、信玄の名声高く、このような息子を持ったことを、誇りに思うておる」

逍遥軒「・・これを聞いたら、兄上は さぞ、お喜びになるでありましょう」

信　虎「じゃが、信玄は大いなる分別《ふんべつ》違いをしおった。あの勝頼なんぞに『陣代』を・・・。もしや そなた、信玄から陣代にと、頼まれなかったか?」

逍遥軒「実は、頼まれましてござりまする・・・」

信　虎「なんと！　なぜ、受けなかったのじゃ？ もし武田が滅びることになれば、そなたの陣代を受けなかったことが一番の要因ぞ！」

逍遥軒「それがしは心を落ちつけて、み仏《ほとけ》の絵を描いたり、歌を詠みたかったのでござりまする」

信　虎「この乱世に何を言うか！ そなたは武田の家に生まれたのであろうに？ 武王《たけおう》が成人したら、絵などいくらでも描けるであろう！」

と、信虎は嘆くが、すぐに思い直す。

信　虎「まぁ、もはや、致し方ないの。わしには、多くの孫や曽孫《ひまご》がおる。望みは捨てておらぬ」

と言って立ち、床に掛けてある仏画を見る。

信　虎「これは、そなたが描いたのか」

逍遥軒はうなずく。

信　虎「いつか わしのことも描いてくれ」

逍遥軒「はっ」

信　虎「そうじゃ、わしが没したら、遺骸《いがい》は信濃ではなく、必ず甲斐に葬ると約束してくれ」

逍遥軒「はっ」

47　高遠城より出た小道

三月　嵯峨酵素　道B

明朝、信虎一行《いっこう》は出立《しゅったつ》の日を迎える。信虎（徒歩）、お直《なお》（徒歩）、式部丞《しきぶのじょう》、新助、勘太夫《かんだゆう》、藻右衛門《もえもん》、鮫次郎《さめじろう》（腕を負傷中）、小助、侍女《じじょ》二人という顔ぶれであった。

そこに、旧臣の孕石《はらみいし》源右衛門尉が駆けつける。

源衛門「殿、殿」
勘太夫「何者じゃ！」
源衛門「殿ー、おんのこんを おべえておいでごいすけ？ 孕石源右衛門尉《げんえもんのじょう》でごいす。だいぶめえにお世話になり申した」
T『内室は信虎の一族 孕石源右衛門尉 泰時』
信虎は思い出せない。
信　虎「すまんな、まったく思い出せぬ」
源衛門「まぁ、まぁ、しょおんねぇこんでごいす。それがしがですな、禰津様の所まで案内《あない》いたしましょう。もしご迷惑でなかったら、そのままお仕えしとうござりまする」
信虎はうなずく。
源衛門「いやぁ、あんき（安心）した」
式部丞「ならば源右衛門尉とやら、禰津城まで案内いたせ」
源衛門「はぁ。おらぁ隠居の身でごいすゆえ、家じゃあ厄介もんなんでごいす」
と言って笑う。
源衛門「こちらです」

48

地図による信虎一行の丸子への道程の図

三月

信虎一行《いっこう》は北信濃へ北上し、高遠城《たかとお》～上諏方～海野へと向かう。その距離感が地図で示される。

49

小県《ちいさがた》 丸子手前の小道

三月　蕨の里

少し雪が降っている。

源衛門「もうじき丸子ですけんど、この北西に上田原《うえだはら》の戦場があるでごいす。今から三十年ほど前に、信玄様が、葛尾城《かつらおじょう》の村上殿と戦って敗れ、板垣駿河守《するがのかみ》様や甘利備前守《びぜんのかみ》様が、お討死なされたのでごいす」

字幕『板垣駿河守信方／甘利備前守虎泰』

信　虎「信玄とともに、わしを追い出した板垣や甘利は、このようなところで死んでおったのか・・・」

と信虎は独り言を言う。

49A

小県 海野　情景

三月（山梨県）甲州市（実景）

49B

小県 海野

三月　蕨の里

T『小県郡 海野』

そして、側面の草むらからガサゴソと音がして、獣が近づいてくるのを勘太夫《かんだゆう》が気づく。

勘太夫「！ 殿様、あぶねぇ！」

信虎は熊に背を向ける。勘太夫がとっさに熊に体あたりをし、刀を抜き熊を刺すが、熊の爪で首を引っ掻かれており、瀕死となる。

信　虎「勘太夫《かんだゆう》」

勘太夫「ううう・・・殿様、おらぁ、へぇだめでごいす。とどめを刺しておくんなって・・・」

苦しむ勘太夫。

信　虎「新助！」

苦しむ勘太夫。そして信虎は、新助が持っていた太刀を受け取って、抜き、

【M15「熊来襲」スタート　刀を抜いた後から】

信　虎「勘太夫、大儀《たいぎ》じゃ。許せ」
　　と言って、信虎は太刀を首にあて介錯をする。
侍女Ｂ「キャー」
侍女Ａ「勘太夫様！」
　　式部丞がとっさに、
式部丞「黙れ！」
　　と怒鳴る。
お　直「父上は『虎』のくせに、『熊』から逃げおった。もうこんなのいやじゃ！　都に帰りたい！」
　　お直は涙を流す。
【M15エンド】
侍女Ｂ「御料人様」
侍女Ａ「御料人様」

50 禰津城　情景（雪）　三月　（長野県）荒砥城

　　字幕『小県郡　禰津城』

51

禰津城　信虎の部屋

三月　本法寺 書院（奥の部屋）

N　『信虎様は、なんとか小県郡《ちいさがたごおり》の禰津《ねづ》城に辿り着かれたが、雪道移動の疲れがたたり、数日間 寝込まれたのじゃ』

寝床で目覚める信虎の側に、孫の神八《じんぱち》と新助が座っている。床には虎の掛物。

T『信虎の外孫 禰津神八』

神　八「長いことお眠りになっておられましたな。お爺《じじ》様、神八にござりまする」

信　虎「そなたは、わしの孫か・・・」

神　八「はッ。爺様の娘お泰の子にござりまする。唐《から》の国の『虎』という獣《けもの》は、熊と違い『冬籠《ごも》り』せぬと、聞いたことがござりまするが、『虎』が冬籠りしているので、何かおかしなことが起きねば良いがと、皆で噂していたのでござりまする」

と言って笑う。

信　虎「爺《じじ》をからかうのはよせ」

信虎は、ゆっくり起き上がる。神八は姿勢を正して、

神　八「実はお爺様《じじ》に、相談いたしたき儀がござりまする」

信　虎「申せ」

神　八「それがしは、この山国が大嫌いにござりまする。海のある越中《えっちゅう》へ出て暮らしたいのでござるが、父上に反対されておりまする」

信　虎「越中なんぞやめよ。伊勢の隣国《りんごく》・志摩《しま》がよいぞ」

神　八「志摩・・・」

神八は聞いたことがない国名を聞き、ポカンとする。

信　虎「わしはかつて、九鬼宮内少輔《くきくないのしょう》という志摩《しま》の国衆《くにしゅう》と、戦ったことがある」

字幕『九鬼宮内少輔浄隆』

52

志摩国　武田雅楽助の陣　インサート（回想）　三月　嵯峨酵素／（静岡県）弓ケ浜・トガイ浜（実景）

【M16「若き日の回顧」スタート】

（海の音・海鳥の声　フェードアウト）が、S#53にかかる。

N字幕『十四年前／永禄三年（一五六〇）』
T『志摩国 武田雅楽助の陣』
甲冑姿の雅楽助と信虎。

53

禰津城　信虎の部屋（回想明け）

三月　本法寺　書院

神　八「爺様《じじ》が志摩《しま》で戦を・・・」

信　虎「その時な、九鬼《くき》の田城《たしろ》城を囲んだのだが、そこが水田《みずた》でなぁ。攻めあぐねておったのじゃ。そこで、わしは伊勢の太守・北畠《きたばたけ》中納言にご助勢をいただき、ついに落としたのよ」

字幕『九鬼家居城 田城城』

字幕『伊勢国 守護 北畠 中納言 具教』

信虎は懐かしそうに良い顔をする。

【M16エンド】

信　虎「おい、藻右衛門《もえもん》、藻右衛門はおらぬか？」

と信虎は大声を出す。藻右衛門と鮫次郎《さめじろう》が来る。

藻衛門「こちらに」

信　虎「オウ、近う近う。この神八《じんぱち》を伴い、志摩に戻ってくれぬか。
昨年、雅楽助《うたのすけ》を飯羽間《いいはざま》で死なせてしもうたであろう。神
八を志摩・武田城の主《あるじ》として、育ててはくれぬか?」

T『志摩海賊 立神藻右衛門』

藻衛門「殿様の仰せやゆうても、お断りさせてもらいまする」

信　虎「なんと!」

藻衛門「わしらは主・雅楽助より、殿様を最後までお守りせえと
言われとりまする」

信　虎「わしの最後の願いじゃ」

と信虎は言うが、藻右衛門はかたくなで、言うことを
聞かない。そこで信虎は藻右衛門の目を射貫くよう
に見る(呪文のようなお経)。

藻衛門「殿様の言いなさる通りにいたしまする…殿様との都での
暮らしは、ほんに夢のようでした。お元気で…」

藻右衛門は、突然の別れの宣告に涙を流す。

54　襧津城　広い外曲輪

三月　嵯峨酵素

襧津松鶴軒がいて、そこへ信虎が来る。松鶴軒の手に鷹が止まる。

信　虎「松鶴軒《しょうようけん》は鷹匠《たかじょう》でもあると聞いた。良き鷹をもらいうけたいのじゃ」

字幕『鷹匠』

T『信虎の娘婿／襧津松鶴軒常安』

松鶴軒「仰せの通りに」

信　虎「若き鷹を、わしの曽孫《ひまご》でもある北条氏政殿の子・国王《くにおう》に届けてほしいのじゃ」

字幕『北条国王 後の氏直』

松鶴軒「承知つかまつりました」

信虎は微笑む。

55

襧津城 信虎の部屋〈深夜〜夜明け前〉　三月 本法寺 新館の間と庭

信虎は深夜に、褥脇《しとねわき》に文机を置いて、夜着のまま書状をしたためる。式部丞《しきぶのじょう》が呼ばれて控えている。

N「信虎様は最後の力を振り絞り、書状を認《したた》められたのじゃ」

【M17「信虎の筆」スタート】

N字幕『上杉謙信（輝虎）への書状』

信虎のオフ「不識庵《ふしきあん》・上杉謙信殿、貴殿とは、公方《くぼう》・義輝《よしてる》様の所でお会いしたことがあるかと存ずる。亡き信玄は貴殿のことを『義』のお仁と認めており、勝頼に遺言として貴殿に頼るようにと言い残した。いま、勝頼の元に邪《よこしま》なる家臣がいて、すぐに盟約の使者が送れぬが、どうかこたびの上野《こうずけ》ご出陣では、わが領内に攻め込むのは堪忍して欲しい。公方《くぼう》・義昭様も、貴殿と手を結び、ともに織田にあたって欲しいと申されておる。ご存じとは思うが貴殿が信仰している毘沙門天《びしゃもんてん》と、我ら『虎』は、良き関係にござる。『寅参《とらまいり》』にあやかり、寅の日、寅《とら》の刻《こく》にしたため申した」

字幕『将軍 足利義輝』

字幕『上野国』

字幕『将軍 足利義昭（紀伊に亡命中）』

字幕『寅の日の参詣 寅参』

55A

星空（二種） インサート

報恩寺 厨子／オリオン座／八日月・双子座・仔犬座（実景）

（カメラアングルを変えて）手紙をしたためる信虎。

N字幕『北条国王（信虎の曽孫）への書状』

信虎のオフ「北条国王《くにおう》殿、かつてわしが甲斐の太守《たいしゅ》であった頃、そなたの曽祖父・氏綱《うじつな》殿より若き鷹を奪ってしまった。この度、鷹を送るゆえ、お父上 氏政殿にも見せてあげて欲しい。あと、将来武田の家が滅ぶようなことがあれば、わしの血を受けた そなたが甲斐国を治め、そして武田の家を再び興して欲しい」

字幕『北条左京大夫氏綱』

字幕『北条相模守氏政』

N字幕『氏直は後に甲斐を占領した』

二通目も書き終えた信虎。疲れた様子。

信　虎「これでよい。式部丞《しきぶのじょう》、これを、鷹とともに小田原へ。そしてこちらは、上州《じょうしゅう》・沼田における謙信殿に、急ぎ届けるように」

式部丞「はッ」

信　虎「近頃、心《しん》の臓《ぞう》が弱っておるようじゃ。気がかりであったことが、これで方がつけられた・・・」

【M17エンド】

56 禰津城　信虎の部屋〈夕刻〉　四月　本法寺

夜具に横たわったままの、信虎。逍遥軒《しょうようけん》の手引きで、信虎の側室・お西《せい》と娘のお弌《いち》が甲斐府中《ふちゅう》より到着する。枕元には、お直《なお》がいる。

N字幕『三月四日』

お　西「殿、わらわのこと、覚えておいでにござりまするか？　三十年離ればなれになっておりました今井兵庫助信元が娘・西でござります。父にお会いになられたそうですな」

T『信虎の側室 お西』

信　虎「新助」

新　助「はッ」

新助に抱きかかえられて信虎が上体を起こす。信虎には、誰だかわからない様子。

お西「殿は女性《にょしょう》がお好きで側室が沢山おったゆえ、忘れてしまわれたのでござりまするな」

と言ってケラケラ笑う。

信虎「おー、そうじゃお西じゃ。その笑い方でわかったぞ。ワハハハ」

と言って、笑いが止まらない。

お直「父上が、これほどお笑いになるのは、何年ぶりかのぅ」

と言って、お直が不機嫌そうに、フンと首を横に振る。

お西「殿、お弌《いち》を連れて参りましたぞ」

信虎「そなたは・・・?」

T『信虎の娘 お弌』

お弌「弌と申しまする」

信虎「わしの娘か? 美しいの・・・まだ嫁いではおらぬのか?」

お弌がうなずく。

信　虎「都の公家衆《くげしゅう》に嫁がせたいのー」
と言うと、隣にいたお直《なお》が、お弌《いち》に体当たりする。
お　弌「痛ッ」
お　直「父上、わらわをお忘れにござりませぬか！」
信　虎「お直を忘れるわけがあるまい」
×　×　×
時間経過あり（夜になっている）。新助とお直の二人は、そのまま信虎のもとにいる。信虎はお直に語りかける。
信　虎「わしは そなたに話しておきたいことがあるのじゃ。勝頼は いずれ、上杉殿か北条殿の姫君を正室《せいしつ》に迎えるはずじゃ。もし武田の家が滅びたならば、その姫君は実家に戻るであろう。その時は、そなたは その姫君と、共に行くのじゃ。さすれば、路頭に迷うことはない」
お　直「父上が身罷《みまか》られたら、わらわは躑躅《つつじ》ヶ崎の館には行かず、都に帰りとうござりまする」
字幕『武田家居館 躑躅ヶ崎館』

信　虎「菊亭様に嫁いだお菊の厄介になるのは難しかろう。勝頼がいずれ娶《めと》る大名家の姫君の実家に行く方が、良かろう」
お　直「都しか考えられませぬ」
とキッパリ言う。
信　虎「そなたの聞き分けのなさは、昔から変わらんの―」
そして信虎は、お直の目を射貫くように見る（「妙見の秘術」がかからず）が心臓に痛みが走り、苦しむ。
お　直「父上、お休みくださりませ」
信虎は眠りにつく。

57　禰津城　信虎の部屋

四月上旬　本法寺

N字幕『翌日』
お直、お西、お弌、式部丞（勿来は隣）、新助、源右衛門尉がいる。そして薬師《くすし》が口を開く。
薬　師「皆様、入道様にお言葉を…」
T『佐久龍雲寺住持　北高全祝』

北高全祝が、会話を遮らないよう小さな声で枕経《まくらきょう》を唱え始める。そして信虎の目が開き、一同が信虎を見つめる。そこに、高遠より駆けつけた逍遥軒が入室する。

逍遥軒「父上」

信　虎「おぉ、来てくれたか・・・」

逍遥軒「はッ」

そして信虎は、お直の方を向く。お直は信虎の左手を握る。

信　虎「お直、息災でな・・・」

そして独り言を言う。

信　虎「わが生涯に悔いはなし。あの世に行ったら、まず信玄のもとに参り、これまでのことを詫びよう。そして、ここまで国を大きくしたことを、誉めてやろう。信繁と三人で、語りあいたいものじゃ。わしは、良き子・良き孫に囲まれて、幸せじゃった・・・・・躑躅ケ崎《つつじがさき》の館は、いまは、どうなっておるのであろう・・・」

信虎が右手を天井に向かってさしのべようとした時、お直は信虎の右腕に「北斗七星」の黒子《ほくろ》があることに気づく。そして腕の肘《ひじ》が伸びたところで、腕がバタっと落ちる。

（部屋全体が、束の間の沈黙）

薬師が脈をとろうとした その時、突然 目を見開いた信虎。再び腕をあげながら、

信　虎「たけ、たけだけ、を・・・」

と言うと、腕がバタっと落ち、目を閉じる。

【M18「信虎・逝く」スタート】

（部屋全体が、再び 束の間の沈黙）

もう一度、薬師が脈をとる。そしてゆっくりと首を横に振り、逍遥軒のほうを向いて頭を垂れる。そして、信虎の顔に、外より舞い込んできた桜の花びらが信虎の頬に落ちる。悲しむ遺族たち。

N字幕『天正二年（一五七四）三月五日／武田無人斎道有（信虎）没／享年 八十一』

92

源衛門「昔、『悪逆無道《あくぎゃくむどう》の信虎様じゃ』なんちゅこん言われて、非業《ひごう》の最期を遂げるずらかと思ってたけんど、かように見事な大往生《だいおうじょう》なさるんだから、殿は幸せもんじゃんねー」

と泣きながら話す。式部丞は涙をこらえ、勿来に対して、

式部丞「勿来《なこそ》よ、共に殿の元にまいろうぞ。わしは先にまいる」

と言い、庭に出る。

57A

禰津城　信虎の部屋　脇の庭(桜)　四月上旬　本法寺／(愛知県)田峯城「桜吹雪」(実景)

式部丞「殿のご葬儀と、ご家族のことは、黒川新助と孕石源右衛《はらみいしげんえ》門尉《もんのじょう》に任せたー。さらばじゃ!」

式部丞は腹を十文字に切り、前にうつぶせになって死ぬ。

源衛門「式部丞《しきぶのじょう》様、お見事でごいす。それがしも、殿のご葬儀が終わりましたら、お供するじゃんねー」

【M18エンド】

60

躑躅ヶ崎館 本曲輪 御殿 情景　四月上旬　雲峰寺 本堂

字幕『躑躅ヶ崎館』

61

躑躅ヶ崎館 本曲輪 御殿 小部屋　四月上旬　妙心寺 客座敷（食堂の奥の一室）

勝頼の元に跡部が来る。

跡　部「二日前に信虎様が、ご他界されたよしにござりまする」

勝　頼「さようか。ならば、叔父上の進言通り、甲斐にてお葬りいたそう。ご葬儀が終わったら、遠江《とおとうみ》に出陣じゃ」

62

甲斐国 大泉寺に向かう小道（峠）　四月　蕨の里 奥の山道A／（山梨県）裏富士（実景）

字幕『信濃甲斐国境』

お直（徒歩）は信虎の遺骸《いがい》（荷車）と共に、新助、源右衛門尉、小助、侍女二人、荷車引（二人）と甲斐の大泉寺《だいせんじ》に向かう。

源衛門「御料人様、国境をこえたでごいす」

お　直「父上、ようやく甲斐の地に戻って参りましたぞよ」

と信虎の遺骸が入った大きな桶に向かって、慈《いつく》しみながら話しかける。

N 「こうして、信虎様は三十三年ぶりに、甲斐にご帰還されたのじゃ」

63 大泉寺 本堂（桜）情景

四月 雲峰寺 庫裏

N字幕『葬儀当日』

字幕『甲斐国 大泉寺』

64 大泉寺 本堂（脇陣）

四月 妙覚寺 本堂 右の部屋

逍遥軒が描いた信虎像の上に春国光新《しゅんこくこうしん》が賛を記した掛物《かけもの》が大泉寺《だいせんじ》本堂脇陣に掛けられている。信虎の葬儀前、春国は信虎像の賛文を、お直たちに読み上げる。

T『長禅寺住持 春国光新』

春国「横《ほしいまま》に団扇《だんせん》を拈《ねん》じて威雄《いゆう》を振るう。八極清風、握中《あくちゅう》に掌《つかさど》る。

家康様に決戦を挑み大敗なされた。』

N 『馬場・内藤・山県・原殿などのご家老・侍大将二十人余を失い、一万人が死傷。幸いにして信長殿による追撃はなく武田家の滅亡は免れたものじゃ』

——馬場・内藤・山県のフラッシュ。

65A

長篠の戦場（武田の陣） 原の討死 インサート

（京都）紅葉谷庭園

血を吐く原。

T 『原隼人佑 昌胤』

65B

長篠の戦場（織田・徳川の陣） インサート

（京都）嵯峨酵素

織田・徳川（白無地）の旗。

66

江戸城 西の丸 柳澤邸〈夕刻〉

十月 篠山城 孔雀の間

保明から話を聞いている伊織は、眠そうな顔で、顔をしかめる。

67　江戸城 西の丸 柳澤邸〈夕刻〉（勝頼の失政②）　十月　篠山城

保　明「信虎様の死から四年後、越後の上杉謙信殿が急死され、勝頼様は同盟国・北条氏政殿の弟で、謙信殿の養子であった上杉景虎殿から、敵方の景勝殿に鞍替えなされた」

67A　越後国 御館　上杉景虎　インサート　十月　報恩寺

T『勝頼の義兄 北条氏政の弟 上杉三郎 景虎』
――長尾喜平次のフラッシュ
T『上杉弾正少弼景勝 前名長尾喜平次』
N字幕『御館の乱』
N『跡部殿の進言によるものじゃったが、これにより、北条殿まで敵に回すことになり、武田家の滅亡は避けられなくなったのじゃ』

67B　勢力図　インサート　十月　報恩寺

68
欠番

69
江戸城 西の丸 柳澤邸〈夕刻〉〈勝頼の失政③〉
一月 篠山城

保　明「北条を敵に回してから三年後の天正九年十二月、勝頼様は信長殿、家康様、小田原の北条殿による侵攻に備え、家老衆の反対を押し切って」

N『未完成の新府中《ふちゅう》城に移られたのじゃ。そればかりか、信虎様が築かれた躑躅ヶ崎館の建物や庭まで破壊され、親族が反発されたのじゃ』

69A
新府中城　情景　インサート
（山梨県）新府城付近の断崖／田峯城の主殿

T『甲斐国 新府中城』

69B
破壊された躑躅ヶ崎館の庭　情景　インサート
一月　／（滋賀県）旧秀隣寺庭園

字幕『躑躅ヶ崎館 主殿の庭』

【M19エンド】

70

南信濃の雪山

（長野県）荒砥城に行くまでの雪山

N字幕『天正十年（一五八二）正月』

N　『翌年正月に勝頼様の姉婿・木曽義昌殿が織田家に寝返り、織田信忠殿が信濃国に侵攻、逍遥軒様は逃亡されたのじゃ』

70A

信濃国　木曽福島城　主殿　インサート

二月　報恩寺

T『勝頼の義弟／木曽伊予守　義昌』

字幕『信長の嫡男　織田信忠』

——逍遥軒のフラッシュ

71

甲斐国　田野

四月中旬　蕨の里（竹藪）

N字幕『三月十一日』

T『天目山麓　田野』

勝頼は毛氈敷の上の具足櫃に腰掛けていた。そこには、武田信勝《のぶかつ》（武王）、跡部、土屋昌恒、麟岳《りんがく》和尚、安倍

ら勝頼の側近、北の方、勝頼の祖母・大方《だいぼう》、お西、お弌、
お直、北の方の侍女二人がいた。そこに、家臣二人を
連れた小宮山内膳が近づいてくる。

内 膳「御屋形《おやかた》様ー、それがしもお供させてくださりませー」

勝 頼「内膳《ないぜん》、皆わしを見限るなか、そなたはなぜ駆けつけてくれたのじゃ？」

勝頼は泣きそうになる。

内 膳「はッ。ここにはおらぬ長坂様や秋山摂津《せっつ》殿より、それがしの方が、肝心な時にお役に立つことを、証明したかったからにござりまする。それがしは、口先だけではござりませぬゆえ」

T『反跡部・長坂の元 勝頼 側近／小宮山 内膳』

字幕『勝頼の寵臣 秋山 摂津守 昌成』

勝 頼「内膳よ、穴山梅雪斎、小山田出羽守《でわのかみ》、弟の葛山《かずらやま》十郎まで裏切ったぞ。なぜわしは、こうなるのじゃ？」

字幕『家老 小山田 出羽守 信茂』

字幕『勝頼の弟 葛山 十郎 信貞』

昌恒が我慢できず発言する。

昌　恒「畏れながら、この際 申し上げまする。御屋形様は、跡部様・長坂様のいいなりになられ、『人心』が離れたからにござりまする」

T『土屋右衛門尉昌恒 通称惣三』

字幕『跡部尾張守勝資』

跡　部「おのれ、何を申す！」

勝　頼「人心・・・？」

昌　恒「例えば数日前の話にござりまするが、御屋形様は、御曹司《おんぞうし》・信勝様が反対されたのに、跡部様の言《げん》をお聞きになられて、新府中《ふちゅう》の城をお出になられました」

T『勝頼の嫡男、幼名武王 武田太郎信勝』

信　勝「それがしは、父上がお造りになられた誇りある新しき城で、散りとうござりました」

勝頼は、うつむく。遠くより、銃声とともにワーワーと声がして、近くまで織田兵が来たことが伝わる。

勝頼はうなだれて言葉が出ない。

小宮山「ご免」

小宮山・麟岳《りんがく》和尚は音がする方へ出撃していく。勝頼は継室・北の方に対して、

【M20「勝頼討死」スタート】

勝　頼「そなたは小田原に落ち延びよ」

T『勝頼の継室 北条氏政の妹 北の方』

北の方「来世《らいせ》まで夫婦《めおと》として連れ添うと約束しましたゆえ、三途の川を、手を取り合って渡りとうござりまする」

勝頼は、顔をしかめる。侍女たちは泣き出す。

お　直「父上、なぜわらわは、このようになるのでござりましょうや？ 北の方は御屋形様に殉《じゅん》じなされる。わらわは都におりたかったのじゃ。まだ死にとうない」

T『安倍加賀守宗貞』

安　倍「申し上げまする。織田方の滝川左近将監《さこんのしょうげん》の手の者が攻め寄せて参りました。そろそろご準備を・・・」

字幕『滝川左近将監一益』

勝　頼「わしは腹は切らぬ。斬り死にいたす！」

驚く安倍の顔。勝頼は立とうとするが飢えと疲れでよろめく。

侍女、そして大方が懐剣を抜く。

T『勝頼の外祖母／大方』

二人の侍女は、お互いを刺し合って死ぬ。そして、昌恒が、お式の介錯をする。次にお西が自害する。

大方《だいぼう》、北の方は、喉に懐剣をあてる。

T『逍遥軒の子　武田麟岳』

薙刀《なぎなた》を持った麟岳《りんがく》和尚がお経を唱えながら、多くの敵を斬り倒し、討死する。

×　　×　　×

勝頼の目の前で滝川家臣C・D・Eによって、安倍と跡部、そして信勝《のぶかつ》が討死する。

勝　頼「太郎！」

昌恒も滝川家臣A（滝川儀太夫）によって、斬られる。

勝頼は滝川兵に側面より槍で刺され、滝川家臣B（伊藤伊右衛門）に斬られる。

T『伊藤伊右衛門 永光』

うつぶせになった勝頼の首を取ろうと、左手で刀の先を押さえて下へ押す家臣B。

N字幕『武田家滅亡／勝頼 享年 三十七』

N 『この時、逍遥軒《しょうようけん》様などの武田一族と、長坂殿などの重臣たちは、ことごとく処刑されたのじゃ』

【M20エンド】

72 京 下御霊社 通し矢の場所

四月 上賀茂神社 庁の舎 北側空き地

T『京 下御霊社』

勝頼・信勝《のぶかつ》・典厩《てんきゅう》信豊・仁科信盛の四人の首が、通し矢の的の脇に晒《さら》されている。信長はそれを遠目に見て、

信 長「信虎入道がよく訪れたこの社《やしろ》に、孫の首を晒してやったわ。皮肉じゃろう」

と家臣（出家姿）に話しかけて笑う。

T『村井春長軒　出家前は貞勝』

字幕『武田勝頼　信玄入道の子／武田信勝　勝頼の嫡男／武田信豊　勝頼の従兄弟／仁科信盛　勝頼の弟』

N字幕『首級は妙心寺に葬られた』

73

江戸城 西の丸 柳澤邸（保明の回想明け）〈夕刻〉

十月　報恩寺

保　明「その後、武田の家は穴山信君入道梅雪斎様が相続されたのじゃが、本能寺の変の混乱に巻き込まれ、討死されたのじゃ」

【M21「武田家断絶」スタート】

——穴山信君のフラッシュ。

N字幕『武田（穴山）梅雪斎により／武田家再興』

N　『そのお子・勝千代様は五年後に病死。大権現・家康様の五男・万千代君《まんちょぎみ》が武田家に迎えられたものの、若君が武田より松平に姓を変えられたため、武田家は三十一代にしてその家名を失い、断絶してしもうたのじゃ』

73A

甲斐国 下山城　武田信治　インサート

八月　報恩寺

T『梅雪斎の嫡男 武田信治 幼名勝千代』

73B

下総国 小金城　武田七郎　インサート

十月　報恩寺

T『家康の五男 武田七郎信吉 幼名万千代』

——夕焼けの空。

N字幕『清和天皇より／三十一代信吉で／再興 武田家 断絶』

74

江戸城 西の丸 柳澤邸〈保明の回想明け〉〈夕刻〉

十月　篠山城　書院　孔雀の間

保明が伊織に対して、

保　明「さてここからじゃ。信虎公の二十三回忌法要の話じゃが・・・」

いまにも、眠りに落ちてしまいそうな伊織。しかし、その睡魔と懸命に戦っている。

75

甲斐国 大泉寺　本堂（桜） 情景

四月上旬　雲峰寺　庫裏

N字幕『信虎の死より二十二年後 ／ 文禄五年（一五九六）三月五日』

T『甲斐国 大泉寺』

T『浅野忠吉』

【M21エンド】

76

甲斐国 大泉寺　本堂

四月上旬　妙覚寺

京で菓子商人となっていた新助は、番頭・小助を伴い大泉寺において信虎の二十三回忌法要を執り行った。本堂には信虎の肖像画が掛かっている。法要後、新助は見覚えのある顔を見つける。

字幕『逍遙軒筆 信虎像』

N字幕『二十三回忌 法要後』

新　助「あなた様は、横手源七郎《げんしちろう》様にござりまするな。それがしはこたびの法要を執り行った黒川新助にござりまする。

覚えておいででしょうや」
　源七郎はうなずく。
源七郎「おお新助どの、お久しゅうござるな。それがしは今は、
　柳澤を姓としておる。信虎様のご子孫は、天正十年、武
　田家が滅亡した時、ほとんどが討たれてしもうたから、
　こたびは血を分けた者がおらぬか・・・」
　　T『柳澤源七郎信俊 旧姓横手』
　すると隣から神八《じんぱち》が話に加わる。
神　八「残ったのは、わしぐらいかのー」
新　助「小県《ちいさがた》の国衆《くにしゅう》・禰津《ねづ》家の出で、亡き殿のお孫にあたられま
　する」
神　八「いまは上田の真田安房守《あわのかみ》様の客分・禰津神八《じんぱち》にござる」
　　字幕『真田 安房守 昌幸』
　　T『信虎の外孫 禰津神八』
　源七郎は喜ぶ。
　すると、ヨボヨボの源右衛門尉が現れる。
新　助「源右衛門尉《げんえもんのじょう》・・・殿に追腹《おいばら》されて おられなかったので

すな」
字幕『追腹（殉死）』
T『孕石道無 出家前は源右衛門尉』
源衛門「はぁ。孫が死がんでくりょうっちゅうもんだから・・・」
すると、身延山久遠寺《みのぶさんくおんじ》住持の日賢上人《にっけんしょうにん》が姿を現す。
新　助「あなた様は・・・」
T『久遠寺十八世住持 日賢上人』
日　賢「身延山《みのぶさん》の日賢にござりまする。信虎様の法要があれば参加せよとの、寺の掟《おきて》となっておりますれば・・・信虎様の追善法要をした者がおれば渡して欲しいとのご遺言で、寺で預かってきた品にござりまする」
日賢は、携えてきた箱を置き、その中の冊子を出す。
神八が中を見る。
N字幕『信虎の名馬 鬼鹿毛図』
神　八「馬の目利《き》き書か・・・」
新　助「殿は都《みやこ》一、馬に詳しかったのでござりまする。これはその、馬の目利きの『虎の巻』ともいうべきものにござりまするな」

そして日賢は、中の物を箱より取り出す。

源衛門「さては、黄金《こがね》でごいすかな？」

日賢が、唐絹の包みを開くと、

小　助「うぉーー」

と、小助は大声を出して後ずさりする。新助も、驚きのあまり一瞬のけぞる。その中身は虎の頭（骨）であった。

神　八「なんと！　虎の頭《かしら》か・・・」

新　助「やはり殿は、常人ではないな・・・死してなお、皆を驚かすおつもりか・・・」

新助はその品を包み裂で隠す。

源衛門「虎は死して骨を残す、で　ごいすか・・・」

新　助「違いまする。『虎は死して皮を留《とど》め、人は死して名を残す』にござりまする」

源衛門「死しても名を残せるし　は少ないじゃんねー」

源右衛門尉は恥ずかしそうにする。

新　助「上人《しょうにん》様、ご存じの通り、亡き殿・信虎は、『妙見』の秘術を会得しており、お家の存続のため、それを用いておりました」

日　賢「聞き及んでおりまする。身延山《みのぶさん》・日伝《にちでん》、日叙《にちじょ》、日新《にっしん》と代々の伝えによりますれば、信虎様の秘術の数は定められておりました・・・」

新　助「何？　数が？・・・何回にござりまするか？」

日　賢「それは、お名『虎』の字の中に秘められているのでござりまする」

と言って微笑む。新助は火鉢の灰の上に「虎」の字を火箸で書き、そしてその上に「七」の字をもう一度なぞる。

【M22「七つの秘術」スタート】

新　助「七つ・・・。それでは、それがしが存じておる、秘術にかけられし者たちを申し上げまする」

一同が新助を注視する。新助が右手親指を折り、数え始める。

新　助「逍遥軒様の婿・小笠原掃部大夫《かもんのたいふ》信嶺《のぶみね》様」

字幕『南信濃領主　小笠原信嶺（不治の病）』

新助が人指し指を折る。

新　助「勝頼様の義理の弟・木曽義昌入道玄徹《げんてつ》様」

字幕『西信濃領主　木曽義昌　入道（病没）』

新助が中指を折る。

新　助「信虎様の婿の弟・下条《しもじょう》九兵衛尉《くひょうえのじょう》氏長《うじなが》様」

字幕『南信濃領主　下条氏長（戦没）』

新助が薬指を折る。

新　助「勝頼様の弟君・葛山《かずらやま》十郎信貞《のぶさだ》様」

字幕『勝頼の弟　葛山信貞（戦没）』

新助が小指を折る。

新　助「そして、武田梅雪斎《ばいせつさい》不白《ふはく》様」

字幕『武田（穴山）梅雪斎　不白（戦没）』

――穴山信君（武田梅雪斎）の姿がフラッシュ。

新助が右手をあげたまま、左手の親指を折る。

新　助「海賊・立神藻右衛門《たてがみもえもん》殿」

字幕『立神 藻右衛門（戦没）』

神 八「（驚き）確かに・・あの時、爺様《じじさま》より にらみつけられておったわ――」

――立神藻右衛門の姿がフラッシュ。

新助が左手の一指し指を折る。

新 助「そして、最後、七つ目になりまするが・・・（とてもつらそうな表情になり）お直御料人《なおごりょうにん》」

――蹴鞠時のお直のフラッシュ。

新 助「勝頼様・信勝《のぶかつ》様がお討死された時に、殉《じゅん》じなされた・・・」

源衛門「いや!?あああ」

源右衛門尉が何か言おうとするが、それに先んじて、お直本人の声が堂内に響いた。

【M22エンド】

お 直「わらわは死んではおりませぬ！」

信虎の北斗七星の軍配を持った（描き眉・お歯黒ではない）お直が、そこに座っていた。驚く一同。

小 助「（お化けが）で、でたー」

と言って、小助は逃げ出す。

新　助「おぉ、お懐かしや！（嬉々とした表情に変わっている）」

と言って立ち上がり、お直の元へ行くとすぐさま膝を落として礼をする。

新　助「これは、失礼仕《つかまつ》りました」

お　直「孕石《はらみいし》殿に、助けてもらったのでござりまする…」

77　甲斐国　田野　#71（回想）　四月上旬　蕨の里　（竹藪）

お直《なお》は手を合わせており、そこに源右衛門尉が現れる。

源衛門「姫様、源右衛門尉でごいす」

お直は驚き、すがるような顔をして小声で、

お　直「わらわを助けてくだされ！」

すると、昌恒が源右衛門尉のことに気づく。

T『土屋昌恒』

昌　恒「そなたは何者ぞ！」

源衛門「はッ、信虎入道が遺臣・孕石でごいす。入道様のご遺命により、姫様をお引き取りにまいったでごいす」

昌　恒「それはかたじけない。頼みまするぞ」

源衛門「まかせてくれよし。姫！」

と言い、お直はうなずく。そして源右衛門尉は、お直と立ち去る。

78

甲斐国 大泉寺　本堂

四月上旬　妙覚寺

源七郎「それはうまくやってくれたものじゃ！」

（このセリフを　前のシーンに食い込ませる）

と、源七郎《げんしちろう》が扇子を畳に打って喜ぶ。新助も満面の笑みを浮かべる。

源衛門「そりゃうまいこと、救ったさよー。それ以来、姫様は殿の菩提寺《ぼだいじ》であるこの寺に、お住まいなんだ」

新　助「御料人《ごりょうにん》様、それがしは今武士をやめ都にて菓子を商うております。それがしと共に都に帰り、夫婦《めおと》になってくださりませ！」

117

と、唐突に言う。お直《なお》は、

お　直「いえ、身分が違うゆえ、叶いませぬ」

と即座に断る。神八が咳《せき》払いをして、

神　八「天正十年、織田方の先鋒であった森武蔵《むさし》様は、その恩賞として北信濃の主《あるじ》となられた。その武蔵様に拝謁《はいえつ》した時、面白き話を聞いた……」

字幕『森武蔵守 長可』

源衛門「ほー、何でごいすか？」

神　八「『わしの娘は、武士には嫁がせぬ。京の商人《あきんど》か医者に』と……別に、身分高き武士の娘であっても、商人に嫁いで良いのでござる……」

と言って、お直の顔を見る。日賢もうなずく。

——蹴鞠時の新助のフラッシュ。

新　助「都で共に、菓子を作りませぬか？ 楽しいですぞ」

源衛門「姫様、あの世の殿も、喜ぶじゃねえですけ？」

お　直「では新助殿に、付いて参りまする」

新助は飛び上がって喜ぶ。

新　助「それがしが責任を持ちて、御料人《ごりょうにん》様を大切にお守りいたしまする」
お　直「御料人はおやめ下さりませ。身分を思い出してしまいまする」
新　助「では、お直よ」
お　直「苦しゅうない」
一同、笑う。新助、満面の笑みで一同の顔を見る。そして、真面目な顔に戻る。
新　助「これより京に帰りまするが、亡き殿が、あれだけ強く願われていた武田家の存続は、なりませなんだ・・・」
源衛門「所詮《しょせん》、家なんちゅーもんは、ほんねん長く続くもんじゃねぇらよ」
と言って一人で笑う。
新　助「いや、待てよ。お直が秘術にかかっていない、とすれば、あと一つ残っておることになる。その力を借りれば、武田の家は いずれ再興がなるやも知れぬ」

新助は独り言を言い、嬉しそうな顔をする。

【M23「輪廻転生」スタート】

源衛門「んで、店の屋号だけんど、『武田屋』じゃあがと旨《うま》そうには聞こえんじゃんね」

源七郎「薬屋のような名前にござりまするな。（笑いながら）女将《おかみ》、なにか良き案はござりませぬか？・」

お　直「信虎屋・・・!?」

皆に新助の羊羹がふるまわれる。

神　八「もっと食っていたいですな。こりゃあ・・・」

79 京への街道　四月　亀岡　山室

新助とお直《なお》の京への道中。桜吹雪が舞う。少し離れたところに、荷物持ちの小助と馬をひく馬子《まご》（一人）が続く。

お　直「父上の、七つ目の秘術・・・、どなたに、何とお念じになられたのか・・・」

新　助「んー。どなたであれ、武田の血縁者に家の存続を願われたのじゃろう・・・あッ・・・」

新助が何かを思い出した様子。

80 欠番

81 欠番

82 禰津城 信虎の部屋 インサート〈夕刻〉 （新助の回想） 三月　本法寺

揺れている燭台の炎。夜具の中で　目を見開く信虎。不思議なほどに意識がしっかりしている様子で、

信　虎「新助、鏡をもて！」

新　助「はッ」

鏡箱を取りに行き箱から鏡を取り出し、信虎に手渡す。

信　虎「下がって良い」

121

そそくさと新助は退き襖《ふすま》を開けようとした時、自身の顔に鏡をかざして射貫くように見ている信虎の（妙見の秘術をかける時の）姿が、一瞬視界に入った。

（信虎心の声）モノローグ「オンソヂリシュタソワカ　我生まれ変わりて武田の家を残さん」

83　京への街道（桜）　四月　亀岡　小室

新　助「確かあの時、殿はご自身に秘術をかけておられた。秘術を使って願われたことが、ご自身の『輪廻転生《りんねてんしょう》』だとすると・・・」

と独り言を言う。けげんそうに新助を見つめるお直。それに気づく新助が笑い出し、つられて笑いだすお直。そのまま、ゆっくりと遠ざかってゆく新助とお直たち。奥に満開の大きな桜の木が見える。

【M23エンド】

83A

江戸城　本丸御殿　情景

十月　二条城 二の丸 御殿

（門の虎の彫刻をくっきりと表示。）

84

江戸城 本丸御殿 白書院 大広間

十月　篠山城 書院

#2と同じ

N字幕『およそ百年後／元禄十四年（一七〇一）九月』

T『江戸城 本丸』

阿　部「一七〇一年九月二十一日」

阿　部「武田虎之助殿」

信　冬「ははーッ」

T『信虎より五代目（信玄二男の系統）／武田虎之介信冬』

信冬が深く礼をする。

保　明「・・・（満足げに信冬を見つめている）」

T『柳澤出羽守保明／後の甲府藩主・柳澤吉保』

――青空。

N字幕『柳澤の働きかけにより／高家武田家が誕生／武田家は再興となった』

85 欠番

86 江戸城 西の丸 柳澤邸 〈夕刻〉

十月 篠山城 書院 孔雀の間／北斗七星

保明の話に、寝てしまっている伊織。それに気づいた保明。

保明は、寝息を立てている伊織の頭をそっと撫《な》で始める。その保明の右手首（表）には、あの北斗七星の黒子《ほくろ》が・・・。

保明「伊織・・・」

保明が歩みより、そして、手首が老人のものに切り替わり、パンアップすると、何とそれは信虎であった。

伊織「父上、（寝ぼけた声で）たいへん、面白き話にて、夢うつつとなっておりました・・・」

ニッコリと微笑む信虎。

信虎のオフ「(「天空の城ラピュタ」ムスカ大佐風に)武田は滅びぬ。

何度でも甦るのじゃ」

北斗七星に流れ星ひとつ流れて・・・・・

スクリーンに浮かび上がる大きな「完」の文字。

【M24「信虎・メインタイトル」スタート】

エンディングキャスト

小窓画面にメインキャスト表示

武田信虎↓武田信直(若き信虎)↓日伝上人↓土屋伝助↓

清水式部丞↓勿来(猿)↓穴山信君↓武田逍遥軒↓

武田信玄↓上杉謙信↓織田信長↓武田勝頼↓北の方↓

跡部大炊助↓長坂釣閑斎↓黒川新助↓お直／春日弾正／

隆大介

125

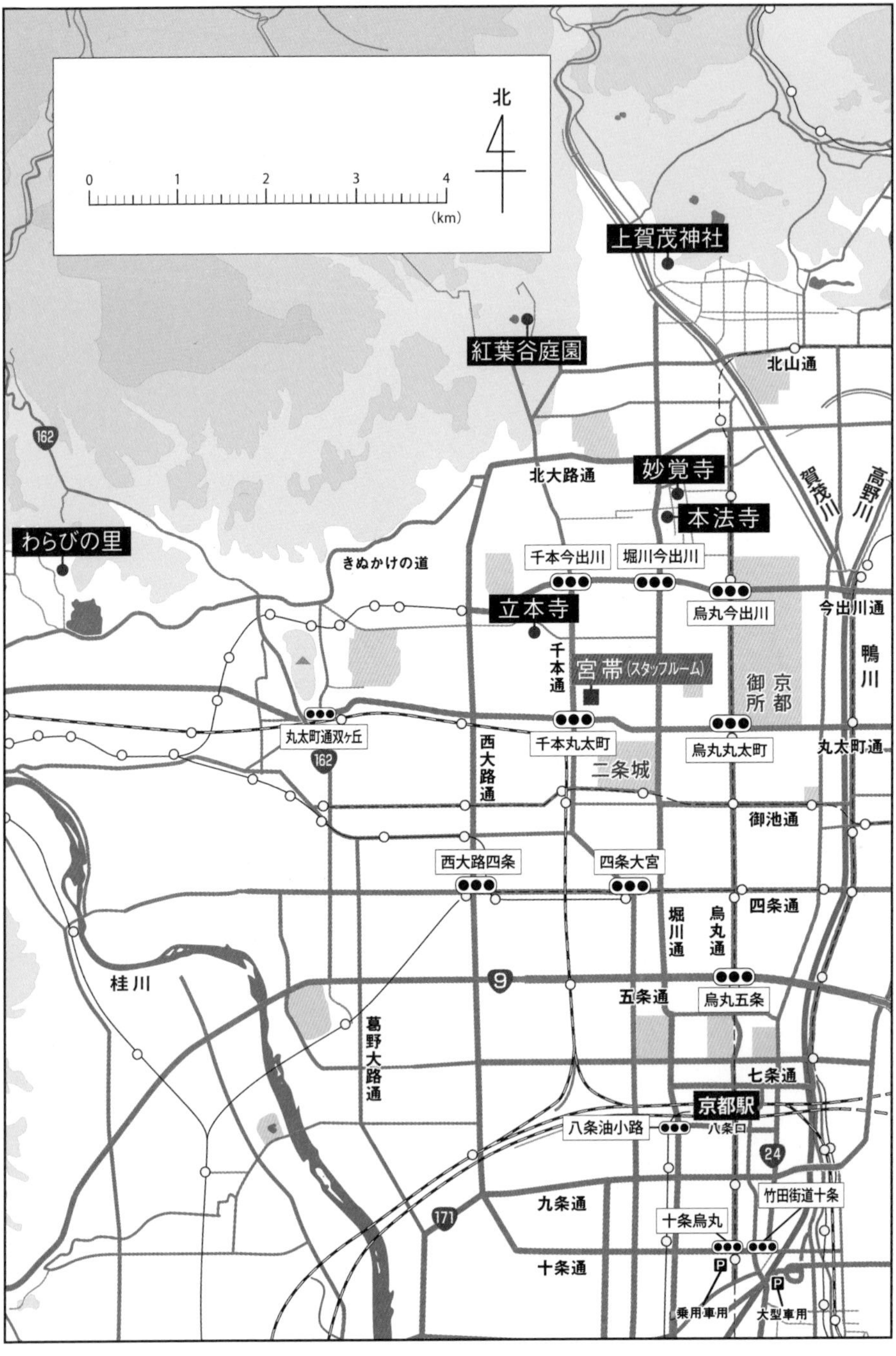
北
0
1
2
3
4
(km)
上賀茂神社
紅葉谷庭園
北山通
妙覚寺
北大路通
本法寺
賀茂川
高野川
わらびの里
千本今出川
堀川今出川
きぬかけの道
立本寺
烏丸今出川
今出川通
千本通
宮帯(スタッフルーム)
鴨川
京都御所
丸太町通双ヶ丘
千本丸太町
烏丸丸太町
丸太町通
西大路通
二条城
御池通
西大路四条
四条大宮
四条通
堀川通
烏丸通
桂川
五条通
烏丸五条
葛野大路通
七条通
京都駅
八条油小路
八条口
九条通
竹田街道十条
十条烏丸
十条通
乗用車用
大型車用
162
9
24
171

信虎家臣
武田の家を滅してはならぬ！
京召し抱えの家臣
黒川新助
矢野聖人
信虎の末娘
お直
谷村美月
？
愛猿
勿来《なこそ》
頼むぞ！
武田信虎
寺田 農
いざ故郷へ！
志摩 甲賀城主
武田雅楽助《うたのすけ》
田中伸一
甲斐より帰参した家老
土屋伝助
隆 大介
駿河召し抱えの家老
清水式部丞《じょう》
伊藤洋三郎
若き信虎
武田信直
石垣佑磨
お元気で…
志摩 海賊
磯丸
藤木 力
志摩 海賊
鮫次郎
矢田直資
志摩 海賊
蟹蔵
高橋政美
志摩 海賊
立神《たてがみ》藻右衛門
倉田 操
妻は信虎の一族
孕石《はらみいし》源右衛門尉《じょう》
剛たつひと
殿さま、あぶねぇ！
甲斐郡内の投石兵
郡内の玉鬼
吉井基師
甲斐での家臣の子
白畑助之丞
小堀正博
甲斐での家臣の子
矢作勘太夫
森本のぶ
甲賀 透破
太吉
久保内啓朗
甲賀 透破の頭
望月六郎
山本将起
お直の侍女
お夏
渡辺帆夏
お直の侍女
お佳
宮下佳子
お直の侍女
お花
花澄
信虎の小者
小助
青山金太郎
元信虎のライバル
今井信元
外波山文明

勝頼の嫡男、信玄の後継者
武田信勝（武王）
大八木凱斗

勝頼の継室、北条氏政の妹
北の方
西川可奈子

勝頼派閥

信長を退治…

信玄の四男、武田家陣代
武田勝頼
荒井敦史

信虎・お西の娘
お弌《いち》
左伴彩佳（AKB48）

信虎の側室
お西《せい》
まつむら眞弓

勝頼の外祖母
大方
奥山眞佐子

聞き捨てなりませぬぞ！

勝頼の寵臣
跡部勝資
安藤一夫

勝頼の妹婿
木曽義昌
實貴政夫

滅相もござりませぬ

信虎の外孫
穴山信君（梅雪）
橋本一郎

勝頼の従兄弟
武田信豊
鷲尾直彦

我が軍は日本一！

勝頼の寵臣
長坂釣閑斎
堀内正美

信玄の家臣
原 昌胤
落合保八

信君の嫡子
武田（穴山）勝千代
晋之助

元 勝頼の側近
小宮山内膳《ないぜん》
塩崎こうせい

元信玄の御咄衆
小笠原憩庵《けいあん》
唐木ふとし

徳川家康の五男
武田（松平）万千代
板坂 郁

「人心」が離れたからにござりまする

勝頼の側近
土屋昌恒
木村圭吾

勝頼の側近
安倍宗貞
高谷恭平

甲斐武田家

死を三年伏せ
勝頼は陣代に！

信虎の嫡男
武田信玄
永島敏行（二役）

信虎の九男、伊達者
一条信龍
杉浦太陽

国が乱れねば
よいが…

信虎の六男、絵が得意
武田逍遥軒
永島敏行（二役）

四名臣

信濃牧之嶋城代
馬場信春
永倉大輔

上野箕輪城代
内藤昌秀
井田國彦

信濃 海津城代
春日弾正忠《だんじょうのじょう》
川野太郎

駿河江尻城代
山県昌景
葛山信吾

滅亡は避けられぬか…

小県禰津城主、信虎の婿
禰津松鷂軒
岸端正浩

松鷂軒の子
禰津神八
上田実規朗

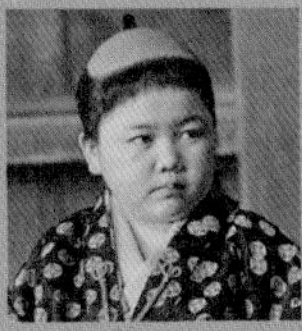

逍遥軒の嫡男
武田平太郎
髙月雪乃介

逍遥軒の二男
武田麟岳
若林元太

御使衆
日向《ひなた》玄東斎
清郷流号

岩村城代秋山家臣
片切昌為
宮下玄覇

武川衆、柳澤吉保の祖父
横手（柳澤）源七郎
井藤 瞬

武田は滅びる…

元僧侶、神託を受ける
安左衛門尉《じょう》
嘉門タツオ

織田家

織田信長
渡辺裕之

この借りを返すときじゃ！

信長の家老
村井春長軒（貞勝）
村上秀晃

美濃 飯羽間城主
遠山友信
北岡龍貴

長岡（細川）藤孝若衆
古田左介（織部）
保坂直希

上杉家

上杉謙信
榎木孝明

勝頼をはさみうちにいたそう！

謙信の養子、北条氏政の弟
上杉景虎
長森陽春

謙信の養子
長尾顕景（上杉景勝）
長尾卓磨

元信濃国守護
小笠原正麟（長時）
出射 均

身延山久遠寺

御屋形（信虎）さまは「妙見の力」を秘めておられまする

身延山久遠寺 住持
日伝上人《しょうにん》
螢 雪次朗

お釈迦さまの教え…

身延山久遠寺 住持
日叙上人
平岡秀幸

虎の字のなかに…

身延山久遠寺 住持
日賢上人
水島涼太

各地の寺社勢力

佐久龍雲寺住持
北高全祝
上田日瑞

横に団扇を拈じて…

長禅寺住持
春国光新
髙橋賢一

徳川幕府

徳川5代将軍
徳川綱吉
柳田雅宏

よし、話してしんぜよう

将軍綱吉の側近
柳澤保明（吉保）
柏原収史

ははーっ。

信虎五代孫
武田虎之助（信冬）
三角園直樹

表高家衆に任ず…

幕府 奏者番
阿部正喬
大久保ともゆき

はッ！

保明の四男
横手伊織
鳥越壮真

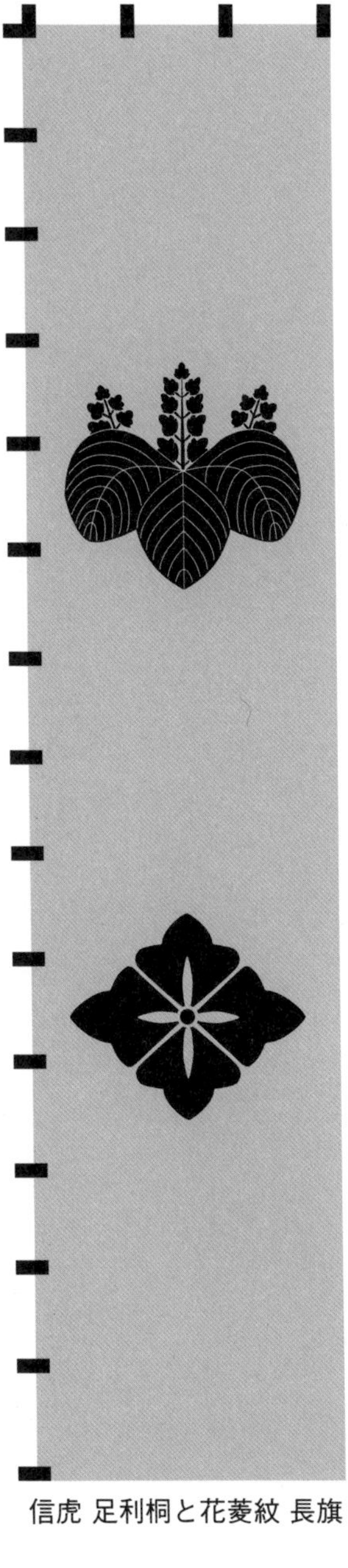

信虎 足利桐と花菱紋 長旗

勝頼 大の字旗

信虎 足利桐と花菱紋 四半旗

信玄 孫子の長旗

信玄「天上天下唯我独尊」の長旗

信玄 諏方明神 長旗

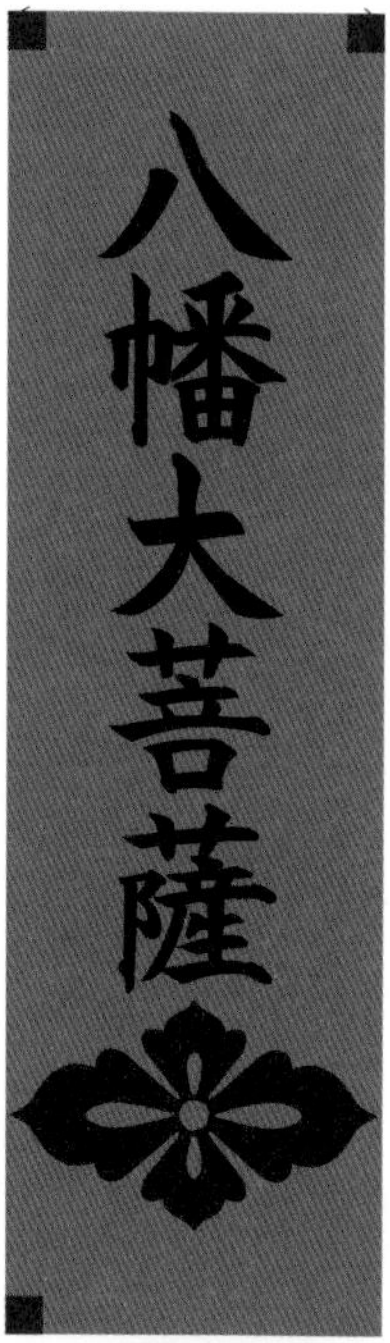

信玄 八幡大菩薩の旗

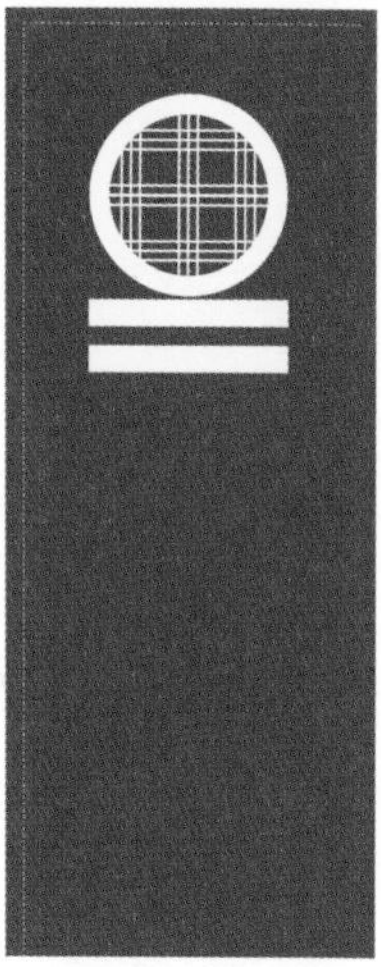

美濃 遠山家 背旗

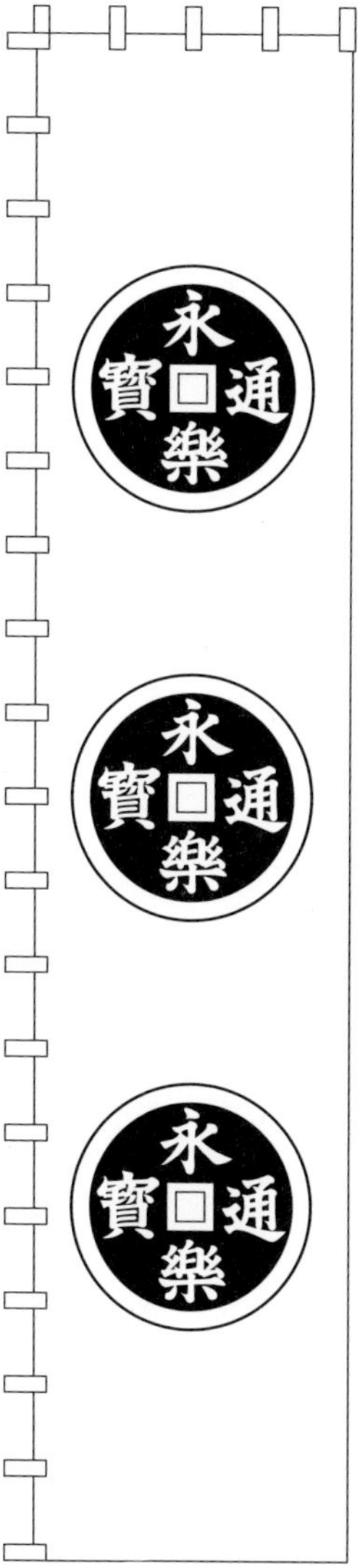

信長 永楽通宝紋 長旗

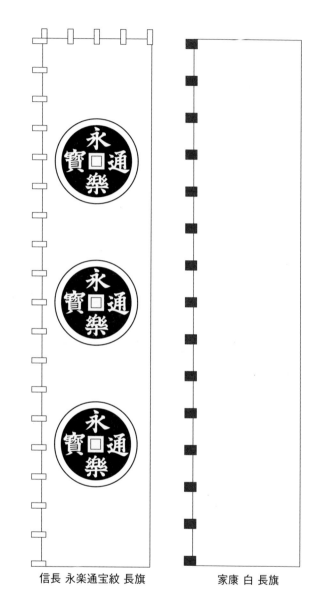

家康 白 長旗

春近衆・片切昌為 背旗

武田信虎 花菱紋幕

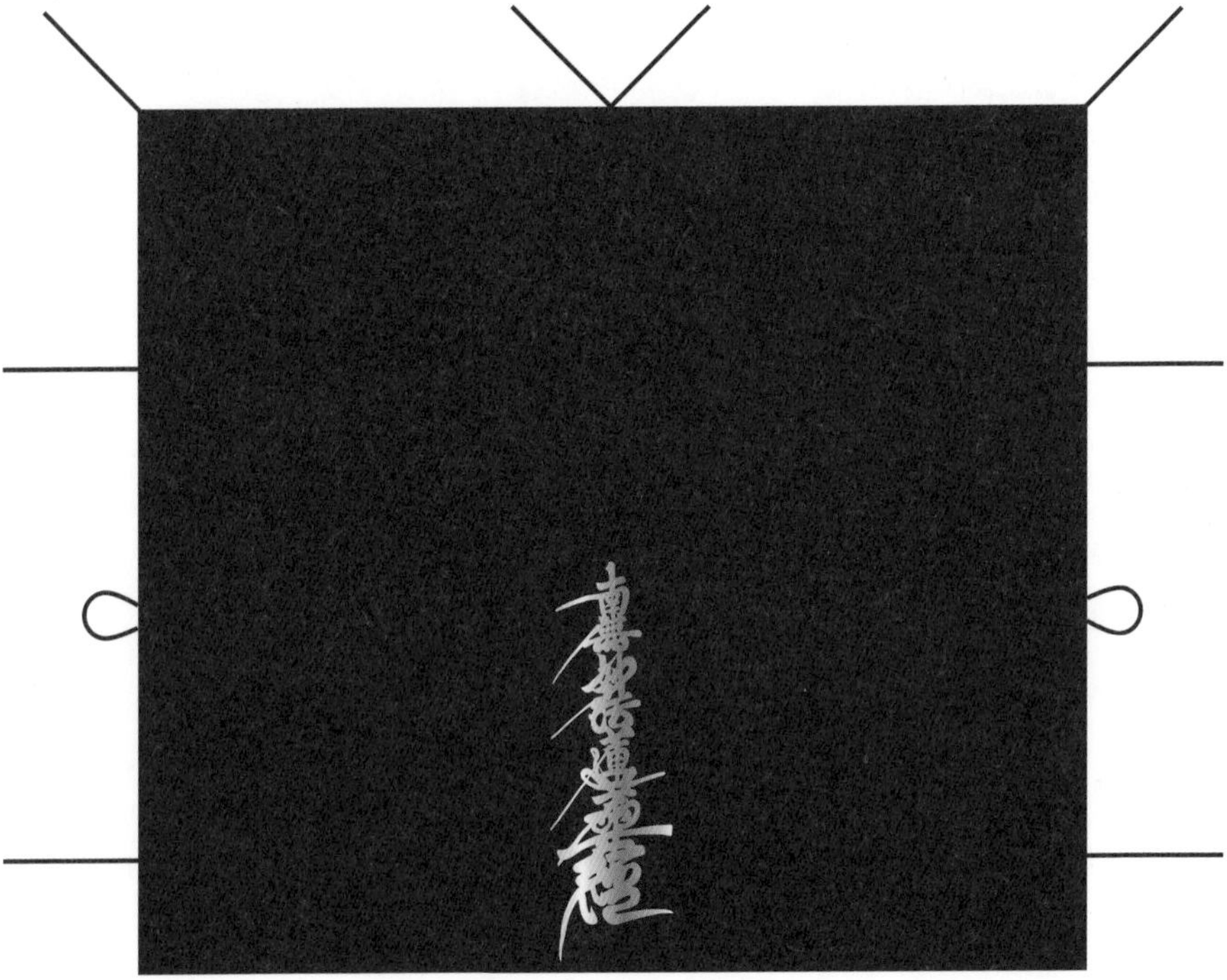

武田信豊 法華経の母衣

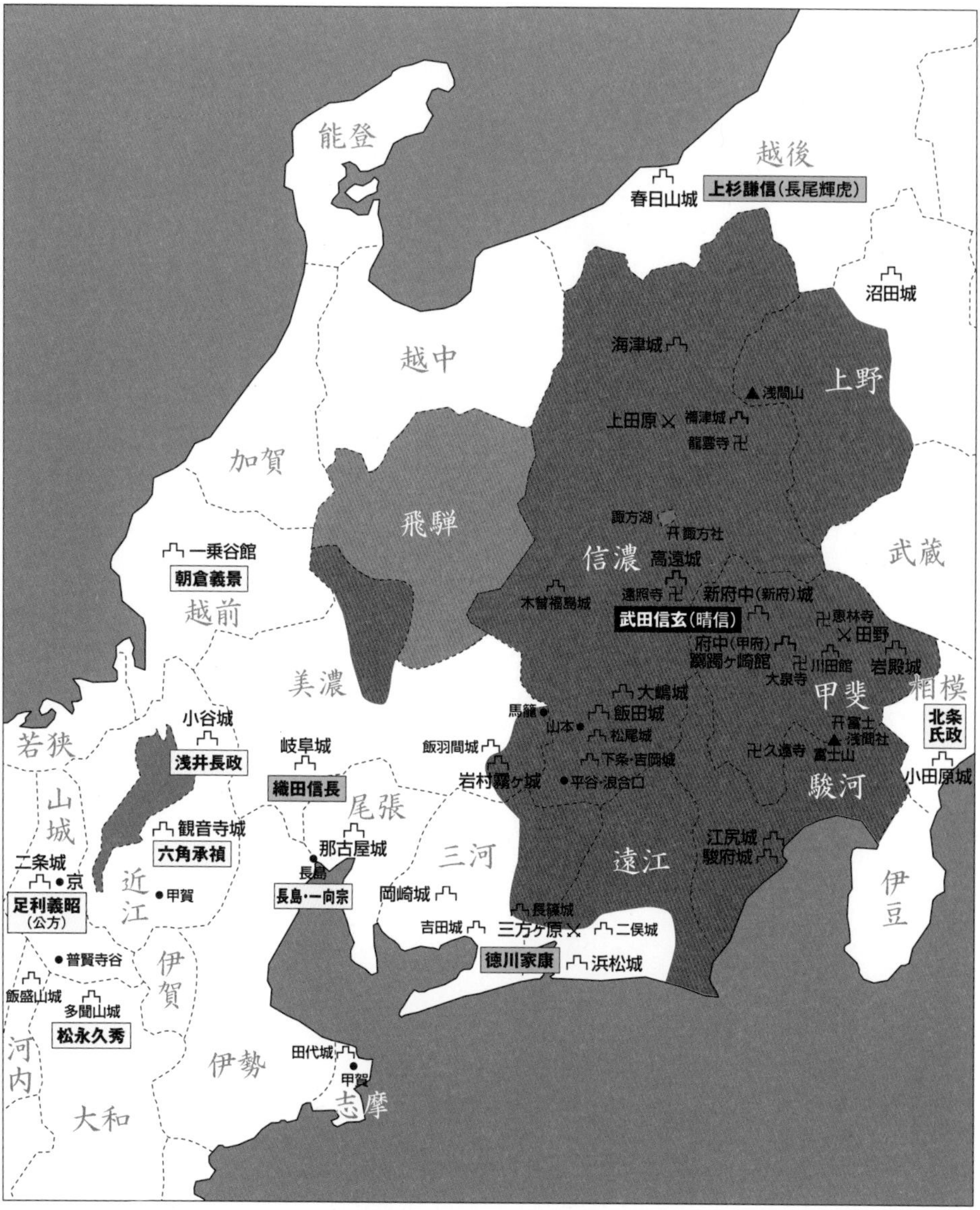

武田信玄 領国図(元亀4年・天正元年〔1573〕)

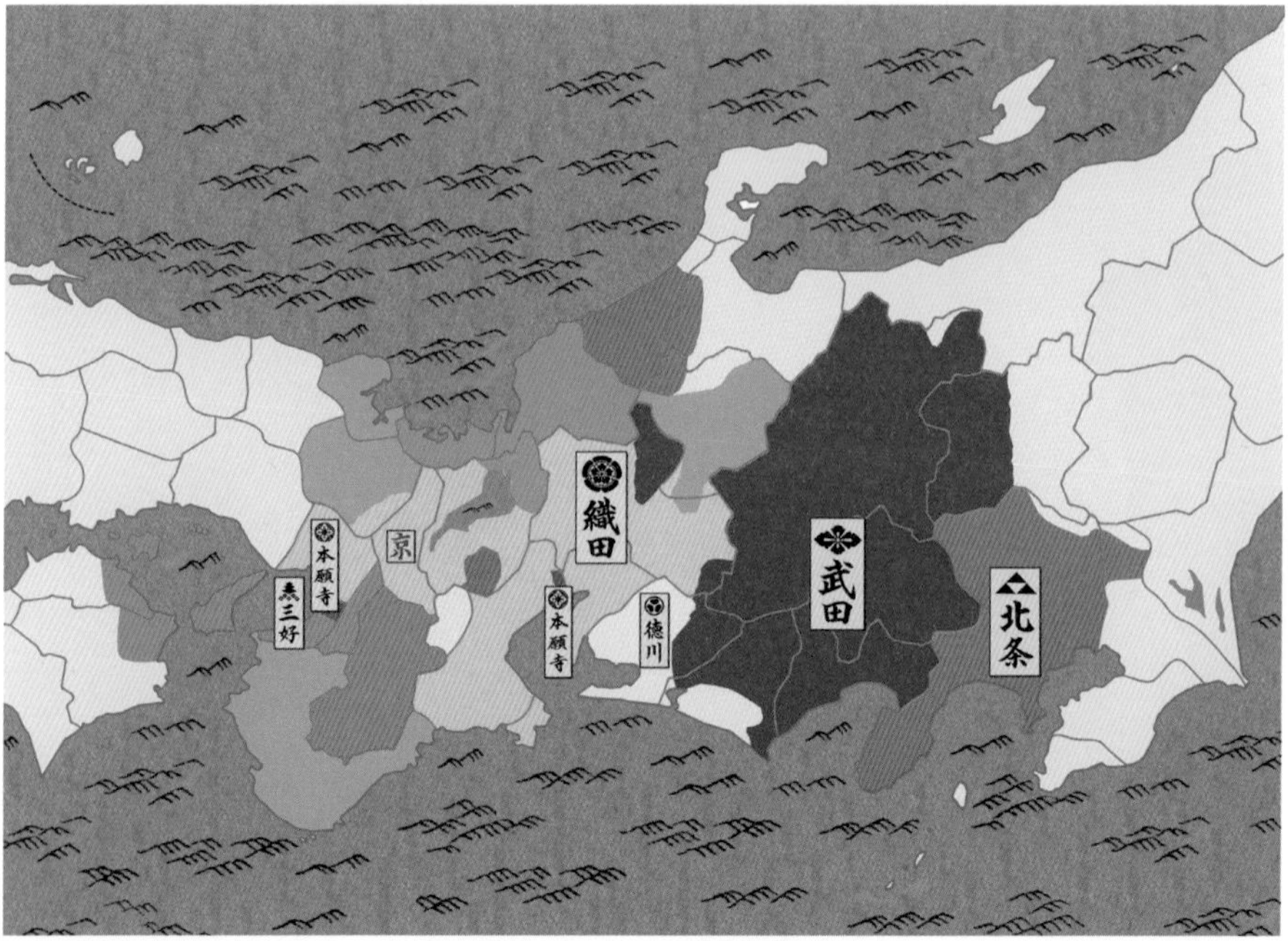

1573年４月下旬(信玄没直後)

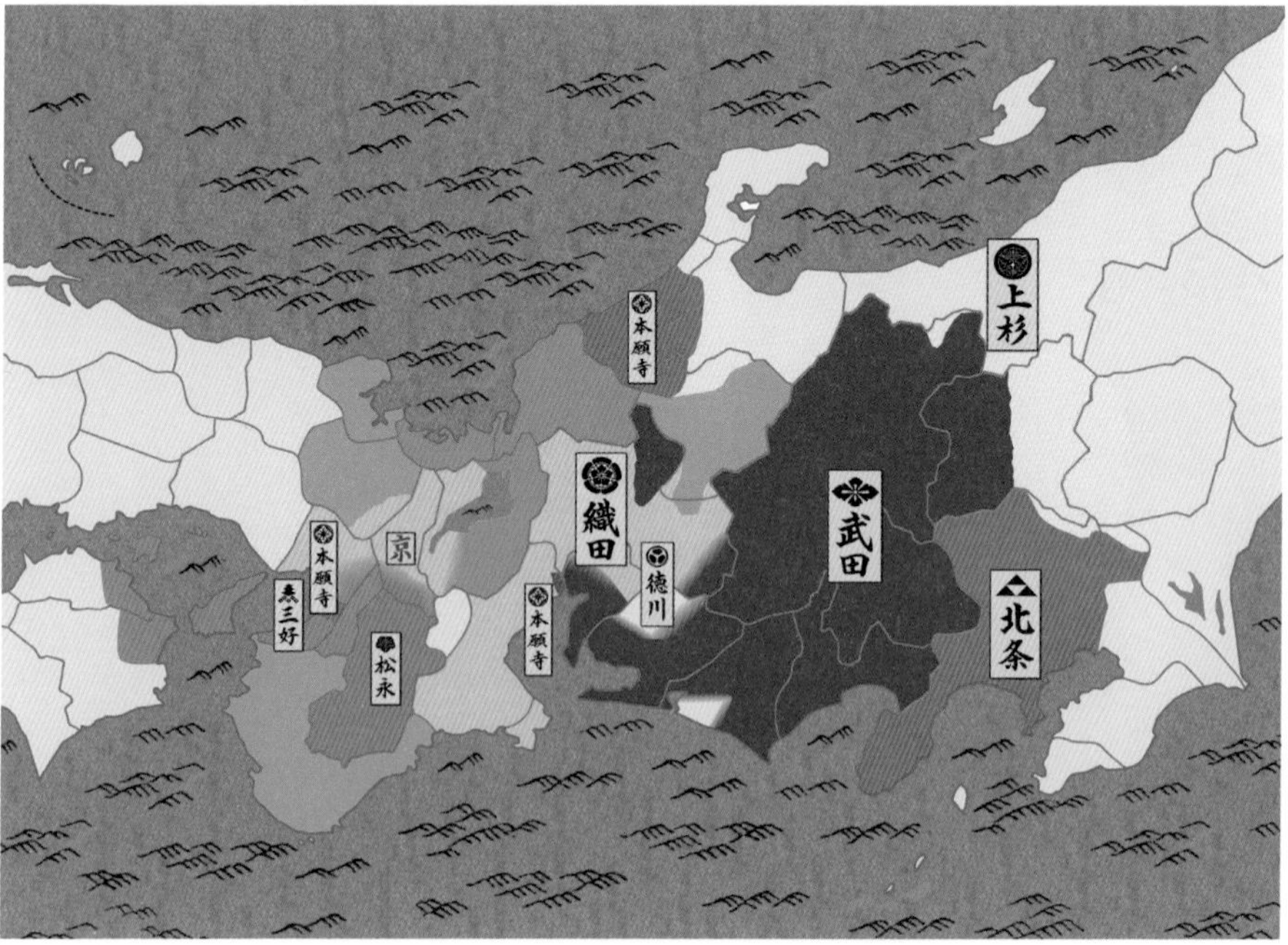

1573年４月下旬 (武田(信虎)軍上洛想像図)

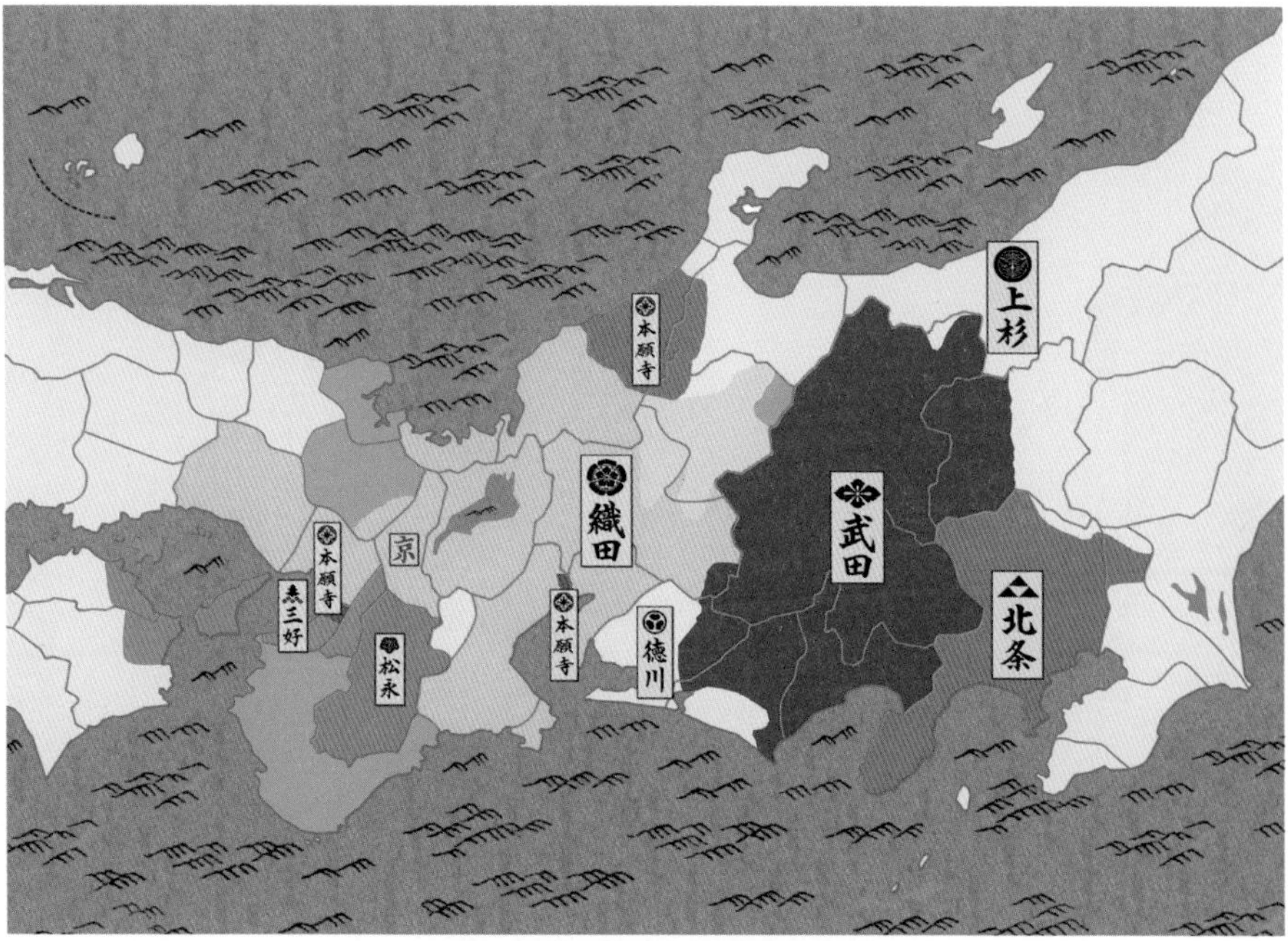

1573年8月（浅井・朝倉滅亡後）

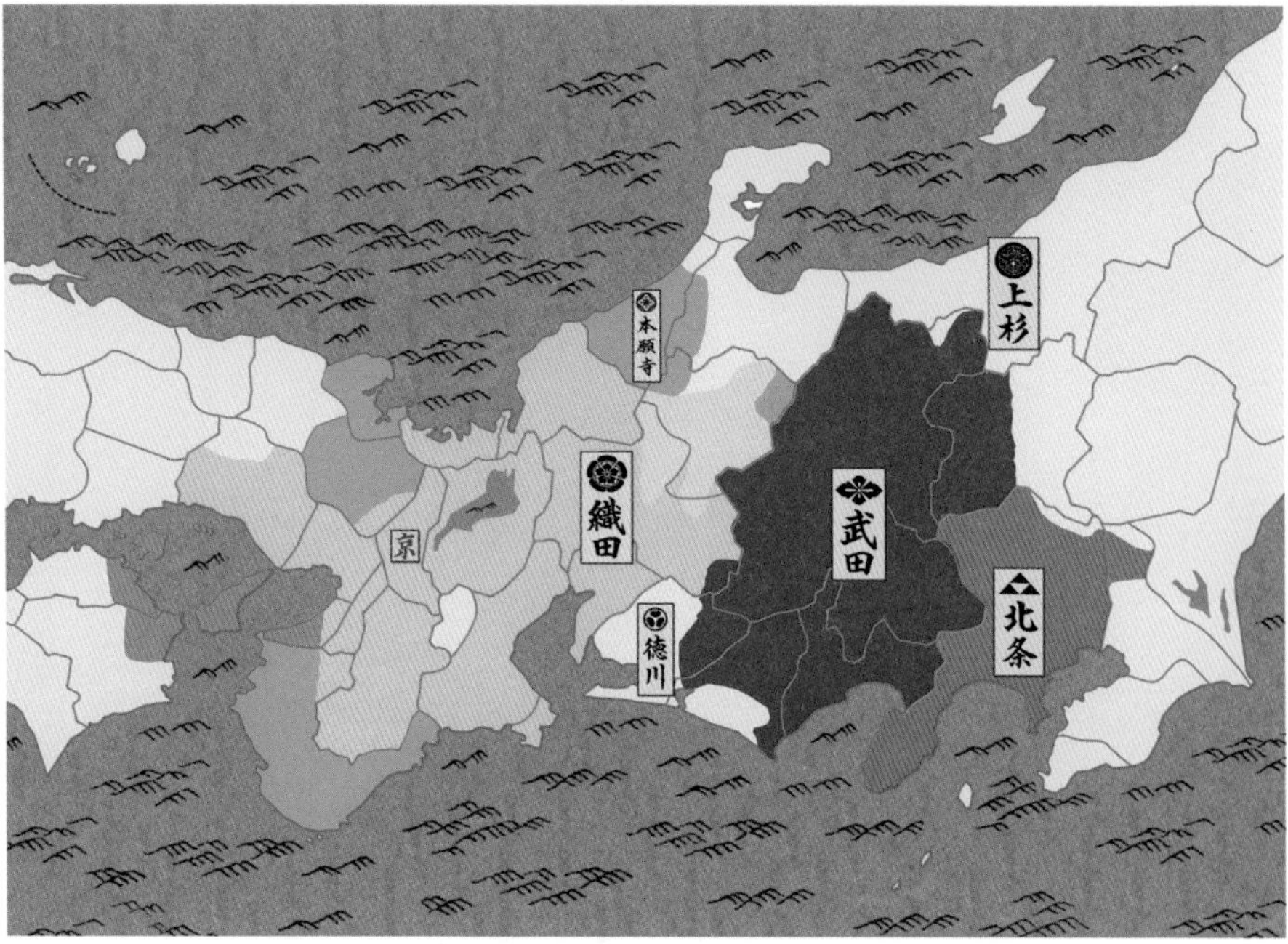

1573年11月（三好義継討死・大坂本願寺和睦・松永久秀降参）

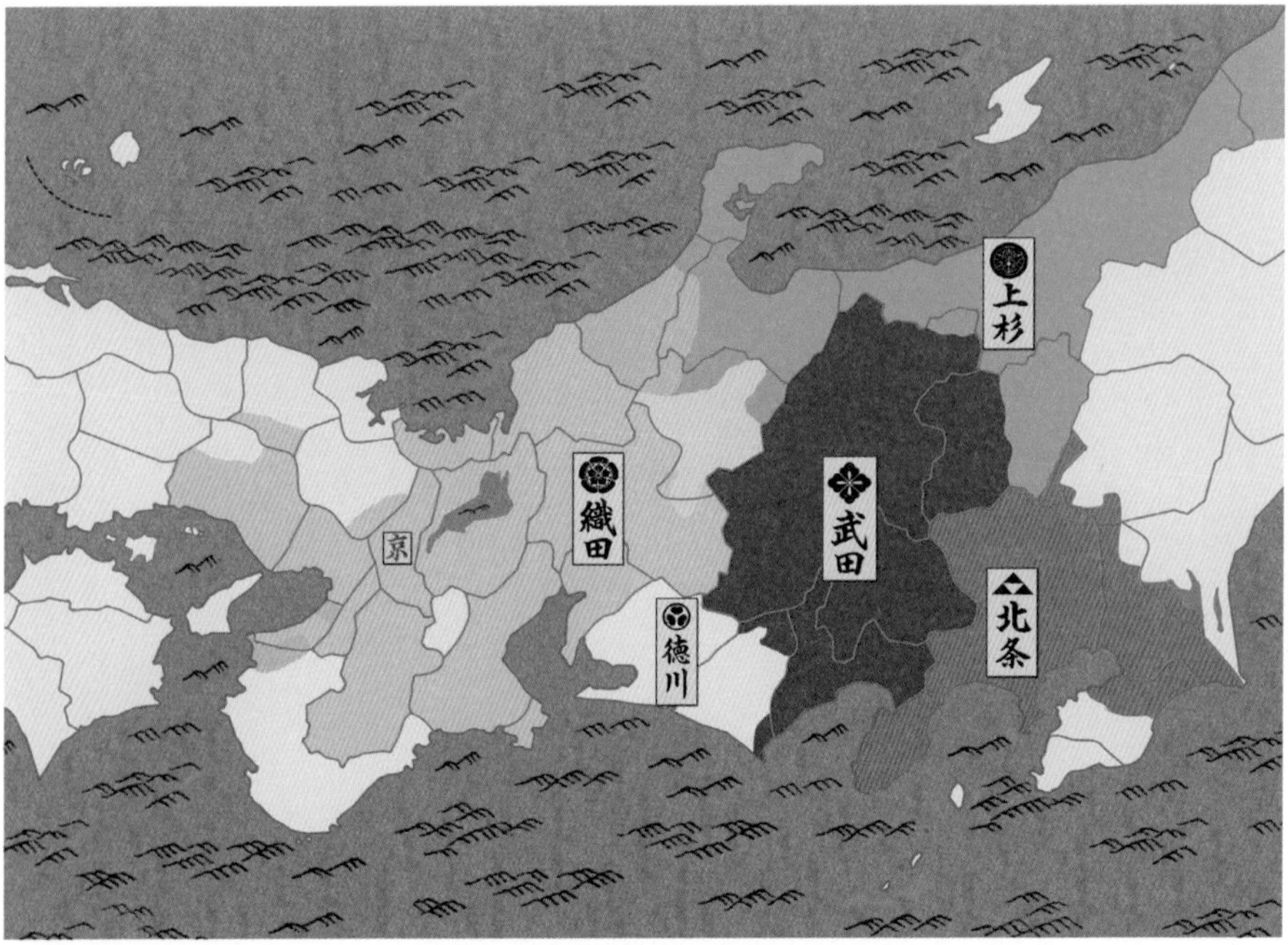

1574年2月(勝頼 東美濃出兵時)

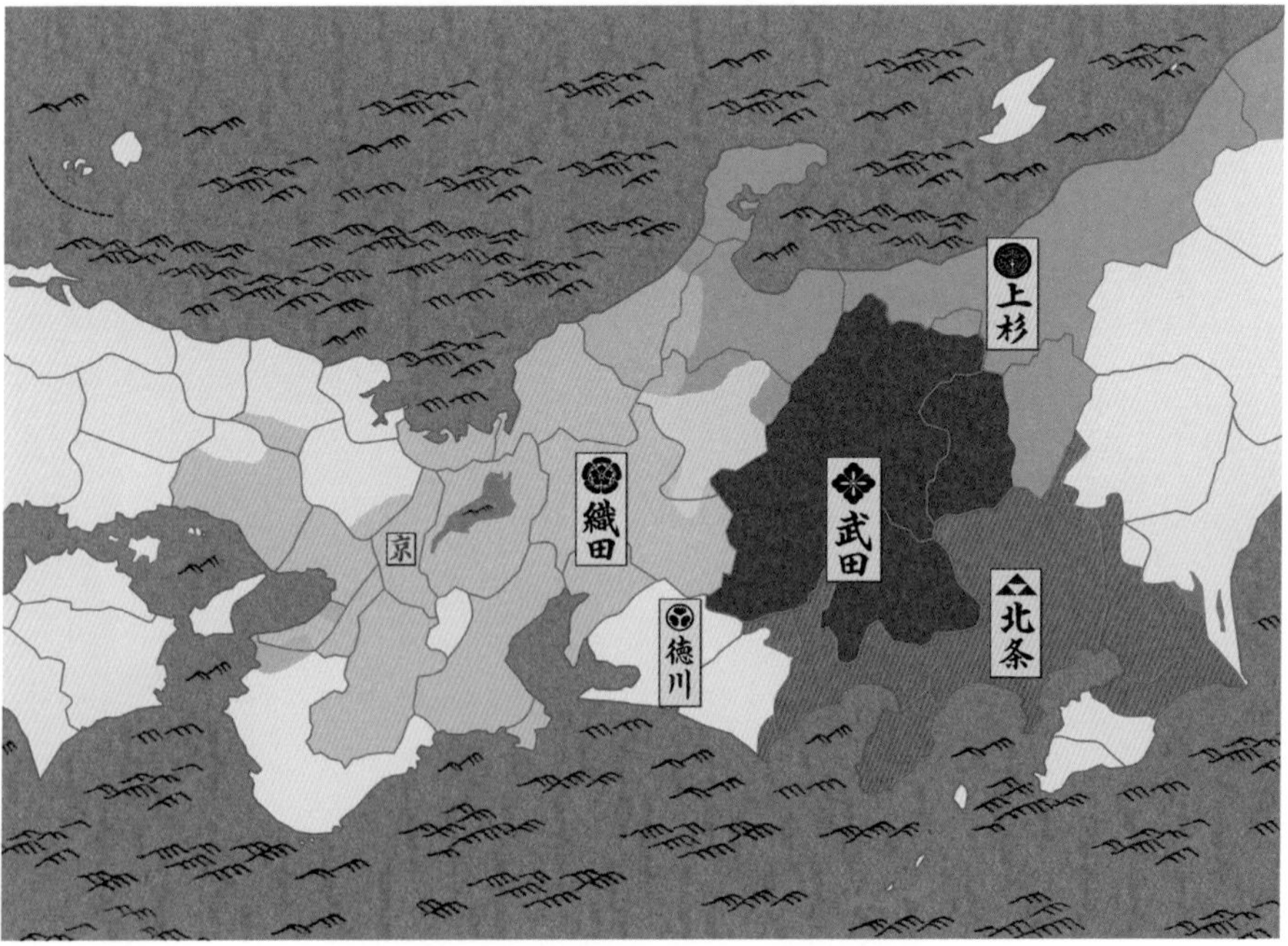

1574年(駿河・東遠江北条氏へ割譲想像図)

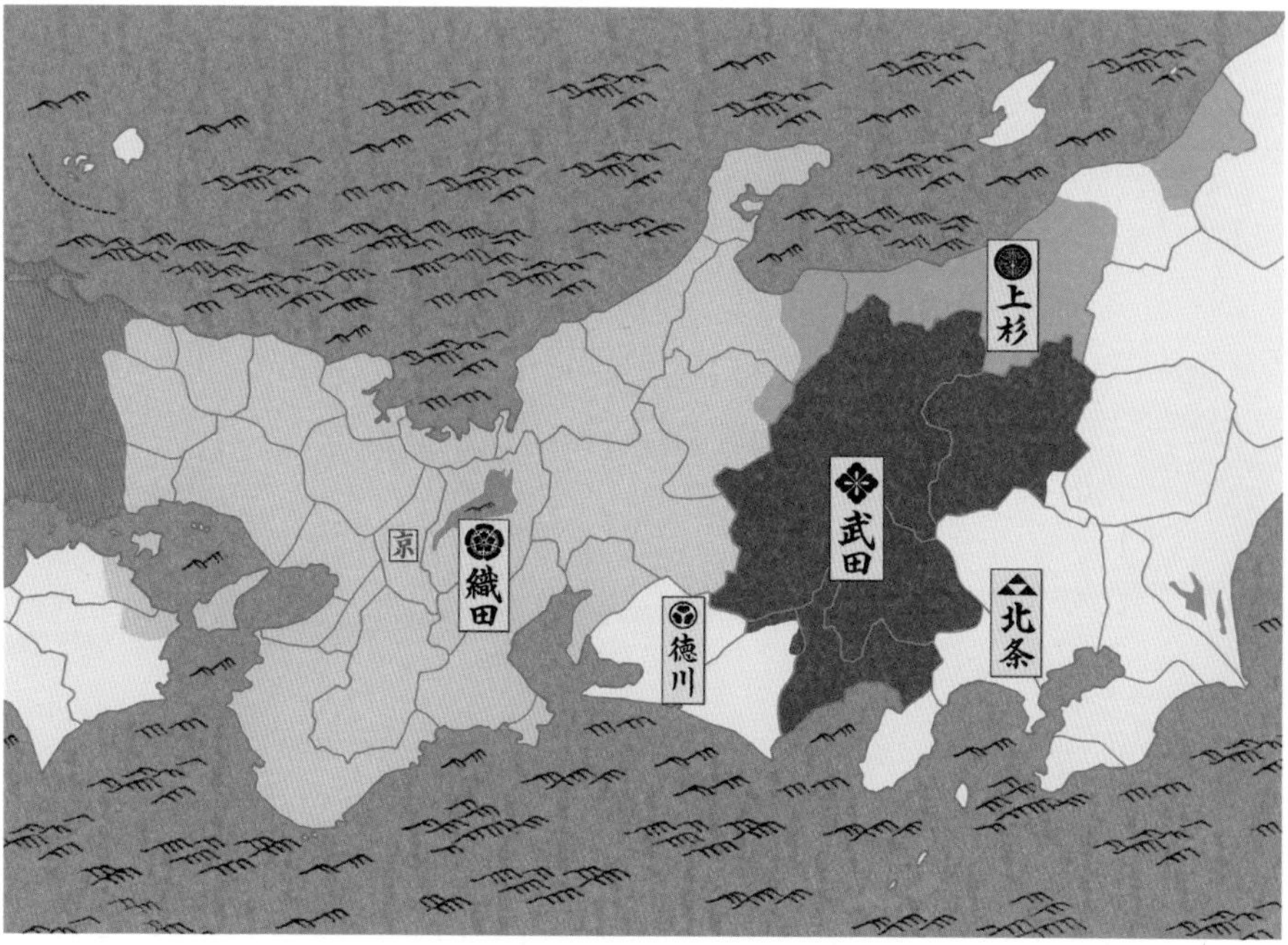

1579年4月（御館の乱後）

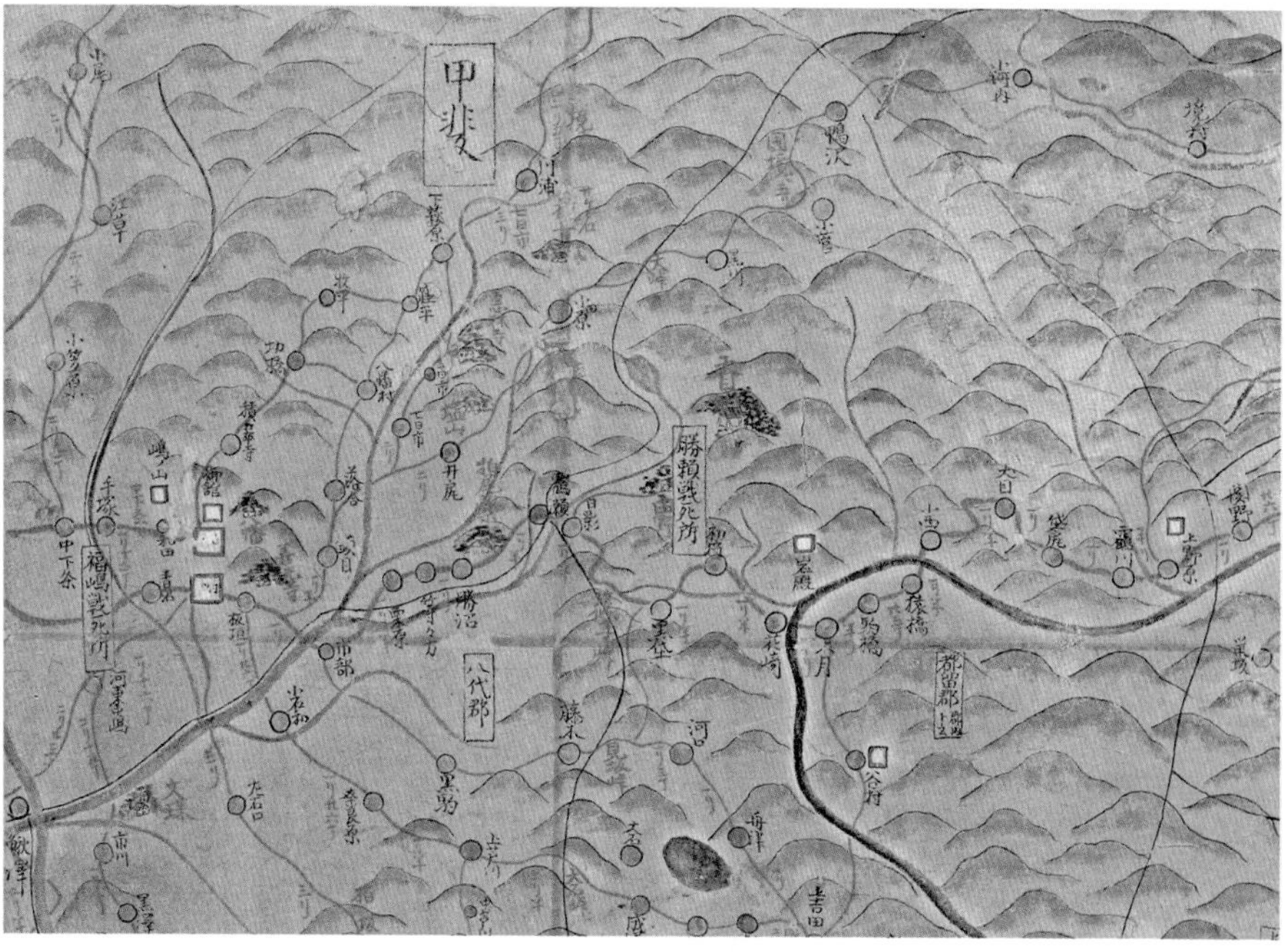

『甲陽軍艦 攻戦地理図屏風』

宮帯出版社の映画『信虎』関連本・CD

武田の兜と信玄の合戦図

付録：信玄公百回忌より二百五十回忌までの奉加帳

平山 優・永田仁志・宮帯出版社編集部 著

A4判 並製 248頁（うちカラー118頁） 定価 2,000円（税込）

謙信急死を伝える新出の長坂光堅書状や信玄筆の色紙・短冊、信玄・勝頼が着用した上州の兜、『甲陽軍鑑』の信玄合戦図、信玄が攻略していった詳細地図など、研究者注目の史料を収載。付録として、恵林寺蔵の信玄遠忌奉加帳の全影印と翻刻を収録。

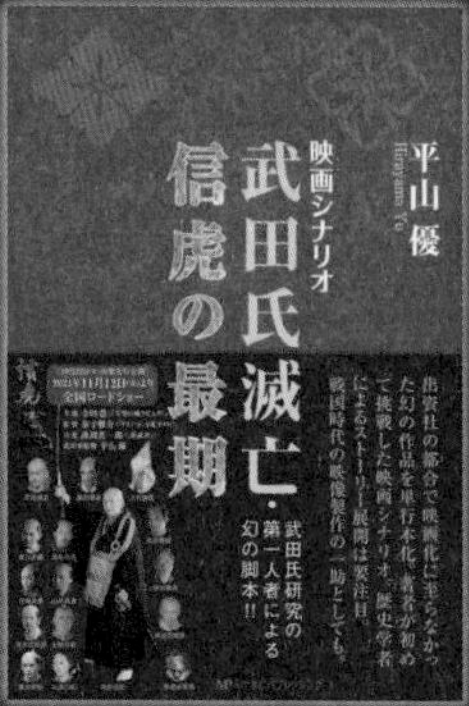

映画シナリオ

武田氏滅亡・信虎の最期

平山 優 著

四六判 並製 192頁　定価 1,980円（税込）

武田氏研究の第一人者による幻の脚本!!
出資社の都合で映画化に至らなかった幻の作品を単行本化。著者が初めて挑戦した映画シナリオ。歴史学者によるストーリー展開は要注目。戦国時代の映像製作の一助としても。

映画『信虎』

映画音楽の巨匠・池辺晋一郎が放つ
令和版『影武者』の世界

池辺音楽の集大成

オリジナルサウンドトラック

〔収録曲〕
01 信虎・メインタイトル（ショートバージョン）(2:15)
02 信玄・勝利祈願 (0:43)
03 信虎・帰郷を決意 (0:46)
04 街道の戦い (2:40)
05 信玄死去の報 (0:50)
06 信虎の夢 (1:29)
07 荒大将信虎 (3:58)
08 勝頼の自信 (3:14)
09 霊光 (2:43)
10 信長の勢い (0:37)
11 秘術会得 (2:43)
12 信長の決意 (1:37)
13 勝頼強気 (1:28)
14 忍者成敗 (0:52)
15 熊来襲 (0:35)
16 若き日の回顧 (0:53)
17 信虎の筆 (3:02)
18 信虎・逝く (2:55)
19 長篠の敗北 (1:26)
20 勝頼討死 (3:23)
21 武田家断絶 (0:49)
22 七つの秘術 (1:18)
23 輪廻転生 (2:45)
24 信虎・メインタイトル (7:10)

〔STAFF〕
バイオリン：尾池亜美、對馬佳祐、田代裕貴、前田奈緒、森岡 聡
ビオラ：安達真理、千原正裕
チェロ：三宅依子　コントラバス：地代所 悠
トランペット：守岡未央　フルート：宮崎由美香
オーボエ：浅原由香　ハープ：篠﨑和子
笛：紫竹芳之　薩摩琵琶：石田さえ
洋楽打楽器：安江佐和子
邦楽打楽器：望月太喜之丞
副調：日高哲英　録音：古川健司
制作協力：株式会社東京コンサーツ　浅野 剛

音楽 池辺晋一郎
演奏 東京コンサーツ

価格：2,970円（税込）
発売元：MP ミヤオビピクチャーズ by SHOCHIKU RECORDS
販売元：Sony Music Solutions Inc.

協賛

竜王ラドン温泉
ryuo radononsen

株式会社スギタ建工　甲信食糧株式会社　みつわ工業有限会社

OKAJIMA　医療法人社団 光晶会 武田医院　SYSTEM システムインナカゴミ

東大赤門前で40年の実績 本郷美術骨董館 HONGOU Antique Gallery　大澤商店 大澤道具市場

スペシャルサポーターズ

我が家は戦国時代
小林圭一　佐藤剛

榊原増彦　佐々木智哉　北原健次　整体師 古屋丑丸
吉野賢一　治根田一郎　岡潔　羽坂征高　林智彦　上田肥前守
森本奏也　荒井姫子　鷹野賢治

正木健久　関宣隆　山川晴信　望月靖允　gallery ICHIRI　KOHSAĪ
金龍山 信松院　躑躅ヶ崎歴史案内隊　花田典子　遠藤一彦　海瀬泰　横田大輔

伊東潤　杉田由香里　宮崎庸庵　孕石真一　飯塚邦雄　山下わこ　一ツ目弁天会　宮下寛隆　一五会　⊖丸市美術　古美術大澤
川島天晴　水越大介　三宅良治　高野守二　丹沢広幸　小出文雄　甲府建材商会　カーナカーサジャパン　伊丹金剛院　京都総合税理士法人

配給　AYA PRO　　制作プロダクション　MP ミヤオビピクチャーズ

インメモリーオブ

隆大介（1957—2021）

PG12 映倫　映倫 EIRIN 122760

協力

東宝スタジオ　東宝ポストプロダクションセンター　黒澤プロダクション
東映京都撮影所 美術センター　日活調布撮影所　日活スタジオセンター
立命館大学 映像学部　関西アクションアクターズ　Sword Works
B.F.P BIG FIGHTER PROJECT　若駒プロ　日本の馬 御猟野乃杜牧場　日本伝統芸能猿まわし 二助企画
大判社　京都市メディア支援センター　ナイチンゲール　トループ
AZ STAFF　ほとけの子学園 寺之内幼稚園　スタック　渓水工房　こい茶屋デセール
日本中将棋連盟　都ホテル 京都八条　VIA INN KYOTO SHIJOMUROMACHI
マンスリーのエリッツ　yasaka　シナリオプリント　東光映材　総本家 駿河屋善右衛門
設楽町公共施設管理協会　花九曜印　前澤産業　居酒屋 だるま
坂東市　長野県千曲市　北野天満宮　古田織部美術館

スペシャルサンクス

古川周賢　小野正文　池辺麻子　小松恵子　港 岳彦　篠崎典子　戸田洋平
筒井絃一　永田仁志　氏家英樹　江守 徹　西田松子　宮下松三　宮下佳子

後援

信玄公生誕500年記念事業 実行委員会　こうふ開府500年記念事業 実行委員会
甲府市　甲州市　身延町　志摩市　恵那市　中川村教育委員会
山梨日日新聞社・山梨放送　テレビ山梨　群馬テレビ　KBS京都　FM FUJI
長野日報　藝文京　市民タイムス　南信州新聞社　上毛新聞社　京都新聞　FM-NAGANO
パノラマ伊那市　武田神社　信玄公宝物館　乾徳山 恵林寺

推奨

日本甲冑武具研究保存会

製作主任　田内聡之
製作進行　長島有希
製作経理　神川拓史　門千賀子　神取優恵
プロダクションアシスタント　岡本直樹
プロデューサー応援　武石宏登
プロデューサー補　内舘朋生

取材・資料提供
萬年山大泉寺　妙朝山遠照寺　福士山最恩寺　南部町教育委員会
一機山輪禅寺　郡山城史跡・柳沢文庫保存会　宮帯文庫

参考文献
香坂(春日)弾正忠虎綱口述、大蔵彦十郎・春日惣二郎筆録、
小幡下野守追筆、小幡勘兵衛景憲編纂『甲陽軍鑑』
酒井憲二編『甲陽軍鑑大成』全7巻(汲古書院)

美術・装飾協力
TAKATSU Co.,Ltd　株式会社高津商会　刀剣古美術 飯田高遠堂
美術刀剣 株式会社むさし屋　京都美術品修復所

衣裳協力
松竹衣裳　東宝コスチューム

ヘアメイク協力(タイアップ)
プロメイク舞台屋　RICE FORCE　Koh Gen Do

ロケーション協力
叡昌山本法寺　北龍華 具足山妙覺寺　西龍華 具足山立本寺
裂石山雲峰寺　旧秀隣寺庭園(近江興聖寺)　鳴虎 甍天山報恩寺
岩根山善水寺　阿星山長壽寺　賀茂別雷神社(上賀茂神社)
下仁田諏訪神社　二条城　篠山城大書院　浜松市高根城跡
設楽町歴史の里田峯城　千曲市城山史跡公園「荒砥城跡」
逆井城跡公園　酵素　民宿わらびの里　八木町山室　田代湖ほか

機材・車輌協力
TFC Plus Corporation　日本照明　関西ロケーションサービス
CREAM FILM　SHIGAKENKI　株式会社レントシーバー
tuc transport　たちばな運輸　バルクレンタカーアンドセールス
サガレンタリース　YS LOCATION ワイエスロケーション企画　トヨタレンタリース京都

ポストプロダクション	レスパスビジョン
オンラインエディター	佐藤　究
オンラインエディターアシスタント	上原梓紗
カラリストアシスタント	山田祐太
DCPマスタリング	丹野鶴仙　曽根真弘
ポストプロダクションマネージャー	山内浩平　小山一樹
DCPマネージャー	河原佑介
音響効果助手	丹　愛
整音助手	有馬美保
東宝スタジオコーディネート	立川千秋　早川文人　西野尾貞明
スタジオエンジニア	藤島敬弘
音楽制作	東京コンサーツ　浅野　剛
音楽演奏	東京コンサーツ
レコーディング・アシスタント	日高哲英
録音エンジニア	古川健司
録音スタジオ	AVACO STUDIO
かつら制作	荒井孝治
揮毫・筆耕	鈴木曉昇　田嶋なつ代
天体写真撮影	中西アキオ
美術制作	冨江公一　土井奏子　田辺美緒
彩色仕上げ	飯島愛采子　今村　栞　伊吹美郁
字幕制作	西尾昌也
台本制作	村井裕明　津田僚介
配給統括	髙澤吉紀
宣伝プロデューサー	岩野博介　廿樂未果
宣伝	山中一生　本田翔子　吉田　尭
	加藤克行　飛田みちる　田中瑞花
劇場営業統括	足立喜之
劇場営業	岩野博介　山中一生
協賛・広告営業	飯田　寛　加藤　剛　齋藤倫夫
	原口鉄哉　落合　毅　齋藤由夏
	小川絵美　佐藤洋哉　吉村美穂
WEBサイト制作	ワンツースタジオ　関山浩司　長谷川久美
宣伝デザイン	岡野　登　柴田理子(Cipher.)
予告編	宮下玄覇
予告編応援	曽根　剛　五味尚文
	森下賢一　西尾昌也　佐藤葉子
海外セールス	オープンセサミ

放鷹指導	岡村憲一
放鷹アシスタント	三輪優奈　佐藤　稔
筆耕指導	山根一生
甲州弁監修	五緒川津平太
甲州弁協力	剛たつひと
信州弁監修	丸山明恵
企画協力	尾山淳二　笹本健次（常盤ホテル）
脚本協力	金子修介　寺田　農　飯田　寛
字幕・ナレーション協力	平山　優
考証協力	原口鉄哉　宮脇真彦
	石岡俊一　中西亮介
編集協力	五味尚文　落合　毅
	上野皓司　青木久知
殺陣企画協力	横山雅始　稲葉和子
助監督応援	土屋　圭　猪腰弘之
撮影応援	小澤浩幸
実景撮影応援	藍河兼一　豊浦律子
実景照明応援	鈴村真琴
録音応援	阿部真佑　小松樹生
	野口　怜　山下颯大
ヘアメイク応援	高嵜光代
特殊メイク応援	大野愛美
追撮メイク・衣装応援	岡村和枝　枝田幸恵
美術・装飾応援	浅居丈葉（風人舎）
甲冑応援	北村　龍
刀剣応援	菊地則行
挿花応援	野尻龍勇
演技事務応援	本間玉美
製作部応援	片山大介　渋谷正次
	森田知宏　平古場豪　青木　聡

VFX

VFX制作プロダクション	NICE +DAY
VFXディレクター	影山達也
コンポジット・ディレクター	前田勇一郎
コンポジット・アーティスト	仲西規人　久森輝哉
	CATHERINE TANG PHAIK YEE
CGIアーティスト	正冨功二
ロト・コーディネーター	坂崎卓哉
制作デスク	中田雅子

美術装飾担当助監督	生駒　誠		
製作担当	丹羽邦夫		
	安達　守		
題字	森田彦七(今井凌雪門下)		
時代考証	宮下玄覇		
武田家考証	平山　優		
プロダクション統括	芳川　透		
撮影助手	渡辺厚人	土屋　諒	
	水上　春	布施絢子	
DIT	時任賢三		
照明助手	雨平　巧	髙橋朋晃	
	北村絵里衣	藤田陽介	
録音助手	佐藤里佳	古木雅人	
編集助手	椎葉大智	鈴木智貴	谷口敦紀
美術・装飾助手	上野皓司		
衣裳助手	佐藤いずみ	加藤愛美	
	佐藤明子	栗田珠似	穴井元樹
床山	三村　要		
ヘアメイク	山村光代		
ヘアメイク助手	三原聡子		
特殊メイク助手	髙畑遥夏	平林　諒	濵名芙美香
殺陣	山口孝二		
エキストラ担当	中村栄子		
ガン・エフェクト	園生政弘		
救護班	西希久美	東﨑ひとみ	
	田畑智美	平井有華利	
スチール	制野善彦		
メイキング	早川喜貴		
車輛	片山大介	渋谷正次	
	小坂竜士	三輪佳奈江	
	吉田政二郎	木村　亘	塩崎正弘
男性所作指導	千葉清次郎(若駒プロ)		
女性所作・京言葉指導	勇家寛子		
馬術指導	磯部育実		
馬アシスタント	漆澤　太	岩浪紗緒里	山口　修
猿指導	森　美樹(ORIGAMI)		
	大田美由紀	田松江美子	

製作総指揮・企画・プロデューサー　宮下玄覇

プロデューサー　西田宣善

協力プロデューサー　榎　望

脚本　宮下玄覇

音楽　池辺晋一郎

撮影　上野彰吾(J.S.C.)

照明　赤津淳一

美術・装飾　宮下玄覇　籠尾和人

録音　原川慎平

整音・ダビング　臼井　勝

VFXスーパーバイザー　オダイッセイ

編集　宮下玄覇　山本浩史(J.S.E.)

カラーグレーディング　広瀬亮一

音響効果　丹　雄二

衣裳　宮本まさ江

特殊メイク・かつら　江川悦子

キャスティング　宮下玄覇

演技事務　出射　均　早川喜貴　関根浩一

スクリプター　奥井富美子

助監督　村上秀晃
西山太郎

上杉謙信　榎木孝明

長尾顕景(上杉景勝)　長尾卓磨

上杉景虎　長森陽春
小笠原正鱗(長時)　出射均

勿来(猿)　こころ(ORIGAMI)
スーツアクター(熊)　吉田達郎

輿・長持担ぎ 荷車曳
那須佳瑛　加藤逸平　伊藤芳彦
竹之内勇輝　水樹和也　坂之下洸祐
石川健一　西泰平　大澤良　佐藤俊彦

武田・織田兵
菅浪冠　菅浪捷　御竹龍雪
松田善希　杉本輝城　福田拓巳
土肥嬌也　石垣邦夫　野倉良太
和田住功汰　横濱康平　松村達也
細野峻河　マット奥井　山本健太郎
友枝義雄　大形駿也　枚原弘之
寺井竜哉　下浦貴士　酒井翔悟
枝尚紀　福永樹　木暮淳
福島量　ボランティアエキストラのみなさま

徳川綱吉　柳田雅宏

阿部正喬　大久保ともゆき

松平信祝　中尾聡
武田信冬(信興)　三角園直樹

横手伊織　鳥越壮真

柳澤保明(吉保)　柏原収史

小宮山内膳	塩崎こうせい
土屋昌恒	木村圭吾
勝頼の小姓·金丸助六郎	藤枝優希
武田の伝令·曽禰家次	久保和彦
北の方の侍女	堀 葉子
北の方の侍女	岡田由紀
跡部の透破·無市郎	平宅 亮
安左衛門尉	嘉門タツオ
武田信虎(青年期)	石垣佑磨
日伝上人	螢 雪次朗
今井信元	外波山文明
織田信長	渡辺裕之
信長の家老·村井春長軒	村上秀晃
春長軒の嫡男·村井貞成	下原 丈
春長軒の弟·村井宗信	藤原一正
信長の茶堂·不住庵梅雪	小島教昌
滝川の家老·滝川儀太夫	マエチャン
滝川の家臣·伊藤伊右衛門	梅原勇輝
古田左介(織部)	保坂直希
遠山友信	北岡龍貴
友信の弟·遠山勘兵衛尉	山下徳久
浅野の家老·浅野忠吉	塩谷泰伸
浅野の家臣·小鷹狩金太夫	太田淳司

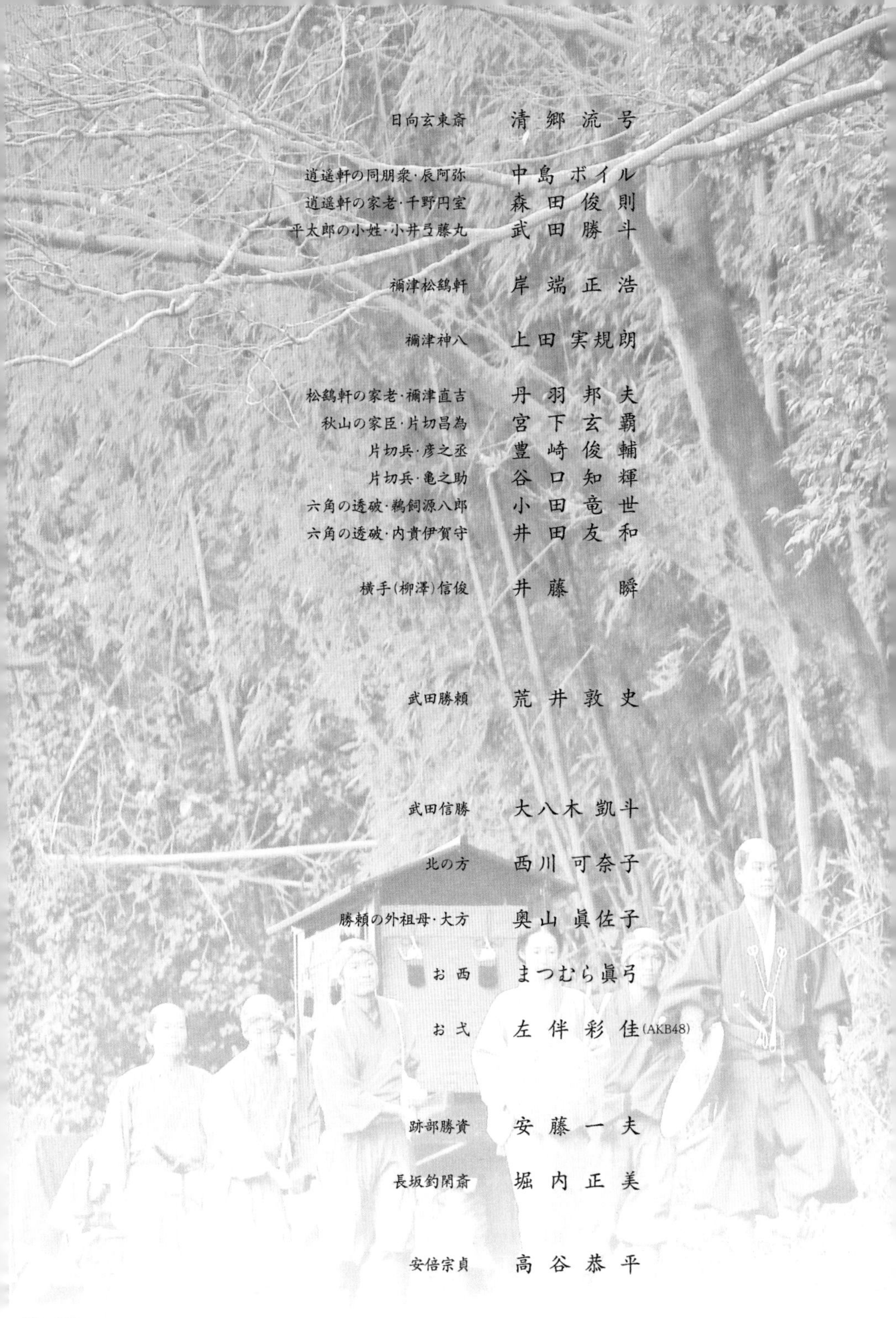

日向玄東斎　清郷流号

逍遥軒の同朋衆・辰阿弥　中島ボイル
逍遥軒の家老・千野円室　森田俊則
平太郎の小姓・小井弖藤丸　武田勝斗

禰津松鷂軒　岸端正浩

禰津神八　上田実規朗

松鷂軒の家老・禰津直吉　丹羽邦夫
秋山の家臣・片切昌為　宮下玄覇
片切兵・彦之丞　豊崎俊輔
片切兵・亀之助　谷口知輝
六角の透破・鵜飼源八郎　小田竜世
六角の透破・内貴伊賀守　井田友和

横手(柳澤)信俊　井藤　瞬

武田勝頼　荒井敦史

武田信勝　大八木凱斗

北の方　西川可奈子

勝頼の外祖母・大方　奥山眞佐子

お西　まつむら眞弓

お式　左伴彩佳(AKB48)

跡部勝資　安藤一夫

長坂釣閑斎　堀内正美

安倍宗貞　高谷恭平

お直の侍女・お花　花　澄
お直の侍女・お佳　宮下佳子
お直の侍女・お夏　渡辺帆夏

日賢上人　水島涼太

日叙上人　平岡秀幸
北高全祝　上田日瑞
春国光新　高橋賢一
薬師・麻績入道　植木幹男

武田信玄　永島敏行

武田逍遥軒　永島敏行（二役）

一条信龍　杉浦太陽

穴山信君（梅雪斎）　橋本一郎

武田信豊　鷲尾直彦
木曽義昌　實貴政夫

武田平太郎　高月雪乃介

武田麟岳　若林元太
武田（穴山）勝千代　晋　之　助
武田（松平）信吉　板坂　郁

山県昌景　葛山信吾

内藤昌秀　井田國彦

馬場信春　永倉大輔

春日弾正忠　川野太郎

原昌胤　落合俣八
小笠原憩庵　唐木ふとし

武田無人斎道有(信虎)	寺田　農
お直	谷村美月
土屋伝助	隆　大介
清水式部丞	伊藤洋三郎
黒川新助	矢野聖人
武田雅楽助	田中伸一
立神藻右衛門	倉田　操
志摩海賊·鮫次郎	矢田直資
志摩海賊·蟹蔵	高橋政美
志摩海賊·磯丸	藤木　力
望月六郎	山本将起
甲賀透破·太吉	久保内啓朗
甲賀透破·四郎八	為房大輔
甲賀透破·万助	小出太一
甲賀透破·三平	鍋田幸治
牢人·藤編右衛門	清原定一
牢人·杉木立煙之助	杉尾　仁
牢人·三線猫之丞	夏守陽平
牢人·赤襷小平二	山田昌宏
郡内の玉鬼	吉井基師
矢作勘太夫	森本のぶ
白畑助之丞	小堀正博
孕石源右衛門尉(道無)	剛たつひと
小助	青山金太郎

映画『信虎』の世界

発行日＝2021年11月12日
編　者＝宮帯出版社編集部（飯田 寛　原口鉄哉）
発行者＝宮下玄覇
ＤＴＰ＝西尾昌也　村井裕明　津田僚介
ISBN 978-4-8016-0260-1 C0021

発行＝株式会社宮帯出版社
京都本社 〒602-8157 京都市上京区小山町908-27
（代表）075-366-6600　（直通）075-803-3344
東京支社 〒160-0008 東京都新宿区四谷三栄町11-4
（代表）03-3355-5555

印刷・製本＝モリモト印刷株式会社